中国饭店协会酒店资产管理丛书

总主编 ◎ 陈新华

酒店管理及特许经营
合同谈判与仲裁实战

掌 握 合 同 谈 判 关 键 点 　 找 到 最 佳 合 作 模 式

王 悦 ◎ 著 　 丁志刚 ◎ 主审

中国旅游出版社

"中国饭店协会酒店资产管理丛书"
编委会名单

（按姓氏音序排列）

主　任

陈新华

副主任

丁志刚　何　操　林　聪　夏国跃

委　员

曹　俊　陈　波　陈丹雯　段建桦　郝玉鸿　柘　辉

李瑞忠　李　鹰　刘雅莉　路　鹏　潘小科　钱　利

孙　坚　唐　鸣　王　凛　王　悦　夏　农　许鲁海

徐　韬　杨邦胜　俞　廷　藏晓安　张乐然　张润红

周　涛　祝　敏

住宿行业历经改革开放四十余载，伴随中国经济社会的历史性巨变实现高速发展。行业规模不断扩大，据统计，住宿企业从1980年可接待涉外旅游者饭店203家、1981年床位75000张，发展到2021年全国住宿企业达57万家，营收约3993亿元，从业人员达到493万左右，客房总数2000多万间。行业结构不断优化，从改革开放之初以国营旅馆、政府接待宾馆、涉外接待饭店为主，到以旅游星级饭店为主体，再到现在星级饭店、绿色饭店、连锁饭店、文化主题饭店、度假饭店、亲子酒店、民宿客栈、快捷酒店、长短租公寓等多业态共同发展的大住宿行业格局。社会贡献度不断增大，为国家扩大内需、促进消费、拉动就业、深化供给侧结构性改革做出了积极贡献，全国3000多家绿色饭店年平均节电15%、节水10%，引领生活服务业绿色发展。行业数字化转型不断加快，近几年大数据、云计算、5G、新基建、区块链、直播带货、元宇宙等新技术在行业中不断被应用，成为行业高质量发展新驱动。住宿行业在品牌化、数字化、绿色化、标准化、国际化等方面走在生活服务业的前列，成为我国对外开放的重要窗口，更是满足人民对美好生活向往的重要载体。

在住宿行业规模和结构取得成效的同时，行业发展质量还存在一些不足，品牌效益还面临不少困难，尤其是行业投资回报率远低于国际同行水平。高端酒店"投、融、建、管、退"资产管理方式还存在一些问题。对这些问题，中国饭店协会一直在积极推动行业的高质量发展，完整、准确、全面贯彻新发展理念，服务新发展格局，加快建设中国饭店协会绿色饭店专业委员会、文化主题饭店专业委员会、酒店资产管理专业委员会，着力宣贯绿色饭店国家标准、文化主题饭店行业标准，起草国内首份《住宿业资产管理评价指标体系》国家标准，推动行业实现质的有效提升和量的合理增长。

为了配合《住宿业资产管理评价指标体系》国家标准的即将发布和系列宣贯工作，中国饭店协会将按照全生命周期资产管理的各个关键环节，组织出版适合中国特色的酒店资产管理系列丛书，理性引导中国的酒店投资，提升存量资产的效率和效益。《酒店管理及特许经营合同谈判与仲裁实践》将作为丛书的首本推出，本书作者，中国饭店协会酒店资产管理专业委员会专家、环球律师事务所王悦先生，服务于酒店行业十余年，经手数百个不同类型的合同谈判与仲裁实战，凝结多年经验和专业知识完成本书，对酒店合同基础知识、核心要素与条款要点解析、争议解决及仲裁关键点等，结合国内国际实战案例进行系统分享。下一步我们希望更多行业专家和专业机构加入编撰队伍，共同推动中国住宿行业高质量发展，我们拭目以待。

2022 年 5 月国务院办公厅印发了《关于进一步盘活存量资产扩大有效投资的意见》，对存量资产管理、拓宽社会投资渠道、扩大有效投资从国家经济层面提出了明确要求，公租房也纳入公募REITs（房地产信托基金）试点，住宿类资产退出渠道有了新的期望。2022 年党的二十大胜利召开，我国迈入全面建设社会主义现代化新征程，向第二个百年奋斗目标进军。住宿行业将在习近平新时代特色社会主义思想引导下守正创新、踔厉奋发、勇毅前行，以推动高质量发展为主题，把实施扩大内需战略同深化供给侧结构性改革有机结合起来，服务以内循环为主体的新发展格局，助力乡村振兴，更好地满足人民对美好生活的向往，为国家稳经济、稳就业、促消费、促发展做出积极贡献。

陈新华

中国饭店协会会长

2022 年 9 月

认识王律师已经有好几年了，此前在酒店行业中和中国饭店协会酒店业主委员会的工作中，有很多和他一起工作的机会。他给我的印象是专业、诚恳、实干，对国际品牌酒店行业理解很深，我们一起代表中饭协业委会的国内业主们与国际酒管集团做了不少事情。他愿意把积累多年的行业经验汇集成篇、分享出来，我认为是我国酒店业者的幸事，有益于推进我国酒店行业的进化。

从上海金茂大厦的君悦酒店，到亚龙湾的丽思卡尔顿酒店，从北京亮马河畔的威斯汀酒店，到深圳核心位置的 JW 万豪酒店，我在国内较早开始操持酒店，前前后后历经金茂集团十多个国际品牌酒店项目。历数酒店商业定位、选聘酒管、设计建设、融资发展再到开业运营，我深深感到，每一步对业主开发商而言都是艰难的，对业主要求很高。酒店项目定位不准，投入不切实际，轻率跟风，盲目攀比，这些问题屡见不鲜。加上酒店合同本身为酒管公司"技术权威"们留下的自由权，令酒店日后运营步履维艰。

酒店开发商与一般房地产开发商的不同之处在于，欲开发高端国际品牌酒店，则需与国际酒管集团洽谈合同，而这一过程对于多数开发商而言是非常不熟悉的，但业主与酒管集团签订的这份合同，却要"管"上十几、二十甚至三十年以上。业主是否真正理解与酒管集团签订这份合同的含义，在签约时是否明白自己让渡了哪些权利、未来可能面对哪些风险，对于业主而言意义重大，我看到业主与酒管集团间的很多争议，就是因为在当初签约时，没能真正弄懂合同所致。王律师在书中还分析了三个酒店仲裁代理案件，为酒店争议做了素描，有利于让圈内圈外的朋友了解酒店项目真实的问题。王律师这本书，内容深入浅出，不但可以作为新手酒店业主的入门教材，对于很多资深酒店人也同样有借鉴意义。

酒店合同虽说是法律合同，但纯法律问题并不多，想谈好酒店合同，很重要的是理解酒店行业的商业模式，将酒店投资逻辑融入酒店合同中，并将酒店建设、运营的实际问题融入酒店合同之中，才能真正说是一份保护本方利益的好合同。王律师的这本书中融合了大量对酒店行业的商业思考，并且结合了酒店建设、运营可能出现的问题，倒推合同内容，全书不但逻辑严谨，更重要的是作者跳出了律师范畴，写了一本适合全行业看的书，这点实属难得。

酒店行业是轻资产模式发展较为成熟的领域，国际酒管集团绝大多数以轻资产模式拓展在华业务。轻资产模式是个舶来品，来源于美国，很多国际排名领先的国际酒管集团源于美国，因此美国的酒店轻资产行业发展现状十分值得我国借鉴。很高兴的是，在王律师的这本书中，可以看到很多对美国酒店发展现状的介绍，我相信，更多地了解先进酒店市场经验，取其精华、去其糟粕，将帮助我国酒店行业少走弯路，更自信地发展出适合我国的酒店行业。

总之，我认为王律师的这本书对行业意义重大，酒店新手和酒店老手都能从中获益。更可贵的是，这本书不但讲透了现今的酒店合同，更是前瞻性地对先进酒店商业模式进行了解析。我国房地产及酒店行业已经有三十多年的高速发展，如何用好酒店合同，如何打磨出更适合我国的酒店商业模式，是关乎我国房地产及酒店业下一个三十年的大事，我相信，这本书将有益于我国酒店行业的变革。

读者朋友们，快翻开看看吧。

何　操

中国饭店协会酒店资产管理专业委员会名誉理事长

中信银行独立非执行董事

中国饭店协会业主专业委员会原理事长

中国金茂控股集团有限公司原董事长

2022 年 9 月

拿到王悦律师的《酒店管理及特许经营合同谈判与仲裁实战》的手稿，为年轻有为的王律师服务行业的精神点赞。我与王律师是在一桩豪华品牌酒店合同谈判上相识的，屈指算来已经十多年。他当时是业主的律师，我们虽然坐在谈判桌两边，但他却给我留下了深刻的印象。

看到他的新书书名，也让我联想到多年来我亲历的，伴随中国酒店业蓬勃发展背后潜藏的问题。我归纳出最重要的三点：

第一，利益与专业性的博弈。酒店具有地产开发中最为复杂的商业地产属性。但"地产＋酒店"开发模式中住宅销售的巨大经济利益往往导致地产开发商忽视了酒店应有的商业地产重要地位及专业性（投资测算的复杂性、设计规划的复杂性、施工建造的复杂性、酒店运营的复杂性）。所以，在地产利益不平衡的条件下，酒店地产部门成为地产公司中最没有话语权的部门。在这种不专业、不专注和不被尊重的条件下，酒店管理的"一边倒合同"就出现了。在这种既要品牌和年限，又要低费用的指令下，酒店管理合同"一边倒条款"的情况就不难理解了。在这里，专业性的优势被利益掩盖了。

第二，存在即合理的意义。当我们在"存在即合理"的后面再加上一个"意义"时，我们今天的地产以及被地产"＋出来的酒店"，其"意义"是不是很凸显了？包括：酒店营运状态、酒店抵账能力、员工薪酬水平、专业人员职业的发展及酒店品牌的诞生等，当我们把"意义"放进"+酒店"的合同谈判中来"称"时，我们又该怎么评判酒店管理合同的谈判呢？

第三，公平与分歧。市场出现"一边倒合同"或"一边倒条款"。我忍不住想问：这"一边倒"是怎么出现的？如果遇到"一边倒"的合同都能签了，是真知而无畏还是无知导致的无畏？很大比例的业主方会说"合同签了无所谓，我们在实际运营中能把它办了（它是指酒店管理公司）……"。正因如此，酒店投资业主与酒店管理公司在酒店经营合作中的"分歧"才会呈现大递增趋势。为什么？没有专业性就没有公平，没有公平就会有分歧。

认知提升思维，思维决定出路。美国2015年出版过一本名为 *HOTEL LAW* 的酒店行业专业图书，192页，美国书库发货价折合人民币是2800多元。从书价不难看出，专业图书的知识分享与实战案例的借鉴是非常有价值的。王悦律师亲身经历了中国酒店随地产发展的高潮期，见证了众多地产商从合作品牌的选择、意向谈判、合同谈判以及酒店业主与管理方在酒店运营期间的各种争端。他不遗余力地把自己的经验在这本书中加以分享，让我有理由相信本书对推动我国酒店市场从成长到成熟、从成熟到专业、从专业到理性有着重要的时代意义。

最后，恭贺王悦律师的《酒店管理及特许经营合同谈判与仲裁实战》公开出版。

3M 林聪
中国饭店协会副会长
中国饭店协会酒店资产管理专业委员会理事长
2022 年 9 月

酒店行业的参与方包括业主、酒店管理公司、酒店的设计和建设方、酒店供应商、项目可行性研究机构、律师等，涉及酒店资产融资时，还可能包括银行、券商等金融机构。但不管参与方有多少，业主和酒店管理公司才是酒店项目的主角。

一般业主可能只拥有一个或为数不多的几个酒店项目，大型地产集团业主可能投资有十几甚至几十个酒店项目，但相比在我国排名领先的几大国际酒店管理集团（本书中简称"酒管公司"）在国内动辄管理数百家酒店而言，业主方的经验和能调配的资源都处于劣势。相对于业主而言，酒管公司实际上拥有更为广泛的行业经验，对酒店项目风险有更为深入的认识。

我本人踏入酒店行业法律服务，也是从服务酒管公司一方开始的。我非常感谢那段对理解整个酒店行业十分有益的经历，让我了解酒店如何运营，使我能充分理解酒店合同中每一项条款背后的故事，知道合同谈判中哪些条款必须坚持、哪些条款可以让步、让步的底线又在哪里。

但从客观上讲，酒店管理公司对于酒店项目的理解和经验都更多，相应能得到的如法律服务等专业服务资源也会更多，而业主方则缺乏这种专业资源的支持，因此，更需要专业人士为业主方服务。

商业合作、合同谈判都是有立场的，因为立场不同，对于同样一个问题可能会有截然不同的答案。如果没有了解立场这个问题，就盲目地采纳相关意见，很可能最终的结果将会南辕北辙，本该保护本方立场的意见，却反倒成为有利于对方的内容。

因此，我希望动笔写一本能够帮助酒店项目中包括业主和酒管公司在内的所有参与方更好地理解酒店项目、更好地理解酒店合同的书，一本在读者拿到后就能将酒店合同中诸多令人费解的概念剥丝抽茧、厘清头绪的书，一本充分剖析酒店合同、让双方不再因为签约时的信息不对称而影响后续合作、能减少双方未来争议发生的书，最终，我也希望这本书能帮助整个酒店行业更健康稳定地发展。

囿于篇幅限制、囿于各种问题所进一步派生出的问题的复杂性、囿于我需要对处理过的各类案件的保密责任，也囿于我本人的认知能力，这本书可能无法帮助读者完全成为一位酒店合同谈判的高手，但我将本书定位为一本酒店项目开发、酒店合同的"扫盲书"，希望这本书能够帮助读者顺利打开酒店合同的大门。

由于酒店合同多是由酒管公司向业主提供的合同范本，作为合同起草方，酒管公司对自己酒店合同的条款必然驾轻就熟，条款的起草方式也充分考虑到维护酒管公司自身的利益。因此，相比而言，业主更需要读懂合同条款，发现合同潜藏问题，找到处理对策，并在谈判中予以解决。因此我在本书中进行分析时，可能更多会站在业主角度分析条款、提出意见，但这并不表示我自身或撰写本书时在业主与酒管公司之间选择了任何立场。我仍然希望用尽量公平公正的视角，向包括业主及酒管公司在内的所有读者，阐释我对于酒店项目开发和酒店合同的理解。我撰写这本书的最终目的，是希望拨开酒店合同的迷雾，让酒店业主更了解所签的合同，把握合同谈判的要点，在合同谈判中，使业主与酒管公司经过商业博弈后，重要条款不再特别偏向于某一方，使酒店合同中双方权利义务分配更为平衡，为双方酒店项目合作长期稳定地走下去创造更好的条件。

我专注于国际品牌酒店行业法律服务十多年，为业主与酒管公司都处理过大量合同谈判、争议解决和仲裁案件，深谙酒店项目双方的立场和痛点。通常的酒店项目开发程序是这样的：业主拿地，之后与酒管公司洽谈合作，签订酒店合同，合同签订后，酒管公司介入酒店项目前期设计并协助工作，其后经历酒店设计、建设，在完成开业筹备后，酒店方才正式开业，酒店开业后可能会因为运营产生各种各样的问题，业主与酒店管理公司间可能会产生争议，这时候需要解决双方争议，如果无法通过谈判和解，则最终将通过仲裁的争议解决方式予以解决。签订酒店合同只是整个酒店项目万里长征开始迈出的第一步，其后一路荆棘密布，因此我经常笑谈，如果仅仅谈过酒店合同，根本不能说是懂得酒店项目，也很难抓到谈合同的重点。而酒店合同是一份实践型法律合同，其内容主要是对各方面酒店事务责任进行划分，合同内容更偏重于实务，纯法律条款并不多。因此只有了解酒店设计建设期的情况，了解酒店开业后的运营情况，才能准确理解和把握酒店合同的内容及每一项实践条款背后的隐喻。理解了每个酒店管理条款对应的实践状况，才能对于如何把控合同条款的风险进行全方位的理解。因此，本书中我会借鉴从业十几年中，特别是处理酒店在设计建设期和开业运营期出现争议的经验，以及我处理境内外酒店类仲裁案件的经验，以潜在风险和问题为导向，来反哺对于酒店合同条款的解读，以期将一个更为鲜活、完整的酒店合同体系呈现给读者。

本书讨论的范围主要是国际品牌酒店管理公司旗下的国际酒店品牌在我国国内的酒店合同，也就是我们通常所讲的"洋"酒店品牌。根据我十多年的观察，相比国际公司而言，本土酒店管理公司的酒店合同相对简化，合同底线也还没有国际公司那么"硬"，但随着我国经济的不断跨越式发展，本土酒店管理公司必然会有更长足的发展，并不断向国际品牌酒店管理公司学习经验。因此，我撰写本书时希望能够做到"举重以明轻"，把国际酒店管理公司的合同和实践说清楚、讲明白，本土公司的合同问题自然也就得到了解决。

为准备本书的写作，我阅读了不少国外关于酒店领域业务的书籍、文章及报告，其中尤以美国学者、律师及专家的著述为多。现代酒店管理模式发端于美资酒店集团，美国拥有世界上最为成熟的酒店"投、融、建、管、退"市场实践，美国酒店行业发展的经验非常值得我国同业者借鉴。因此，本书也会介绍有益于我国酒店行业发展的国际经验。

进一步讲，我与国内很多知名商业管理集团的负责人进行过交流，商业管理业务也在往轻资产输出管理方向发展，因此商业管理集团普遍非常欣赏酒店领域成熟的运营模式。我希望本书所带来的观点，特别是在酒店具体运营内容之上升华出的商业模式，可以为我国商业管理的规模化发展提供智力支持。

目前国内的国际品牌酒店行业主要采用两种经营模式，即委托管理模式及特许经营模式，我将在本书相应章节中详细介绍。两种经营模式下业主与酒管公司都要签订多份合作合同，技术协助合同、品牌许可合同、集团服务合同等在两种经营模式下都会涉及，且差别不大，而两种经营模式下的主要合同有所差别，委托管理模式下为酒店管理合同，而特许经营模式下则为特许经营合同。在本书中我称呼酒店合同时，其意既包括酒店管理合同，也包括特许经营合同，如果要指出两种经营模式下各具特色的内容，将会直接引用酒店管理合同或特许经营合同的合同名称。

由于本人水平有限，书中难免存在不足之处，还请各位读者批评指正。

王悦

2022 年 7 月

C 目 录
ontents

第 一 章

做好酒店项目，
请先了解这些

一、业主为什么要聘请酒店管理公司

在开启一个全新的酒店项目前，我们需要先搞清一个前置问题：业主为什么要聘请酒管公司？换句话说，酒管公司带给业主的商业价值是什么？

21世纪以来，我国房地产业得到高速发展，但经过20年发展后，住宅地产的市场空间已经非常有限，很多开发商都在转型做商业地产。从经营形态来看，商业地产包括商场、写字楼及酒店。伴有商业综合体的住宅项目将得到商业溢价，因此不论从政府出让用地的土地指标，还是从商业角度提升住宅地产的价值，开发商业综合体项目都成为房地产项目开发的大趋势。商业综合体被业界誉为商业地产上的皇冠，而酒店则是皇冠上那颗最璀璨的明珠。从某种程度上讲，酒店项目就是整个商业综合体的脸面和名

片，酒店品牌档次的高低直接影响了整个商业综合体的商业定位，进而影响了附带住宅地产的溢价空间及写字楼和商场的租金。因此，投资和开发酒店成为很多地产开发商追逐的目标。

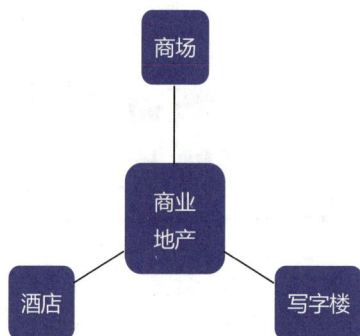

商业地产包括的经营形态

但开发酒店并非易事，业主通常并无自有酒店品牌。并且为了提升项目的整体品质，增加项目溢价空间，业主自然倾向于使用更高端的酒店品牌。

业主除了没有酒店品牌，酒店设计经验也是另一个大问题。通俗地讲，酒店不但要美，还要实用。因为酒店要承载日日夜夜往来住宿的客人，每天要经营餐饮以及做好维护、保洁等工作，大到酒店店内店外的动线规划问题，中到餐厅、宴会厅与后厨间的交通问题，小到哪怕是一位客房部阿姨每天能整理多少间房间（行业内叫"做房"）、什么样的洗手台不好维护和清洁等小问题，都是酒店设计所必须解决的，而这些经验则来自丰富的酒店管理运营实践。

再有就是酒店管理经验、酒店管理人才储备、酒店客源等，以房地产开发为主业的业主恐怕很难全面掌握这些资源，因此更需要有一个专业的机构为业主提供帮助，而这个专业机构，就是酒店管理公司。

二、业主投资酒店的正确决策顺序

我接触过一些酒店业主，在酒店工程已经铺开，有些即将竣工甚至装修完成时，才想起来接洽酒管公司。由于业主通常缺乏酒店设计建设经验，酒管公司接触项目后往往会指出酒店大量的设计问题，比如客房面积、宴会和餐饮的配套比例、康体设施的设置以及灯光、隔音、机电暖通、给排水等各类问题。这些问题，有些还能调整（但需要业主另行投入，造成浪费，并延误开业），有些可能很难甚至不能调整。我印象最深刻的是，一家业主按住宅设计的经验建设酒店，层高留得太低，造成房顶铺设管线吊顶后天花板高度过低，客房空间给人的感觉非常压抑，严重影响酒店品质。那么，正确的投资酒店决策顺序是什么呢？

可行性研究

律师介入

选定酒管公司与
第三方设计顾问

业主投资酒店的正确决策顺序

（一）可行性研究

很多读者请教我："王律师，酒店合同中哪个条款最容易出问题？"我的回答是："最容易出问题的反而不在酒店合同的条款中，而是项目定位出错。"试想，如果酒店项目本身赚钱，业主也需要酒店管理公司的品牌和管理为酒店增光添彩，皆大欢喜。这个时候哪怕有些矛盾问题，也没有什么不能商量解决的。而如果酒店项目本身不赚钱，甚至连年亏钱，业主还要向酒管公司支付酒店管理费，很难相信业主和酒管公司的关系会融洽。

我处理过一个非常典型的酒店争议案件，酒店位于四线以下的小城市，酒管公司是一家国际及国内均领先的国际品牌酒管公司，酒店品牌是准五星级酒店。业主董事长找到我，向我控诉酒管公司的"罪行"："我的酒店完全按照酒管公司的品牌标准设计建造，并且还以超过他们要求的标准进行了投资，产品非常豪华大气上档次，远远超越了该城市其他酒店。但在酒店经营中，他们把我这辆'奔驰'只卖出了'帕萨特'甚至是'捷达'的价格。酒店业绩糟糕，我亏损严重。"深入这个项目调研后，我最终得出结论，这个项目本质上是一个"死结"。因为酒店地处四线以下城市，该城市没有太多工商业及旅游资源，因此客源并不丰富，宾客成本负担能力也较低，酒店市场空间非常有限，三四百元的房价很可能已经成为当地酒店房价的天花板。如果再把房价提高两三百元，则很可能除了为数不多的猎奇客人，很难维持合适的入住率。酒管公司从市场现状角度出发，给酒店客房制定了较低的价格以确保入住率，而业主则从投资回报率角度出发，认为酒店的低房价将使其严重亏损，因为酒店在当地属于非常豪华的水平，因此要求酒管公司大幅提价。我认为，业主与酒管公司的矛盾很难解决，用酒店造价来推算酒店经营的房价显然是错误的，这种方式完全忽略了市场现实情况；而用酒店经营房价倒算投资规模，反倒更为合理，当然，同样重要的是需要考虑酒店给业主整体项目带来的溢价与酒店本身运营盈亏的平衡。

在多年的执业经历中，我接触过数百家业主，由于酒店项目投资巨大，酒店项目投资决策在业主集团内部往往影响深远，且业主很多是第一次踏入酒店行业，因此我在法律服务业务中对接的多数是业主公司董事长、二代企业家，或者在部分情况下是得到董事长高度信任和授权的高管团队。

坦率地说，不少新业主带给我的直观感受是，他们对酒店业务有着"谜之幻想"，对酒店行业的真实状况缺乏准确认识。当然，其实不仅仅是新业主，从我和周边朋友接触的感受来看，社会大众普遍对酒店行业的收益能力存在认识误区。

最直观地对酒店的感受是，每年春节期间三亚酒店一房难求，在海南省出台5000元/间夜的限价令前，真的出现过五位数每晚的房价，价格之高确实让人愕然。朋友们平时出差或出游，有时也会考虑选择高端一些的酒店，每间夜2000元的标准在一线城市核心地段比比皆是。睡一晚，酒店换换床单被罩，再加上一顿饕餮早餐，能有多少成本？酒店却要收几千元，岂不是赚翻了？

然而真实情况却并非如此简单，酒店所谓的赚，实际只是经营利润层面的赚，是"浮赚"而非"实赚"。借用简单的会计知识，我们知道，企业经营成本分为固定成本和变动成本两部分，固定成本通常是指企业经营时不论营业收入增减都必须支出的成本，如租金、房贷利息、行政管理费用、固定资产折旧摊销等。变动成本则是指随着经营收入变化而变化的成本，比如员工工资、原料成本、能源成本等。

而上面用2000元/间夜也好、5000元/间夜也罢的房价与成本进行对比，仅仅考虑到酒店经营的变动成本部分，而未考虑固定成本部分。实际上，酒店的固定成本部分才是占投资经营酒店最大比例的成本部分。

在开始服务每一个业主酒店项目之前，我经常问业主董事长一个问题：您为什么要做酒店？得到的答复五花八门。其中，最让我放心的一类答案是：我知道做高端酒店本身不赚钱，但经过测算后，我发现做酒店能给我整个商业综合体特别是住宅销售加分，失之东隅、收之桑榆，因此我决定投资这家酒店。

但我也经常得到一些其他不怎么让人放心的答案，比如"我的父亲奋斗了40年，终于把公司上市，为了荣退后留下个物件儿，所以想投资酒店""我家几代人都有工匠精神，都希望盖一所自己的酒店圆梦，之前都在做别的行业，现在终于有条件了"。而我最担心的情况就是：在没有做市场调研、不了解投资回报的情况下，空有情怀和梦想。

为了实现情怀和梦想，是非常正当而光荣的追求，值得鼓励，但非常有必要事先清楚地了解圆这个梦的成本究竟是多少。特别是酒店本身属于非常"重"的资产，目前市场情况下很难以理想价格转手出让，如果卖不掉，业主每年可能还要持续性地为酒店输血投入（这通常见于偿还酒店建设的贷款），这对业主来说是非常沉重的负担。

因此，我每次和业主董事长聊天时，都要非常严肃地提一个可能立即结束我们之间对话的问题：咱用的是自家的钱，您真想好投资酒店了吗？您算过账吗？"算好账，划得来"，确定酒店的准确投资定位，这是投资酒店前必须解决好的一个严肃问题。

从对自身资产负责的角度考虑，我郑重建议，在业主做酒店投资决策前，务必对酒店投资进行可行性研究论证，首先，必须明确开发酒店给业主带来的主要商业价值为何，是酒店带动地产开发、酒店带动其他产业、酒店换取其他商业利益，还是为了酒店自身的现金流？其次要根据酒店所处市场及位置，确定酒店究竟是定位三星级、四星级、五星级还是更高端的酒店，确定投资强度。最后要明确酒店客房和公共区域的各类设施配置，从而符合酒店未来经营的业务类型。

我注意到，在行业中开展可行性研究有很多种方式，有些由业主公司投资部的一个普通员工进行测算，也有交给外聘第三方测算的。我建议，可行性研究实际上是非常复杂的评估过程，需要大量的酒店经营数据及实践经验做支撑。因此，都是可行性研究，但此可行性研究与彼可行性研究的实体内容可能会有天壤之别。可行性研究中更是要避免为逢迎业主董事长投资酒店的愿望而做的"命题作文"，以投资某档次酒店的结果为出发点，倒推可行性研究过程，为投建酒店寻找支持依据。这种方式严重背离了可行性研究的客观中立性，对业主做出是否投资酒店项目的决策而言毫无参考意义，甚至会误导业主董事长的投资判断。

为了确保可行性研究的数据尽可能趋近于酒店未来的实际经营状况，从而使业主在做投资决策时有更准确的衡量依据，我建议业主聘请在行业中有影响力、有经验、负责任并掌握可靠数据库的酒店咨询机构出具可行性研究报告，业主也要敢于"听真话、听实话、听不好听的话"，毕竟忠言逆耳利于行，敢于说逆耳直言的酒店咨询机构往往都是出于对业主投资负责的考虑。因此，我建议业主高度重视酒店项目可行性研究环节，为业主数亿元甚至商业综合体数十亿元的投资决策寻求可靠的支持。

（二）律师介入

可行性研究定位好酒店后，与酒店定位匹配的酒店品牌自然就浮出水面。目前的主流酒管公司旗下大多涵盖了各个档次酒店品牌的产品线，从三四星级品牌到奢华品牌，不一而足。选择酒店品牌时，除了选择调性和业主公司、和本酒店定位相符的酒店品牌，更重要的是选择业主在本酒店项目中的合作方，即酒店管理公司。

缺乏经验的业主可能会攥着酒店项目的可行性研究报告兴冲冲地去找酒管公司，但这会存在一个问题：业主对自己的酒店项目一定如数家珍，对项目的优势完全了解，但酒管公司可能并不了解项目所在区位及项目本身的价值。因此，我建议业主不要着急和酒管公司签约，而是应该先好好把自己的项目包装一下，把项目的亮点和优势清晰地总结出来，以便于酒管公司快速了解项目价值，也便于跟进本项目的发展团队向酒管公司决策层为业主争取更大的商业利益。

另外，即便业主十分垂青某一酒管公司的某一品牌，但在双方接洽阶段，我建议业主应该按捺住对品牌的喜爱，如果让酒管公司感知到业主对其品牌是"非他不可"的态度，则酒管公司势必会提高商业姿态，业主再难谈得更有利的条款。因此，我建议业主在选聘酒管公司阶段，不论是否已对某一酒管公司的酒店品牌有意，均应同时尝试接触其他酒管公司，一方面可以掌握更多的品牌资讯，进一步了解市场，另一方面即便最终仍然决定与中意的酒管公司合作，业主也可以用其他酒管公司提供的商业条件作为与中意酒管公司谈判的筹码，以博取更好的商业合作条款。

业主与酒管公司合作，通常的方式是双方初步洽商后，先用意向书（Letter of Intent，LOI）或谅解备忘录（Memorandum of Understanding，MOU）锁定双方的核心商业条款（通常包括品牌、年限、费率等），签订 LOI 或 MOU 后，业主通常将被限制不能再就本酒店项目与其他酒管公司洽商，而酒管公司则被限制用商定的品牌及合作条件与业主合作，同时双方将进入更实质性的酒店合同谈判进程中。LOI 与 MOU 并无本质上的差别，只是叫法不同，在下文我将用意向性文件作为统称。

但此时实际上存在一个悖论，意向性文件中通常只包括核心商业条款，文件内容也相对简单。但正如我在本书中所要详细讲述的，酒店合同是一个庞大而驳杂的合同体系，内容涵盖了酒店全生命周期中业主与酒管公司双方间各项权利义务关系。仅凭薄薄的意向性文件是难以管窥酒店合同的很多重要内容的。但从另一个角度讲，除了意向性文件中确定的酒店品牌、费率，业主与酒管公司是长期的合作关系，在酒店经营过程中，业主与酒管公司间权利义务如何分配，以及我在下文中提到的关于酒店合同的各个核心问题，在意向性文件中是完全找不到答案的。

因此我们经常见到，缺乏经验的业主往往只对比了意向性文件中列出的核心商业条件，却并不了解酒店合同中会有哪些重要商业条款，以及酒管公司对于这些重要的商业条款的态度，就糊里糊涂（我在此完全没有责备酒管公司的意思，仅仅是在强调业主由于严重缺乏酒店行业经验而未能详尽了解合同内容）地和酒管公司签订了意向性文件，待到谈判酒店合同时，才发现这家酒管公司的一些不能让步的底线条款是自身无法接受的，最终造成项目无法签约，浪费了业主项目开发的宝贵时间和精力，拖累了项目开盘计划，影响业主回笼资金。

为了避免犯以上错误，我建议业主在进入选聘合作酒管公司程序前，应聘请有丰富的酒店合同谈判经验的律师提早介入，协助业主理顺选聘酒管公司的流程，对谈判中可能遇到的问题进行预判，并基于经验对不同酒管公司的合同特点进行必要的事先提示，尽早确定除品牌、费率外其他与酒管公司合作的重要商业条件，做到业主选聘酒管公司的程序不走弯路，从而协助业主快速、高效地选择到合适的酒管公司。

（三）选定酒店管理公司与第三方设计顾问

1. 酒店管理公司与第三方设计顾问的定位

酒店管理公司除了向业主提供酒店管理服务，还会为业主提供技术协助服务，其宗旨是协助业主做好酒店设计，确保酒店设计符合酒管公司的品牌标准并便于酒店运营。

一些新手业主对于酒管公司的技术协助服务会产生误解：是不是我请了酒管公司，就不用再请建筑设计院、内装设计公司、机电顾问等第三方设计单位了？

答案是否定的。最直观的表象就是，酒管公司所收的技术协助服务费用金额，可能仅仅是建筑设计院、内装设计公司及机电顾问各家收费的几分之一，天下怎么会有"又想马儿跑，又想马儿不吃草"的事情？因此在聘请前，应该了解酒管公司与第三方设计顾问的分工。

实际上，大多数酒店管理公司的技术协助部门的主要使命是"审图"，而不是"画图"。"画图"的职责由业主聘请的建筑设计院、内装设计公司及机电顾问等来完成，设计图完成后由酒管公司进行审阅修改，使设计符合酒店品牌标准并具备经营实用性，这就是所谓的技术协助。因此，除了酒管公司，业主仍然需要再聘请诸多第三方设计顾问。这需要业主具有比较强的项目管理能力，并且依然需要业主对酒店项目有所认识，能够分辨第三方设计顾问所提供方案的优劣。因此，在现今酒店行业中出现了专门协助业主做第三方项目管理的公司，其宗旨是站在业主方角度，凭借其对酒店设计建设的丰富经验，帮助业主管理好整个项目，做好与各个设计单位、酒管公司、建筑商及供应商的衔接。

当然，除了上述提及的多数酒店管理公司技术协助服务的工作方式外，也有一些很有特色的酒店管理公司，为了确保旗下酒店的独特风格，会成立一支直接具备"画图"能力的内聘设计团队，为业主提供一部分设计服务，并向业主收取该部分设计服务的费用。

因此，业主在与酒管公司合作前，需要搞清这家酒管公司提供的设计技术方面的服务究竟是哪些。是仅局限于技术协助，还是能够涵盖一部分酒店设计？当然，如果包括部分酒店设计事项，酒管公司收费自然也会更高一些。

2. 主要的第三方设计顾问

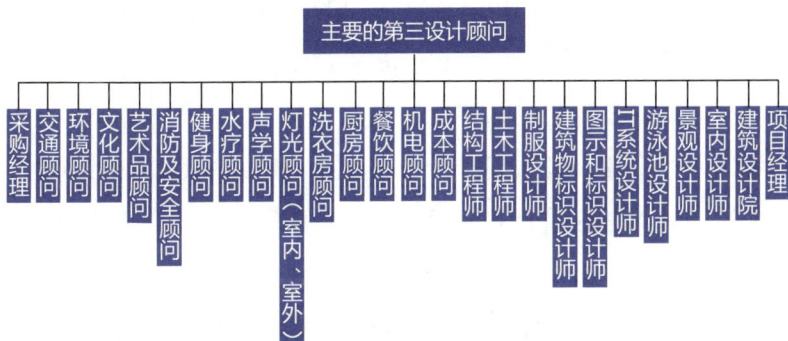

主要的第三方设计顾问

新手业主看过后是不是完全晕了？但酒店设计建设就是如此细分的，在每个细分领域都可能会有一个非常专业的机构。同时，上述顾问工作中一家公司可能囊括数项，比如建筑设计院可能还同时负责结构、土木、景观，机电顾问同时负责厨房、洗衣房等。

3. 忽视第三方设计顾问的专业性最终会让业主吃亏

总体而言，在上述诸多第三方顾问中，最为重要的是建筑设计院、内装设计师和机电顾问。用开发酒店的方式选聘上述顾问是非常重要的事情。我在实践案例中曾经见过业主出现的问题，希望后来者避免犯同样的错误。比如我曾经见到有业主将上述全部第三方设计服务委托给了一家建筑设计院，建筑设计院也大包大揽地说他们什么都能做，而业主方为了能够方便项目管理，同时为了节约一定费用，就真的将全部第三方设计工作交给了这家建筑设计院。要知道，酒店设计是非常浩大而精专的一项工程，据了解，现在没有一家机构能全部囊括所有业务。这家建筑设计院接手后，才发现酒店设计根本不像他们之前做的住宅设计那么简单，只能将超出其能力的服务内容都交回给业主。

另一个案例中，业主确实分别聘请了建筑设计院、内装设计公司等，但并没有关注内装设计公司的行业经验。这家内装设计公司早先的设计聚焦于美术馆，其建筑作品别具一格，颇受业界认可。但酒店设计与美术馆设计有着天壤之别，美术馆基本不需要考虑人类生活、餐饮起居，只需要把美做到极致，而如何在兼顾美的同时，考虑周全酒店运营使用维护需要，才是酒店设计的难点。这家美术馆设计公司进场后，才发现酒店设计和他们之前的经验完全不同。业主方是国有企业，美术馆设计公司又是通过招投标方式进入的，因此让业主也骑虎难下，不能轻言放弃这家设计公司，但实际上这家设计公司根本无法完成酒店设计工作，这又给酒管公司技术协助带来莫大的困难，设计公司交给酒管公司的每一版图纸几乎都会被打回。最后，业主做了大量内部论证工作后，终于决定重新聘请了一家酒店领域的专业内装设计公司，才使项目设计回到了正轨。

上述两个案例中，最大的输家无疑是业主自身，我们无须多谈处理与设计方的法律争议及白花设计费这些明显问题，业主最大的损失是严重拖累了酒店设计进程，使酒店竣工开业遥遥无期。其间每一天的财务成本、每晚一天开盘给业主造成的回款损失，都可能面临对于政府签订的投资协议中酒店开业目标的违约等，这些才是业主较大的损失。

因此，我的经验是，一定要聘用有同档次酒店品牌设计经验的公司为本项目服务，并且如果可能，应考虑酒管公司对于业主选聘第三方设计顾问的建议。酒管公司多数会建议业主选择有本酒店品牌设计经验的顾问来参与，因为这些顾问有经验，对于该品牌的理解将更深，与酒管公司、与业主的沟通成本都将降低，很有可能实现更为高效优质的设计目标。

搞定了酒店可行性研究专家、专业律师和第三方设计顾问的问题后，这些专业人士就可以帮助业主的酒店项目走上正轨。其后，发包、分包、采购、建设等，就是每一个房地产开发项目都必备的流程。相信走到这一步，业主已经对酒店开发充满了信心。

三、不同的商业逻辑影响业主对酒店的参与

酒店合作经营模式中，常见的合作方式包括租赁、委托管理、特许经营及其他合作模式。其他合作模式包括双方合资参股、一方出房一方出资、酒店方带资管理及各种灵活合作模式等，由于需要一事一议，在此不再赘述。在酒店租赁合同、酒店管理合同和酒店特许经营合同三类不同合同中，由于不同商业模式的商业逻辑不同，业主与酒管公司间的权利义务分配存在很大的不同。

租赁模式项下，业主将酒店租赁给酒管公司，酒管公司将承担酒店经营的全部风险，相对而言，业主方对于酒店运营的参与很少。租赁模式中，基于租金计算的方式不同，又划分出固定租金模式、分成租金模式等。固定租金模式，顾名思义就是在承租

年限中，租金是固定的，或者约定了固定的递增比例。分成租金模式又叫提点租金模式，常见的做法是计算租金有两套机制，一套是固定租金机制，另一套则挂钩经营业绩（常见的指标如营业收入等），二者之间相比取较高者，以此来确定租金。通常而言，租赁模式项下业主承担的经营风险相对较小，酒店方承担了主要经营风险，属于业主方较为强势时运营酒店及商业地产（如商业及购物中心）项目时经常见到的情况。

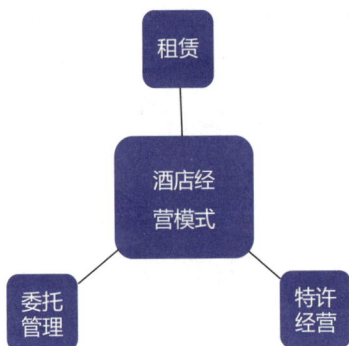

酒店经营模式

委托管理模式项下，业主是酒店投资方，但将酒店的具体管理职责委托给酒管公司执行。在管理模式项下，出现了酒店的所有权与管理权相分离的情况，这是现代商业治理机制中存在的普遍现象。该模式下，酒管公司负责管理酒店运营，但酒店的经营成果将由业主承担，因此业主将非常关心（甚至焦虑）酒管公司运营酒店的情况。而我们知道，商业经营都有其内在规律，由于市场的变化和行业的发展，经营业绩必然存在波峰、波谷，不同人士对酒店运营状况的判断可能会有不同。特别是在酒店经营困难时，可能需要业主方给予酒管公司更多信任和支持以渡过难关，在很多情况下，这种信任不但为酒管公司提供了必要的机会和空间，同时很可能最终也是有利于业主的，因为即便业主决定亲自"下场"经营酒店或更换酒管公司，经营业绩也不一定会有改善，"临阵换将"反而可能使酒店经营雪上加霜。因此在酒店管理合同中，合同内容更多的是业主授权酒管公司管理酒店，限制业主对酒管公司管理的过度干涉。所以通常而言，业主在酒店管理合同项下对酒店直接的管理权利非常有限。但业主的这种善意和信任也一定要有限度，并保有最低限度的权利，比如在重大事项上业主应有参与甚至审批权，在酒管公司欠缺管好酒店的能力并被验证时，业主也应保有必要的介入权。为保证业主的底线商业利益，酒店管理合同中的业绩考核条款，即酒店业绩持续欠佳时，业主有权解除酒店管理合同的权利甚为必要，我将在本书下文中专章论述。

特许经营模式项下，酒管公司主要为酒店提供品牌、销售渠道、建设标准、酒店管理标准等协助支持，但酒店的全部运营管理责任将由业主自身来承担。相比委托管理模式而言，特许经营模式减少了酒店所有权与管理权分离情况下所有权人如何处理与管理人员关系的问题，但这种模式下，业主亲自管理酒店，需要业主方具备酒店管理的专业能力和专业团队。传统开发商业务多集中于住宅及商业地产的开发，近年来随着我国宏观政策的不断调整，很多开发商已经开始转型商业地产运营，但做运营是挣"慢钱"，需要开发商有更多耐心和团队。因此在业主不具备酒店运营经验的情况下，对于特许经营模式下业主未来需要为酒店运营投入的精力及可能面临的难度，应进行全面而谨慎的评估。

四、委托管理和特许经营是国际品牌酒店项目的主要商业模式

作为经常服务没有酒店开发经验的新业主的律师，我本人经

常会被问到一个问题："王律师，我想把我的酒店出租或承包给大牌酒店管理公司，能否帮我寻找合作方？"看过我本部分讲解后，业主就能够理解为何我国国内目前通行的酒店地产商业模式与传统观念有所不同。

新业主做酒店，通常首先想到的是套用传统的商业地产经营模式，但在国际品牌酒店领域，这种做法往往很难行得通。国际品牌酒管公司大多能够同意的商业模式是委托管理或特许经营的商业模式。

商业地产经营有很多种模式，常见的有租赁、合作等模式。租赁模式已在上文提及，而合作模式的情况更为复杂，比如出租方出房、承租方出装修款，承租方负责经营，双方收入分成，或者其他更为复杂的合作方案。但不论怎样，在商业地产传统经营模式下，出租方（即业主）和承租方是两家相互独立的机构，"你挣你的钱，我做我的事"，双方的"人、财、物"管理都是分开的，只是在部分业务上有所配合，并以某种方式分享经营收入。

而委托经营模式则与之大不相同。委托经营模式最核心的法律关系是酒店业主将自己拥有的酒店资产委托给酒店管理公司经营，酒店管理公司在经营酒店中所扮演的角色是受托管理人，酒店经营的盈亏成败将完全由业主来享有或承担，酒店管理公司对于酒店的盈亏并不承担责任，只是按照酒店经营指标的某个比例来收取管理费。并且，目前我接触的绝大部分酒管公司只接受轻资产输出品牌和管理，而不参与重资产投资。

所谓轻资产输出管理，通常是指酒店的设计、建设、装修、采购营业物资都由业主来出资，酒店管理公司不做投资，酒店开业后悬挂酒管公司旗下品牌，酒管公司管理酒店并收取酒店管理费，由业主最终获得（承担）酒店经营利润（亏损）。国际品牌酒店管理公司参与酒店投资的情况并非完全没有，但从我国目前的发展阶段看恐怕是可遇而不可求的。原因在于，我国房地产行业经历了高速发展周期后，目前存在"租售比"悬殊的问题。"售"指房地产出售的价格。而"租"不单单仅指租金，实际上所有自持经营性物业，其经营的收入都可以视为"租"。"租售比"悬殊在酒店行业的具体表征就是，酒店所处综合体的住宅单价非常高，酒店本身通过不同的评估方式，可能也会评估出较高的价格（但这个价格多半是有价无市，卖不出去的），但酒店经营本身的收入流水及经营利润额相比前述价格而言则十分有限。我经常见到一些由权威酒店领域咨询机构出具的酒店项目可行性研究报告中，将酒店投资的回收期确定为十几年，甚至更长。要知道，酒店装修的生命周期一般也只有十几年，酒店经营十几年后就需要重新装修、全面升级酒店品质，我在此不再描述这笔装修费用的体量，但可以告诉读者，这笔费用是非常巨额的。从上述分析可以看出，实际上就现阶段我国房地产市场的发展状况而言，单纯投资酒店很可能是不划算的，这也就是多数酒管公司选择轻资产输出管理，而不投资酒店的主要原因。

　　但另一方面，在目前的酒店行业中，也并不是说完全不存在酒管公司对酒店进行投资、进行带资管理的情况。当然，这种投资模式在现今市场环境下还不太多见，但已有酒管公司进行了探索，意图占据市场先机。由于排名领先的酒管公司的酒店品牌吸引力较强，在不带资的情况下业主照样愿意聘请酒管公司进行委托管理，因此酒管公司再对酒店进行重资产投资的意愿不强。但对于处于追赶地位的酒管公司，为了有机会切入酒店管理项目，与排名在先的酒管公司进行竞争时，不排除考虑部分投资的可能性。这一点，在刚刚进入中国市场的酒管公司中更为明显，因为对于这类酒店而言，能够尽快开业一家高品质的旗舰店，将非常有利于其迅速铺开市场，输出轻资产管理。

另一种酒管公司进行部分投资的机会将出现在酒店更新改造阶段。酒店在经营十几年后，需要不断更新硬件设施，整体进行重新装修才能维系酒店品质。而这笔装修费用对业主而言往往是比较沉重的，此时也有可能存在有酒管公司以对酒店装修进行部分投资为代价，换取对酒店的经营管理权，甚至获得业主公司部分股权的情况。

但不论如何，在目前的国际品牌酒店行业中，轻资产输出管理依然是排名领先的国际品牌酒管公司首选的商业模式。

轻资产模式的另一种形态就是特许经营模式。麦当劳的经营模式就是我们最为熟知的特许经营模式。特许经营与委托管理的最大区别在于：委托管理模式下，酒管公司将负责酒店的管理，同时酒店悬挂酒管公司的酒店品牌；而在特许经营模式下，酒店在悬挂酒管公司的酒店品牌的同时，由业主自身来管理酒店。因此较之于委托管理模式，特许经营模式对酒管公司而言更"轻"。

酒管公司在我国对其旗下较高档次品牌开放特许经营模式的历史其实并不长。由于我国改革开放后酒店行业处于不断成长阶段，先期对于酒店管理人才的储备不足，而酒店管理又是一个典型的劳动密集型行业，酒店需要经验丰富的管理者和员工，而长期缺乏高水平管理人员是前期制约我国酒店行业发展的一项问题。由于我国本土缺乏酒店管理高端人才，酒管公司担心业主自己管不好酒店，影响酒管公司酒店品牌的整体形象，因此酒管公司对于其酒店品牌（除经济型酒店）都要求采取委托管理的模式，由酒管公司代业主管理酒店，以确保酒店管理的品质。随着我国酒店行业的不断成熟，国际酒管公司已经开放其部分品牌对业主进行特许经营。但为了确保酒店管理品质，对于顶级奢华品牌酒店及超高端酒店，通常而言酒管公司还是会坚持委托管理模式，较难向业主开放特许经营。

不论如何，随着我国业主酒店管理水平的不断提高，酒管公司向业主开放更多的可特许经营的酒店品牌已经是大势所趋。对业主而言，在业主具备酒店管理能力的前提下，自管酒店（而不是将酒店管理权交给酒管公司）将使业主保有酒店的全部经营权，这将对业主把控酒店经营风险提供更好的保证。为了顺应我国酒店市场的发展，一些酒管公司也灵活地向业主提供合作方案，包括前期提供酒店委托管理服务，在一定时期或一定条件满足后，可以转变为特许经营模式由业主自管酒店，这类经营模式无疑将更有利于我国酒店行业的成熟，更有利于业主的商业利益。

回答本章开篇的那个问题，国际品牌酒管公司由于握有知名酒店品牌，因此较之业主通常有更强的话语权，酒管公司更倾向于选择轻资产输出管理的模式经营酒店。这种经营模式使其获得稳定的管理费回报的同时，承担的经营风险也相对较低。在酒管公司处于商业强势地位时，通常难以接受业主期待的承租、投资等其他酒店经营模式。

五、收购中需要格外关注酒店项目特殊之处

酒店项目具有资产重、投资回报期长的特点，但同时酒店资产也具备现金流持续、稳定的优势，可以为投资人带来可预期的回报，因此酒店资产受到了保险资金、养老金等资金体量大、投资期限长、期待获得长期而稳定的现金流回报的资金的关注。虽然目前我国国内的酒店收并购市场还处于较为早期阶段，但我相信随着我国经济的快速发展，我国必然会像国际成熟商业地产市

场一样，出现更多专门收购商业房地产的基金。同时随着REITs制度在我国的不断成熟，REITs未来也必然会成为酒店收购的参与方。

虽然酒店项目属于商业房地产大类，但酒店资产收购需要考虑很多酒店行业的特殊属性。首先，高端酒店多数适用委托管理模式或特许经营模式，因此酒店收购时除考虑原业主方，还需要考虑作为酒店管理方或许可方的酒管公司对收购交易商业和法律的影响，包括酒店管理合同或特许经营合同中对于酒店交易的特殊安排。在买家收购酒店时，有一些酒管公司可能同时向新业主提出酒店资产改造计划（Property Improvement Plan，PIP），因此新业主除了资产收购价款，酒管公司可能要求业主追加一笔酒店改造投资。酒店潜在买家由于已垂青于其他酒店品牌，或希望改变房产的商业业态（如变为写字楼），因此提出原业主解除与当前酒管公司的合同后，才同意收购酒店。买家希望将解除酒店管理合同或特许经营合同的法律责任留给原业主承担。

从法律角度，如果买家通过资产收购而非股权收购的方式进行收购，需要考虑酒店大量证照、审批等的延续或变更问题，避免酒店在交割日后因新运营法律主体无相关证照而影响酒店的正常业务。如果酒店在收购时尚未还清贷款或资产尚处于抵质押状态，则买家需要考虑资金、还贷、是否解抵质押等一系列法律衔接问题。

从运营角度，我简单提出几个酒店项目收购的特殊之处。酒店会有大量预付款会员，酒店客房及婚宴等预订往往也是先收费后入住，因此需要考虑酒店在交割日前已入账收入对交易价款的确认及交割日后对酒店运营及财务状况的影响。酒店时常会向宾客发放代金券、礼品券或免费入住券，这类宾客消费也会影响交割日后的酒店营收。酒店通常和供应商订有各类物资、食品供应协议，在股权收购情况下，买家会承接前述协议，因此应具体审阅前述协议的商业合理性。在资产收购情况下，买家需要尽快用新酒店法律主体与供应商进行签约，以保证酒店不断供。由于酒店属于劳动密集型产业，涉及员工相对较多，因此新买家也需要根据股权收购或资产收购的不同，确定对于员工的接纳和安置方案。酒店收购前后的保险能否始终覆盖酒店运营，也会直接影响酒店买家承担酒店经营风险的问题。

六、酒店合同的谈判核心

在我国的中高端档次酒店领域中，最常见的两种商业模式是委托管理模式和特许经营模式。与之相应，酒店合同则被区分为酒店管理系列合同和特许经营系列合同两个大类。

如上所述，酒管公司最主要的价值是为业主提供高端酒店品牌并提供酒店设计经验，在委托管理模式下，酒管公司还利用其酒店管理经验，带着管理团队和客户资源为业主提供酒店管理服务。因此在委托管理模式下，我们可以简单地把酒管公司想象为业主专门为酒店项目聘用的职业经理人。

我们都知道，企业管理需要的是责任和权力相匹配，业主委托酒管公司代表业主管理酒店项目，但酒管公司承担管理酒店责任的前提，必然是业主将其对于酒店管理的权力赋予酒管公司。从另一个角度观察此问题，业主方往往是酒店管理的"门外汉"，之所以聘请酒管公司过来，就是看中酒管公司管理酒店的经验和能力，因此也有必要赋予酒管公司代替业主来管理酒店的权利并给予信任。由于酒管公司具有管理酒店的专业经验，因此在一些管理问题上，有可能与业主持不同观点，基于专业经验提出的专业意见，往往具有合理性，因此在出现双方意见相左的情况时，有必要考虑作为酒店管理专业人士的酒管公司的专业意见。

但业主也必须注意的是，业主不能对酒店管理"大撒把"。酒店管理合同的期限往往比较长，十年、二十年，甚至三十年以上的合同都很常见，在如此长期的合同中，如果业主不能对酒管公司设立一定的监督机制，在酒店明显偏离正常航道时对酒店经营予以纠偏，则对业主而言将承受莫大的商业失败风险。因此，业主有必要在酒店管理合同中，保留必要的对酒管公司管理酒店的制约机制。

一方面，酒店管理合同需要对酒管公司充分放权，将酒店管理的必要权力赋予酒店管理公司，以使其具备管理酒店的整体权力；另一方面，业主需要对酒管公司的管理权进行某种程度的把控，避免"跑偏"。就酒店管理权力而言，一方面是业主放权，但另一方面业主还需要收紧一些必要的监督权，而酒店管理合同就是在这一放一收之间，寻找双方对于酒店管理权力与责任的平衡点。

酒店特许经营合同的情况则不太相同。特许经营模式的最大特点在于酒管公司许可业主使用酒店品牌及相关销售系统，而业主自身直接负责管理酒店。由于业主自身负责经营，不再需要像委托管理模式下考虑对酒管公司的赋权和监督，因此较之酒店管理合同而言，特许经营合同的内容更为简单直接，双方更多地关注如何许可业主使用酒管公司的酒店品牌及如何确保业主运营品牌酒店的服务品质不降低等问题。

七、酒店集团及酒店品牌的 STR 排名

一提到豪华酒店，我们的第一反应就是五星级酒店。而五星级酒店这一称谓，是指由国家旅游局起草编制的《旅游饭店星级

的划分与评定 GB/T 14308—2010》中对于酒店经营水准进行的划分。简单地说，我国的星评标准分为"必备条件""设施设备"及"酒店运营质量"三部分。"必备条件"如不能完全具备，则酒店将直接丧失评选相应星级的资格。"设施设备"及"酒店运营质量"部分则有详细的打分项，酒店只有获得相应分数，才能最终获得评星。然而在国际视野下，欧美发达国家并无五星级评星的概念，也没有相应的"星评委"，因此如何划定酒店品牌档次成为一个重要问题。

我国酒店星评标准构成

目前而言，国内的酒店圈普遍比较认可 Smith Travel Research（史密斯旅行研究，简称 STR）对于酒店品牌档次的划分。STR 成立于 1985 年，并于 2019 年被 CoStar 集团收购。CoStar 集团是一家致力于提供商业房地产信息、数据分析及网络市场的服务供应商。

与我国酒店评级针对每一家酒店进行评星不同，STR 是针对酒店品牌进行评级的。STR 将酒店品牌档次分为：奢华（Luxury Chains）、超高端（Upper Upscale Chains）、高端（Upscale Chains）、中档偏上（Upper Midscale Chains）、中档（Midscale Chains）、经济型（Economy Chains）和独立型（Independent）。STR 对于酒店品牌档次的划分主要是依据该品牌酒店的平均房价（Average Daily Rate，ADR）来做出的。STR 对酒店品牌的分级并不是一成不变的，STR 在每年发布的报告中都会根据品牌上年的表现进行必要调整，我在处理酒店纠纷的过程中就遇到过因为酒店品牌被 STR 降级引发的业主与酒管公司间的矛盾。如果读者对 STR 对于全球酒店品牌的评级以及酒店经营性相关的数据及财务知识感兴趣，STR 官网（https：//str.com/zh-hans）上可以找到很多有价值的内容。当然，为了方便读者阅读和理解本书内容，我在本书中还是会主要以五星级、四星级等国内星评方式为主来阐释观点。

STR 对酒店品牌档次的划分[①]

八、酒店合同有什么

（一）酒店合同常见的签约顺序

正如一般的较为复杂的商业交易，酒店合同的签订通常划分为两个阶段：意向性文件谈判阶段和正式合同谈判阶段。在进入正式合同谈判阶段后，就需要考虑酒店项目的推进了。当然，并

---

① 独立型则是单独未予分级的酒店，因此未在图上显示。

不是所有的酒店项目都会签订意向性文件，为什么有些项目不签订意向性文件，而是直接进入正式合同谈判阶段呢？这就要了解一下签订意向性文件的目的。

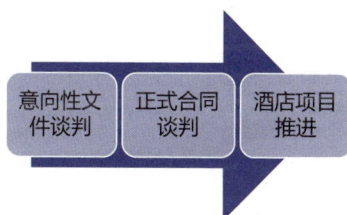

意向性文件谈判 → 正式合同谈判 → 酒店项目推进

酒店合同常见的签约顺序

通常，较之正式合同的全面性和复杂性而言，意向性文件内容相对简单，通常只锁定必要的核心商业条件。正是因为意向性文件内容较简单，且聚焦于核心商业条款，因此相对来讲业主和酒店管理公司双方更容易沟通，对于老板而言，意向性文件的谈判也更像是"谈生意"，旨在锁定合作基本条件。正是由于其内容较简单，老板比较好"拍板"，因此也更容易签订。而正式合同内容非常复杂，全面涵盖酒店项目从拿地到合作最终终止后的善后收尾方式，因此将花费双方非常多的时间来研究、谈判、修改到最终落实条款。

由于完整在谈判下来一份正式合同耗时太长，在谈判期间双方实际上均未互相"锁定"与对方的合作关系，双方均存在任意解除谈判转而与其他方谈判的可能，因此造成双方在高度不确定的环境下谈判正式合同的情况，这给双方都造成了不舒服的不安全感和不稳定性。因此，业主和酒管公司通常都有意愿先以意向性文件这种简单的形式，先锁定双方的基本合作条件，在相对确定的状况下，与对方进行深入谈判。

当然，我也处理过很多不签意向性文件而直接签订正式合同的酒店项目。原因有很多，比如业主方急于与酒管公司签订正式合同，不太纠结于合同的具体约定。还有一些情况，比如某一方特地希望保留上述所讲的"不确定性"或"不安全感"，为的是给对方施加更大的压力，促使其尽快决策、尽快签约等。

不论先签意向性文件也好，不签也罢，其最终目的都是为业主和酒店管理公司双方签订一份令双方满意的正式合同打下好的基础。因为意向性文件的主要作用是锁定双方合作的核心商业条款，因此常规的操作方式是对于意向性文件中已经约定好的商业条款，正式合同中一般不应再修改。当然，在正式合同中可以保留对核心商业条款进行必要细化的机会。此外，正式合同签订后，意向性文件也将自动失效，以避免在业主与酒管公司之间存在两份同时有效的描述核心商业条件可能会存在冲突（比如在谈判正式合同中双方共同同意对核心条款进行调整）的文件。

正因为意向性文件与正式合同的内容不同，因此意向性文件的谈判重点与正式合同也有很大的区别，谈判意向性文件时，切不可"眉毛胡子一把抓"，否则将可能偏离签订意向性文件的根本商业目的。

还有一点需要提示，在目前酒店的行业中，不论是意向性文件还是正式合同，基本都是由酒管公司向业主提供合同范本，而非相反。

（二）意向性文件的要点

1. 意向性文件的主要内容

意向性文件通常被冠以意向书（Letter of Intern，LOI）或者谅解备忘录（Memorandum of Understanding，MOU）的名称，但从法律上讲无本质差异，是业主和酒管公司双方为初步锁定合作的核心商业条款而签订的文件。意向性文件的签订是为了双方尽快锁定合作意愿，因此意向性文件不会像正式合同那样全面完整，也正是因为这一特点，在谈判意向性文件时应该着重关注其要点内容，而对于非意向性文件要点内容则应妥妥地放在正式合同阶段再谈判，避免将应该放在正式合同谈判的内容过分提前到意向性文件谈判阶段，影响双方敲定基本合作关系的进程。

那么，哪些内容是意向书应该重点关注的呢？最重要的是"五大条"，即品牌、合同年限、基本费、奖励费以及技术费。确定酒店品牌，是整个酒店项目最为核心的要素，决定了整个项目的定位和价值。而其他四条，我将在下文中详述。

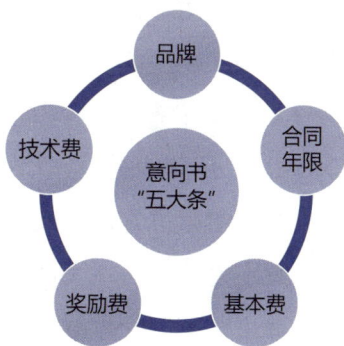

意向书"五大条"

除了最需要关注的"五大条"，也可考虑在意向性文件中加入业主和酒管公司初步沟通敲定的个别最重要的酒店运营 / 法律条款。我在下文中将用本书的最主要篇幅来分析酒店运营 / 法律条款，而业主方可以根据项目的具体情况，选取其中重点（注意：一定不是全部）的一些运营条款提前进行沟通。

关于意向性文件的法律约束性，原则上意向性文件应对双方而言都是"非约束性"的，即双方无须对最终未能签订正式合同而向对方承担任何责任。"非约束性"也是签订意向性文件的性质所决定的，即一方面锁定核心条件，但另一方面又因为它的提纲性和不全面性，不能代表双方合作的全部内容，因此不应对双方进行过度约束。但该"非约束性"应辩证地看待，对于意向性文件已经锁定的核心商业条件，对双方谈判正式合同而言，依然应具备约束性，这更符合商业契约精神。

同时，意向性文件可能还会有一些具备约束性的条款，比如保密条款、排他条款等。提示读者注意排他条款，要注意意向性文件排他条款是限制哪方的责任、限制的范围是什么、违反排他条款的违约责任是什么。意向性文件通常也会约定争议解决方式，多数酒管公司目前均倾向于采用仲裁的方式解决争议。在双方就意向性文件中有约束性的条款产生争议时，就将以双方约定的仲裁方式解决争议。

除上述内容外，为了满足部分业主希望酒管公司技术协助团队尽快进场，协助业主聘请的第三方设计顾问完成酒店设计这一需求，一些酒管公司同意在签订意向性文件后即开始向业主提供有限的技术协助服务，业主需相应支付技术协助费用。针对这一情况，有些酒管公司会把技术协助条款放在意向性文件附件中，成为其内容的一部分，而有些酒管公司则会将这部分技术协助服务放在单独的《临时技术协助协议》之中。不论用哪种方式，涉及这部分技术协助服务内容的合同约定都应该对双方是具有约束力的。

2. 意向性文件的法律性质是预约合同

对于同业主及酒管公司利益最为紧密的意向性文件，有必要讨论一下其法律性质。根据处理类似事项及案件的经历，我倾向于认为意向性文件的法律性质属于"预约合同"。

从法律理论上讲，与"预约合同"相对的是"本约合同"，区分其不同的核心意义在于在预约合同或本约合同的情况下分别会带来何种法律后果，相应的，各种法律后果带来的法律风险是什么。由于本约是合同常态，预约则相对少见，因此我们有必要首先对预约合同进行简单分析，并揭示合同被视为预约的相关法律风险。

《民法典》第四百九十五条第一款规定："当事人约定在将来一定期限内订立合同的认购书、订购书、预订书等，构成预约合同。"那么，意向书便具备《民法典》所规定的预约合同性质。

预约合同与本约合同性质的区别会导致如下两点法律后果：

第一，一方要求另一方继续履行该协议可能受阻。在预约合同中，若强制要求违约方继续履行合同，可能违反意思自治以及合同自由原则，且使得预约合同最终产生与本约合同相同的效果，所以预约合同通常被认定为不适用强制履行。

第二，与违反本约合同相比，违反预约合同在最终的赔偿数额上可能会较少，通常只会按照缔约过失来承担相关责任，缔约过失责任通常而言比违约责任要轻很多。虽然法院会综合考量交易的成熟度、守约方的缔约投入、守约方的机会损失等来确定最终的赔偿数额，但在实践中，违反预约的赔偿数额往往远低于违反本约所需赔偿的履行利益损失。

当然，从酒店行业的实践来看，意向性文件中基本都不会对双方未来必然签订酒店合同做约定，一般只会约定一个为期数月的谈判期，谈判期过后如双方仍未达成酒店合同，双方均可以随时解除意向性文件。意向性文件中除了特定条款（比如一对一谈判、保密、争议解决等）外，其他条款都是非约束性条款，因此双方间通常也就不会互负缔约过失责任。

3. 意向性文件谈判应抓大放小

如我上文讨论，业主与酒管公司签订意向性文件的主要原因是为了迅速锁定双方合作关系，使双方可以开展初步合作。因此意向性文件谈判贵在"快"。由于意向性文件中通常都会约定，除特定条款，其他条款对双方均不具法律约束力，因此意向性文件属于预约合同，是法律上相对"软"的合同。据此，我对于谈判意向性文件的建议是，除了双方合作的重点商业条款外，对于其他条款，特别是一些纯法律条款不必特别纠结，避免将双方谈判周期拉得过长，毕竟除保密条款等特定条款外，意向性文件并不具约束力，因此不会给协议一方（由于意向性文件范本通常由酒管公司出具，因此此处更多指业主方）造成过多的不可预估的法律风险。在平衡商业效率和法律风险的基础上，我更倾向于建议业主考虑抓大放小，把意向性文件谈判的主要精力放在更为重要的内容中，非核心条款则留待正式合同谈判阶段再进行详细讨论。

4. 意向性文件谈判中最需要重视的内容

考虑到签订意向性文件是业主与酒管公司效率与风险相平衡的产物，因此我认为业主方在签订意向性文件时最应关注这些内容。

第一，跳出意向性文件本身的范畴，如前文所述，一个酒店项目的成功与否，关键在于是否选择了符合酒店本身商业定位的酒管公司和酒店品牌进行合作。因此，业主对酒店项目本身所做的可行性研究是否准确、寻找的酒管公司和酒店品牌是否与项目自身特性匹配、选择品牌的投资强度是否符合业主对酒店在整个房地产开发项目中的定位相一致，这些都是酒店项目最终能否成功的决定性因素。

第二，回到意向性文件内容，建议业主重点关注的内容包括酒店品牌、合同年限、各类费率。如果在签订意向性文件时还签订技术协助合同或临时技术协助合同，则应由业主公司的工程设计部门对于酒管公司所提供技术协助服务内容是否完备、业主与酒管公司的技术协助合作机制是否妥当等再发表意见。

第三，除了品牌、合同年限及费率，对于酒店管理合同而言，由于是业主要在合同期限内将酒店的管理权全权（业主仅保留个别监管权力）交给酒管公司负责，因此业主应在签订意向性文件的同时，尽量争取先期了解该酒管公司酒店管理合同中的一些重要运营/法律条款，特别是争取了解该酒管公司的合作底线是否与业主合作底线相冲突，避免双方签订意向性文件后最终由于商业底线相互矛盾，而最终无法签订酒店合同的情况发生。

5. 如何看待酒管公司在意向性文件阶段介入技术协助

很多业主对于酒管公司的技术协助团队尽快进场工作有比较强烈的要求，为了配合业主需求，一些酒管公司在签订意向性文件的同时，可能会签订一份技术协助协议，这份协议有可能是一份临时技术协助协议，也有可能就是一份正式的技术协助协议。签订这份协议后，酒管公司就可以"名正言顺"地为业主提供技术协助服务了。

但这种提早的"配合"对业主一定有利吗？我认为仁者见仁智者见智。诚然，一方面，业主方由于财务成本的约束，通常都希望工期尽快推进，因此希望酒管公司的技术协助团队尽快进场，帮助业主确定酒店设计方案，以便使业主的综合体项目能够和酒店项目进行衔接，尽快推进主体工期。但另一方面，业主方也需要考虑到，在与酒管公司仅仅签订意向性文件，但未签订正式合同的情况下即开展较为深入的技术协助，这将为整个项目打上比较深的该酒店品牌的品牌标准"烙印"，酒管公司服务得越"深入",业主就越难"回头",业主在正式合同上与酒管公司争取的空间就越有限。如果一旦遇到正式合同中业主难以接受的条款（比如酒管公司坚持要求业主将酒店分公司的公章交由酒管公司管理等），而技术协助已经做到较为深入的程度,将使业主"骑虎难下"。为了避免这种情况的发生,建议业主在签订意向性文件阶段就尽量充分地了解该酒管公司正式合同的核心条款内容,特别关注那些可能成为阻却签约条款的内容,将业主的商业抉择尽量提前,以尽量争取在签订意向性文件后能够尽快签订正式合同,从而缩短酒管公司已经开始向业主提供正式技术协助服务,但双方还没有正式合同约束的蹩脚状态的长时间持续。

（三）正式酒店合同的主要内容

我将在下文中详细地讲述正式合同的全部要点内容,在本部分将简要地介绍正式合同通常会涵盖的合同内容,并且因为不同酒管公司对正式合同的理解不尽相同,其与业主签订合同的份数也有所不同。根据我的经验,正式合同一般涵盖如下内容：

酒店合同涵盖内容

如果是委托管理模式，不同的酒管公司会按照自己的公司政策，将上述六项内容进行"排列组合"。有的酒管公司可能一份合同涵盖上述全部六项内容，中英文合同加起来有两三百页厚；也有的酒管公司可能签订两份合同，一份是酒店管理合同，涵盖部分开业前筹备服务、开业前采购服务以及开业后管理、品牌许可及集团性服务等，另一份则是技术协助合同，主要内容为技术协助，并涵盖部分开业前筹备服务。还有的酒管公司签订三份合同、四份合同，有的则会签订六份合同甚至更多。

如果是特许经营模式，酒管公司则不再向业主提供开业前筹备服务及开业后管理服务，而仅向业主提供技术协助、品牌许可及集团性服务等服务内容。

但不论酒管公司要求签订几份合同，万变不离其宗，其内容最终仍然是围绕着上述总结出的六大项内容而展开的。读者只要读懂本书内容，自然将对与酒管公司谈好酒店合同更有信心和把握。

第 二 章

酒店合同核心要点

　　毋庸置疑，酒店合同中酒店品牌是最核心的商务条款。除酒店品牌外，这里将着重介绍酒店合同项下常见的收费项目及收费模式，以及酒店合同期限、酒店设施要求等核心商务条款的关注要点。此外，还会讨论酒店合同项下税费承担这个容易被忽视的重要问题，由哪方承担管理费的税费将直接影响管理费的金额。同时，对于收购酒店时应注意的问题，以及酒店未来的发展方向，如中资产模式及双品牌酒店模式等做一展望。

　　由于不同商业模式下酒店管理公司的收费模式不尽相同，因此可将之划分为酒店管理合同模式、酒店特许经营合同模式及小众酒店合作模式三种不同情况来分别讨论。

　　酒店行业中，酒店项目的计费通常是按照酒店经营的财务指标来计算的，而酒店财务指标适用美国的《酒店业统一会计制度》，这一会计制度颇具酒店行业特色，与我国企业会计准则有所不同。因此，为更好地介绍酒店合同收费模式，这里将首先向读者对统一会计制度做一介绍。

一、以统一会计制度核算酒店费用

（一）纽约市酒店协会及统一会计制度小史

对于酒店而言，经营是否赚钱无疑是最重要的问题，而适用的财务制度的不同又直接影响了从财务专业视角如何审视酒店赚钱与否。酒店的盈利水平、业主和管理公司间的利润分配等都需要依据具体的财务制度去核算，并用相应的财务指标来衡量。

在酒店行业内，目前在世界范围普遍认可和采用的会计制度是《酒店业统一会计制度》（Uniform System of Accounts for the Lodging Industry，简称"统一会计制度"）。统一会计制度自诞生以来，历经了百年发展、十一次修订，如今被众多国际酒店集团奉为圭臬，被誉为酒店业内部财务管理的"圣经"。

翻开《酒店业统一会计制度》，它巧妙地将酒店运营过程中产生的成本设计为经营性成本和资本性成本两大类，以便于实现酒店所有权与经营权的分离。通过制定专门的概念和术语，特别是创造性地提出经营利润（Gross Operating Profit，也即大家熟知的"GOP"）作为衡量酒店经营效益优劣的重要标准之一，使得各酒店之间经营成果可进行统一的比较。此外，采用固定的财务报表、营运报表的模板，详细规定了资产负债表、利润表和现金流量表三大财务报表的内容格式和各个营业部门预算的具体信息，以及费用的详细分摊方法等手段，这些都促使酒店业财务统计更加规范，有利于酒店在横向、纵向等不同财务维度都可以进行准确的对比和定位。

回顾《酒店业统一会计制度》的百年发展历程，将揭开它前世今生的神秘面纱，看其如何在纽约市酒店协会的带领下于时代潮流中前行，并随着社会变化和行业兴衰不断改进，最终成为世界上广受赞誉的酒店会计制度。

1. 诞生——生产力发展和交通方式变革的催发

谈及《酒店业统一会计制度》，不得不提纽约市酒店协会（Hotel Association of New York City）。纽约市酒店协会作为《酒店业统一会计制度》的版权归属方，统一会计制度在其襁褓中萌芽诞生，在其抚育下茁壮成长。

纽约市酒店协会自 1878 年开始为酒店业服务，是美国历史最悠久的酒店协会。成立之初，创始人的使命是把协会打造为酒店业的代言人，为成员提供最高标准的服务和最佳可用资源。正如纽约市酒店协会的总裁维杰·丹达帕尼所宣称的那样："作为纽约酒店业的首选资源，纽约市酒店协会在酒店业的所有事务上积极发声。它倡导、教育、沟通和创新，以确保行业的长期健康和活力。"其中，纽约市酒店协会的重要贡献之一就是创造了统一会计制度。

第二次工业革命后，美国经济飞速发展，城市化进程加快，居民的社会财富增长。一方面，有钱有闲群体的扩大使得商旅贸易需求急剧增加，人们出行旅游意愿提高。另一方面，交通方式变革，轮船、铁路、汽车的推广使得长途旅行成为现实。美国酒店业早期蓬勃发展的同时，也面临着缺乏专门的会计制度来处理财务问题的困境。1925 年，会计师小组在纽约市酒店协会的指派下，设计了一套专门适合酒店业的财务管理制度《酒店统一会计制度》（The Uniform System of Accounts for Hotel），这便是《酒店业统一会计制度》的前身。1926 年该制度的出版也标志着《酒店业统一会计制度》的诞生。

2. 发展和修订——时代和酒店行业兴衰中改进

《酒店业统一会计制度》自 1926 年出版后，每隔若干年就会根据市场的发展和行业的变化进行相应的修订和调整，其中重要的修订变化汇总如下：

酒店业统一会计制度重要修订变化汇总表

时间	大事记	背景介绍
1952 年	创设"GOP"	"二战"后，美国经济逐渐复苏，劳动生产率提高，民众收入迅速增长，酒店业进入快速扩张期，陆续产生了众多在如今仍影响世界的酒店品牌 特许经营的模式在此期间出现，酒店业开启大规模连锁扩张之路，也进一步刺激了对酒店业经营状况进行统一评判的需求 第五修订版中出现了一个小计，称为总营业利润，当时称为一般损益表。这个小计的缩写即"GOP"，此后该设计持续在酒店行业流传和使用
1961 年	《小型酒店、旅馆和汽车旅馆统一会计和费用词典系统》首次出版	20 世纪 50—70 年代，民航与公路网络的完善推动商旅的出行范围更加广阔，公路系统的发达和汽车工具的普及降低了居民出行的成本，异地住宿随之兴起。以汽车旅馆（Motel）为代表的酒店模式崛起，迎来了汽车旅馆建设热潮[①] 美国酒店与汽车旅馆协会（American Hotel & Motel Association，简称"AH&MA"）委托美国会计师协会另外开发了一套适合小型酒店和汽车旅馆的《小型酒店、旅馆和汽车旅馆统一会计和费用词典系统》（Uniform System of Accounts and Expense Dictionary for Small Hotels, Motels, and Motor Hotels），并于 1961 年首次出版
1977 年	修订委员会走向多元	随着酒店向商业化转变，酒店的所有权和经营权不断分离。修订委员会的构成最初是以业主为主，第七次修订版本中出现更多酒管公司的身影。由此，一个更加多元化的修订委员会显现

---

① 安信证券研究中心."连锁+升级+数字化"，三维度再看后疫情时代酒店行业新趋势.

续表

时间	大事记	背景介绍
1986 年	《酒店业统一会计制度》第八次修订	20 世纪 70—90 年代，酒店业需求增速放缓，行业进行整合，开始国际化布局。以美国为代表的西方国家经济开始下行，供给的增多也导致酒店行业需求减少，酒店业走向存量整合，向外推进国际化布局寻求跨国业务增量 该时期的许多汽车旅馆改造升级成中端酒店。国际酒店业会计师协会听取了英国酒店业会计师协会的意见，对统一会计制度进行了第八次修订
1996 年	合并《小型酒店、旅馆和汽车旅馆统一会计和费用词典系统》	《小型酒店、旅馆和汽车旅馆统一会计和费用词典系统》于 1961 年首次出版后又于 1979 年和 1986 年再次修订。1996 年，决定将其和统一会计制度合并适用于酒店业，如今统一使用的《酒店业统一会计制度》由此产生
2006 年	第十修订版紧跟不断发展的业务环境	21 世纪以来，酒店业由独立经营朝着特许经营、管理合同的多元化方式发展，更加注重国际化、科技化，利用规模效应实现品牌、资源、管理模式的共享和风险分担 统一会计制度第十次修订版于 2006 年出版。修订委员会继续扩大其成员，增加了更多不同部门的代表，如史密斯旅游研究（Smith Travel Research，STR）。[1] 为了跟上不断发展的业务环境，如公寓酒店、互联网、度假费[2]，美国酒店业协会（American Hotel & Lodging Association，AH&LA）与酒店金融和技术专业人士（Hospitality Financial and Technology Professionals，HFTP）合作，于 2006 年出版 USLAI 第十版

3. 现状——智能和科技化道路上稳中求变

经过近两个世纪的发展，美国酒店行业的经营理念、商业模式、运营流程均已比较成熟。新的历史时期，酒店行业发展趋于稳定，主要是依靠新技术的应用来拓宽渠道，提高运营效率以期获得更高效益。

---

[1] W Peter Temling.Uniform System of Accounts for the Lodging Industry-A Historical Perspective.

[2] Global Hotel Network.Uniform System of Accounts for the Lodging Industry Tenth Edition-Major Change.

《酒店业统一会计制度》第十一次修订版于 2014 年春季发布，实施日期为 2015 年 1 月 1 日。修订统一会计制度的责任主要在于 AH&LA 的财务管理委员会（Financial Management Committee，简称"财管委"），财管委由参与酒店业的专业人士组成，包括来自酒店业主、资产管理者、酒店管理公司、基准报告公司、学术界和注册会计师的代表。财管委努力保持来自这些行业的成员的平衡，以便从各种行业知识和专长中获益，并解决各方的关切。在整个实施过程中，财管委在 AH&LA 教育学院网站（www.ahlei.org/统一会计制度）上创建了常见问题系统（FAQ），并且每月发布一系列文章，以解决一些常见的问题。①

第十一版提供了可以在线阅读的电子版本，为统一会计制度进入 21 世纪的技术飞跃铺平了道路。新版统一会计制度考虑和处理了诸如技术更新、可持续发展等方面的问题和实践。委员会的工作再次印证了其宗旨是提供最适合全球酒店业的指南。与第十版相比，第十一版的经营报表重大改进包括（但不限于）：（1）原来的"租金及其他收入"改为"杂项收入"；（2）原来的"收入"改为"经营收入"；"总收入"改为"总经营收入"；（3）原来的"未分配经营开支"中增加了"信息与通信系统"的项目；（4）原来的"固定费用"改为"经营外收入和费用"；（5）原来的"经营净收益"改为"息税折旧摊销前利润"（简称为"EBITDA"）；（6）"经营损益表"改为两种模式：①对于酒管公司来说，在 EBITDA 项中扣除储备基金后，即报表的最后一行为"扣除储备基金后的 EBITDA"；②对于业主方来说，在 EBITDA 项中扣除利息、折旧、摊销以及所得税之后，即报表的最后一行为"净利

---

① HotStats，Uniform System of Accounts for the Lodging Industry（USALI）10th vs 11th Edition，17 November 2018.

润"。

（二）统一会计制度与我国企业会计准则的区别

"国际品牌酒店不执行中国的会计制度，而是执行美国的会计制度？"这是首次接触国际品牌酒店的业主通常会向我提出的一个疑问。我的答案是：也对，也不对；但不管对与不对，都是完全符合中国法律要求的。

根据《中华人民共和国会计法》第八条第一款："国家实行统一的会计制度。国家统一的会计制度由国务院财政部门根据本法制定并公布。"该法第十三条第一款："会计凭证、会计账簿、财务会计报告和其他会计资料，必须符合国家统一的会计制度的规定。"

中华人民共和国财政部根据《会计法》的规定，制定了《企业会计准则——基本准则》（财政部令第 76 号）。根据该准则第二条："本准则适用于在中华人民共和国境内设立的企业（包括公司，下同）。"

根据我国法律，我国境内设立的企业，包括内资企业、中外合资/合作企业、外资企业、合伙企业、个人独资企业等各类公司及企业，在其财务管理过程中，均需要执行我国的《企业会计准则》。因此，即便在国际品牌酒店行业中，也要执行《企业会计准则》，不执行是违法的。

那么为什么我们又说，我国酒店行业中执行的却是美国的会计制度呢？实际上这里我们所说的美国会计制度，指的就是上文提到的由纽约市酒店协会制定的《住宿业统一会计制度》。

在酒店经营过程中既使用我国的企业会计准则，又使用美国的统一会计制度，能不能实现？会不会出现矛盾呢？

答案是：并不会。

酒店经营过程中，应该始终根据我国企业会计准则的要求，维持一本完全符合我国法律的财务报表，并根据这份财务报表进行审计报税，这一做法实际上也符合统一会计制度的要求。而按照统一会计制度所编制的总经营报表最主要的作用是反映出酒店经营的财务表现，编制该份报表（也即适用统一会计制度）的目的是算清业主与酒管公司之间的"账"，包括酒店经营的收入、成本及经营利润，并以此计算出业主向酒管公司支付的管理费金额。

可以总结一句话，在酒店经营过程中，会有两份财务报表，一份是根据我国企业会计准则制定的财务报表，这份是要对外提交相关政府部门的报表，也是用来报税的报表，可以认为是一份对外的正式报表。而另一份报表则是根据统一会计制度编制的总经营报表，用以反映酒店经营的财务表现，其效力仅仅是业主与酒管公司间的内部财务报表。

除了发布机构、适用范围不同，实际上，我国企业会计准则与统一会计制度的使用目的和内容也有很大的区别。

根据《企业会计准则——基本准则》第四条的规定，财务会计报告的目标是向财务会计报告使用者提供与企业财务状况、经营成果和现金流量等有关的会计信息，反映企业管理层受托责任履行情况，有助于财务会计报告使用者作出经济决策。而统一会计制度的主要目的则在于，向酒店管理层反映出酒店的经营水平，使酒店财务报表内部和外部的使用者就某一单一酒店的财务状况和运营水平与酒店行业中类似酒店的情况进行横向对比。不要小瞧反映"企业"经营成果与反映"酒店"经营成果貌似只差两个字，但实际却有本质上的区别。

企业会计准则要求的会计报表至少包括三张报表，分别是资产负债表、利润表及现金流量表。资产负债表是指反映企业在某一特定日期的财务状况的会计报表。利润表是指反映企业在一定会计期间的经营成果的会计报表。现金流量表是指反映企业在一定会计期间的现金和现金等价物流入和流出的会计报表。这就是我们所谓的三张表，可以全面反映出企业经营的资产状况、利润状况及现金流的流向。

统一会计制度的第一部分主要是对于总运营报表 Summary Operating Statement 的规定，总运营报表也是酒店行业中大家使用最多的一张反映酒店运营情况的报表，是辅以数个反映酒店各个经营维度（如客房、餐饮、行政、员工薪资等）具体数据的附录。统一会计制度特别指出，总运营报表并不按照公认会计准则 GAAP（Generally Accepted Accounting Principles，简称"公认会计准则"）对各财务指标的定义而编制，是一种以酒店行业中运营的共识而形成的财务指标来编制的。而实际上公认会计准则与我国的企业会计准则更为接近，因此总运营报表也是统一会计制度中最富酒店行业特色的一部分。统一会计制度第二部分则是根据公认会计准则编制的资产负债表、利润表、现金流量表及所有者权益变动表等表格，由于这些表格适用公认会计准则进行编制，因此更容易被各行业财务人士所理解。

统一会计制度所包括的酒店财务报表

但在酒店行业中，相比统一会计制度第二部分中按照公认会计准则编制的财务报表，为何业主和酒管公司都更为关心统一会计制度第一部分的总经营报表呢？总经营报表反映了酒店的总收入、经营成本及经营利润，体现出酒店的经营业绩，也直接能够计算出业主应向酒管公司支付的管理费的金额，因此是双方最为关注的报表。相比总经营报表，双方特别是酒管公司似乎对于现金流量表却没有那么关注，这是什么原因呢？毕竟现金流才是一个企业生存下去的底线要求，现金流枯竭才是引发企业崩盘的根本原因。这恰恰就源于统一会计制度与企业会计准则基本出发点的差异。相比企业会计准则更为关注企业本身的财务状况，统一会计制度是为了反映酒店的经营成果。从法律上讲，酒店通常是业主公司下设的分公司，或者在不设分公司的情况下则为业主公司的一部分，根据酒店管理合同通常的约定方式，业主有责任保证酒店的现金流，如果酒店现金流枯竭，则业主需要及时向酒店调配资金。应该也正是因为这个原因，酒店有业主这个坚强后盾可以源源不断地输血，因此在酒店行业中，酒管公司对现金流量表的关注程度没有总经营报表那么高了。当然，近年来由于新冠疫情不断反复，影响了酒店行业的发展，酒管公司也越来越重视酒店自身现金流的健康。

依据统一会计制度编制的酒店总经营报表，与依据企业会计准则编制的利润表也有很大的差别。如果你把统一会计制度项下的经营利润（Gross Operating Profit，GOP）当作企业会计准则项下的净利润或所得税前利润，那么就大错特错了。千万不可混淆经营利润与净利润这两个概念。统一会计制度仅仅考虑酒店自身经营的盈亏状况，因此其收入项主要包括酒店的各项收入，而成本项则主要是各类经营成本，比如人工成本、能源成本、食物器具的购买成本、市场营销成本等，收入扣除前述经营成本后即为经营利润。而除了这些已经提到的成本项目，企业会计准则则会进一步考虑到整个企业的总体成本，包括房地产公司贷款融资的财务成本、购买酒店资产保险的成本、租赁酒店资产的租金（如果酒店房产业主租来的话）、折旧和摊销、企业所得税等。当今的酒店业主，通常都会使用大量的贷款融资，财务成本会非常高，因此即便一个酒店的经营利润率达到百分之三四十，但最终业主公司按照企业会计准则计算出的净利润可能是负值。因此，在做酒店项目前，搞清酒店行业的财务指标、对投资做出正确的判断、对于酒店经营成败非常关键。

（三）主要财务指标概念

根据统一会计制度的相关规定，简要介绍总运营报表（Summary Operating Statement）中较为重要的财务概念。

总运营报表自上而下包括了如下条目：运营收入、部门费用、总部门利润、未分配经营费用、经营利润、管理费、非运营收入及费用之前利润、非运营收入及费用、息税折旧摊销前利润（EBITDA），以及储备金/净利润（依业主报表和酒管公司报表而有所区别）。

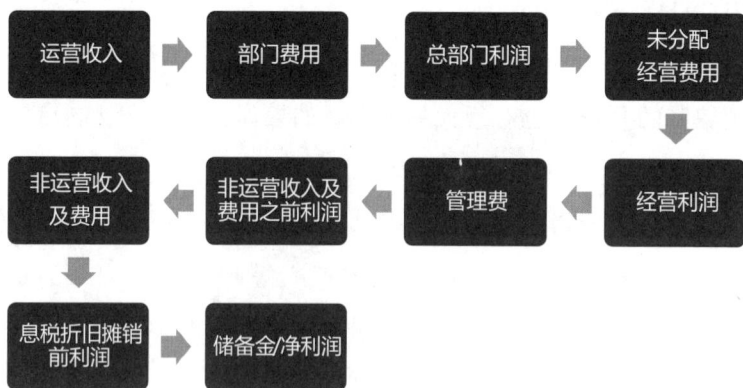

总运营报表包含内容

1. 运营收入（Operating Revenue）

统一会计制度将运营收入分为四个类目：客房、餐饮、其他运营部门及杂项收入。客房及餐饮部门的收入很好理解，其他运营部门收入主要指酒店中的其他业务收入，如水疗、停车、单独收费的活动、高尔夫等。杂项收入则主要包括出租酒店某一空间（如精品店、服装店、理发店及餐厅等）的租金收入、佣金、利息收入等。前述四个类目的收入总和构成了酒店的总运营收入。

特别提示，由于酒店宾客订房时经常会涵盖一份免费早餐，宾客只需支付一笔费用，这笔费用是否均计入客房收入，还是会基于某种计算方式而将一部分费用计入餐饮收入，可能会影响酒管公司取费的基数，进而影响其收取的管理费用金额，需特别留意。

2. 部门费用（Departmental Expenses）

酒店的部门费用被划分为三个类目，一一对应酒店的每一收入类目，即客房、餐饮及其他运营部门。总部门费用是三个类目部门费用的总和。部门经营成本在总经营报表的附表中被进一步划分为四个项目：销售成本（Cost of Sales），其他收入成本（Cost of Other Revenue），员工工资及相关费用（Payroll and Related Expenses），以及其他费用（Other Expenses）。

3. 总部门利润（Total Departmental Income）

总部门利润等于总收入减去部门费用。

4. 未分配经营费用（Undistributed Operating Expenses）

这部分费用是指不宜分配到某一部门，但用于整个酒店的费用。未分配经营费用被划分为五个类目：行政及综合（Administrative and General），信息及通信系统（Information & Telecommunications），销售及营销（Sales & Marketing），物业运营及保养（Property Operation and Maintenance），以及能源成本（Utilities）。总未分配经营费用是五个类目未分配经营费用的总和。

5. 经营利润（Gross Operating Profit，GOP）

经营利润等于总部门利润减去未分配经营费用。经营利润是酒店财务报表中的重要项目，酒管公司通常以经营利润或经调整后经营利润作为计收奖励费的基数。因此酒管公司在酒店项目中通常最为关心经营利润的数据。

6. 经营利润以下 EBITDA 以上费用

酒管公司基于总收入及经营利润收取基本费及奖励费，对于经营利润以下的数据指标，往往不再计收管理费。而经营利润以下的财务数据对于业主方有重要意义。

非运营收入及费用之前利润等于经营利润减去管理费。非运营收入及费用包括非运营收入、租金（酒店对外支付的）、房产及其他税、保险及其他非运营费用。非运营收入及费用等于非运营收入减去租金（酒店对外支付的）、房产及其他税、保险及其他非运营费用。

息税折旧摊销前利润（Earnings Before Interest，Taxes，Depreciation，and Amortization）等于非运营收入及费用之前利润减去非运营收入及费用。

7. EBITDA 以下因酒管公司和业主不同而有所差别

（1）对于酒管公司的项目。总运营报表在 EBITDA 之下是储备金（Replacement Reserve）。储备金通常就是指酒店管理合同中的家具装置设备（Furniture，Fixture & Equipment，FFE）储备金。FFE 通常包括酒店的大堂家具、客房家具、地毯/地垫、窗帘、墙面装饰、艺术品、床罩、电视机、收音机、办公设备（如保险箱、收银机、会计系统、计算机、复印机、传真机、电话机等）、专业酒店设备（如厨房、洗衣房、前台、酒吧酒廊运营设备等）、装饰照明、物资搬运设备、清理及工程设备等。FFE 储备金将在酒店每年总收入中提取一定的比例，在未来酒店家具装置设备老旧时，用以做替换的储备基金。FFE 基金项目在经营利润项目之下，因此 FFE 基金的提取不影响酒管公司基本费及奖励费等费用的计取，是一笔纯粹由业主承担（而非影响酒管公司管理费收益）的费用。

　　酒管公司报表的最后一项是 EBITDA 减储备金（为避免误解，"EBITDA 减储备金"是该财务项目的名称）。以下是酒管公司适用的总经营报表的样表。

Summary Operating Statement [For Operators]1

| | PERIOD OF | | | | | |
| | CURRENT PERIOD | | | YEAR-TO-DATE | | |
	ACTUAL	FORECAST/ BUDGET	PRIOR YEAR	ACTUAL	FORECAST/ BUDGET	PRIOR YEAR
ROOMS AVAILABLE:						
ROOMS SOLD:						
OCCUPANCY:						
ADR:						
ROOMS RevPAR:						
TOTAL RevPAR:						

	PERIOD OF											
	CURRENT PERIOD						YEAR-TO-DATE					
	ACTUAL		FORECAST/ BUDGET		PRIOR YEAR		ACTUAL		FORECAST/ BUDGET		PRIOR YEAR	
	$	%2	$	%2	$	%2	$	%2	$	%2	$	%2
OPERATING REVENUE												
Rooms												
Food and Beverage												
Other Operated Departments												
Miscellaneous Income												
TOTAL OPERATING REVENUE												
DEPARTMENTAL EXPENSES												
Rooms												
Food and Beverage												
Other Operated Departments												
TOTAL DEPARTMENTAL EXPENSES												
TOTAL DEPARTMENTAL PROFIT												
UNDISTRIBUTED OPERATING EXPENSES												
Administrative and General												
Information and Telecommunications Systems												
Sales and Marketing												
Property Operation and Maintenance												
Utilities												
TOTAL UNDISTRIBUTED EXPENSES												
GROSS OPERATING PROFIT												
MANAGEMENT FEES												
INCOME BEFORE NON-OPERATING INCOME AND EXPENSES												
NON-OPERATING INCOME AND EXPENSES												
Income												
Rent												
Property and Other Taxes												
Insurance												
Other												
TOTAL NON-OPERATING INCOME AND EXPENSES												
EARNINGS BEFORE INTEREST, TAXES, DEPRECIATION, AND AMORTIZATION												
REPLACEMENT RESERVE												
EBITDA LESS REPLACEMENT RESERVE												

1 For a complete Statement of Income, refer to Part II.
2 All revenues and expenses should be shown as a percentage of total operating revenue, except departmental expenses, which should be shown as a percentage of their respective departmental revenue.

酒管公司总经营报表样表

（2）对于业主的项目。为了将总经营报表项下的净利润与统一会计制度第二部分所载利润表中的净利润进行统一，会将业主承担的诸如利息、折旧、摊销及所得税等从 EBITDA 中扣除，得到总经营报表下的净利润（Net Income）。

以下是业主适用的总经营报表的样表，酒店可以根据自身的情况，如有限服务酒店删除不提供服务的项目，单体酒店删除管理费等后进行使用。

Summary Operating Statement [For Owners]1

| | PERIOD OF | | | | | |
| | CURRENT PERIOD | | | YEAR-TO-DATE | | |
	ACTUAL	FORECAST/ BUDGET	PRIOR YEAR	ACTUAL	FORECAST/ BUDGET	PRIOR YEAR
ROOMS AVAILABLE:						
ROOMS SOLD:						
OCCUPANCY:						
ADR:						
ROOMS RevPAR:						
TOTAL RevPAR:						

	PERIOD OF											
	CURRENT PERIOD						YEAR-TO-DATE					
	ACTUAL		FORECAST/ BUDGET		PRIOR YEAR		ACTUAL		FORECAST/ BUDGET		PRIOR YEAR	
	$	%²	$	%²	$	%²	$	%²	$	%²	$	%²
OPERATING REVENUE												
Rooms												
Food and Beverage												
Other Operated Departments												
Miscellaneous Income												
TOTAL OPERATING REVENUE												
DEPARTMENTAL EXPENSES												
Rooms												
Food and Beverage												
Other Operated Departments												
TOTAL DEPARTMENTAL EXPENSES												
TOTAL DEPARTMENTAL PROFIT												
UNDISTRIBUTED OPERATING EXPENSES												
Administrative and General												
Information and Telecommunications Systems												
Sales and Marketing												
Property Operation and Maintenance												
Utilities												
TOTAL UNDISTRIBUTED EXPENSES												
GROSS OPERATING PROFIT												
MANAGEMENT FEES												
INCOME BEFORE NON-OPERATING INCOME AND EXPENSES												
NON-OPERATING INCOME AND EXPENSES												
Income												
Rent												
Property and Other Taxes												
Insurance												
Other												
TOTAL NON-OPERATING INCOME AND EXPENSES												
EARNINGS BEFORE INTEREST, TAXES, DEPRECIATION, AND AMORTIZATION												
INTEREST, DEPRECIATION, AND AMORTIZATION												
Interest												
Depreciation												
Amortization												
TOTAL INTEREST, DEPRECIATION, AND AMORTIZATION												
INCOME BEFORE INCOME TAXES												
Income Taxes												
NET INCOME												

[1] For a complete Statement of Income, refer to Part II.
[2] All revenues and expenses should be shown as a percentage of total operating revenue, except departmental expenses, which should be shown as a percentage of their respective departmental revenue.

业主总经营报表样表

（四）谈好酒店合同财务条款的方法

当然，虽然几乎所有国际品牌酒管公司都认可统一会计制度，但这并不排除一些酒管公司在其合同中会根据其酒店管理经验，通过在酒店合同中对财务条款进行特别约定的方式，使其所适用的会计记账原则与统一会计制度保持一定偏离，这主要表现在通过约定酒店总收入及经营成本的涵盖项目，扩展或限缩相应项目的金额。

因此我建议在具体谈判酒店合同时，除了具体掌握统一会计制度，业主还应对合同中的财务条款进行仔细审阅，如认为有约定与统一会计制度存在较大偏离，进而对本方不利时，应在合同谈判时向酒管公司提出，并进行充分的沟通。从我的经验来看，如果这种偏离并非酒管公司坚持的底线，则建议应按统一会计制度原则对财务条款进行调整，适用统一会计制度将有利于其中各项财务数据的钩稽关系得以更全面、更富逻辑地体现。但如果这种偏离情况是酒管公司在某一范围内统一在集团内部适用的，要求酒管公司为单一项目的财务条款定义进行修改存在难度时，则建议业主应详细了解这一偏离可能对业主带来的潜在影响，充分评估未来合同执行的风险，在此基础上再行决定对于该条款的商业态度。

二、酒店管理合同费用模式

酒店管理合同项下通常包括三类收费：管理费、技术协助费及集团性收费。其中，管理费通常分为基本管理费及奖励管理费。当然，有一些酒管公司会把管理费命名为基本（商标）使用费、奖励（商标）使用费等，但万变不离其宗，基本费基于酒店的总收入收取，奖励费基于酒店的经营利润收取。以下将基本管理费及基本（商标）使用费统称为基本费，将奖励管理费及奖励（商标）使用费统称为奖励费。

酒店管理合同的主要费用

（一）主要费用

1. 基本费

酒管公司通常会基于总收入收取一定比例的基本费。酒管公司向业主收取基本费的逻辑是，不论酒店经营业绩好坏，酒管公司都对酒店管理做出了劳动，因此业主应该向其支付费用作为其基本劳动报酬。同时，很多酒管公司在收费项目中并未专门向业主收取品牌使用费，因此基本费也可以视为酒管公司向业主收取了一定金额的业主使用酒店品牌的商标许可费用，只是在合同中并未对劳务报酬部分和商标许可费用的比例进行明确区分。

多数酒管公司按照基本费的比例提取基本费，也有酒管公司按照经调整总收入作为计收基本费的基础。目前市场上常见的对总收入的调整方式，是在总收入基础上，扣除酒店账单上的"服务费"后的收入金额。举例来说，我们在酒店消费 100 元，则加上 10% 服务费后，账单金额为 110 元。假设基本费费率为 2.5%，以总收入为基数，则基本费金额为 2.75 元，但以经调整总收入为基数计算，则仅为 2.5 元。显然以经调整总收入为依据计算基本费对业主更为有利。

常见的基本费收费方式包括：①在整个酒店合同期内均适用统一费率；②按酒店合同年头来划段基本费费率，前高后低或前低后高等。

可以看出，不论酒店是否有经营利润，基本费都是酒管公司旱涝保收的费用，因此基本费过高对业主进行有效的酒店资产管理显然是不利的。

2. 奖励费

酒管公司向业主收取奖励费的逻辑更加清晰，即如果其酒店经营的效果好（主要反映在酒店产出了较高的经营利润上），则业主应将经营利润的一部分分享给酒管公司，以奖励其优异的酒店经营业绩。奖励费制度是将业主利益（即经营利润）与酒管公司绑定的最重要机制，期待进化为业主对酒店资产管理的有效抓手。

奖励费根据酒店经营利润的一定比例收取。有一些酒管公司则是根据经调整经营利润（Adjusted Gross Operating Profit，AGOP）来计收奖励费的。目前市场中常见的计算经调整经营利润的方式是，经调整经营利润是经营利润减去同期业主向酒管公司支付的基本费。因此经调整经营利润的基数将小于经营利润，相同费率下，按经调整经营利润计算的奖励费将更低。

常见的奖励费收费方式包括：①在整个合同期限内均适用统一费率；②按酒店合同年头来划段基本费费率，前高后低或前低后高等；③按照当年实际达到的经营利润率（同期经营利润 / 总收入）适用不同的阶梯式费率，如经营利润率为 0~10% 时，收取经营利润的 4%，以后以每 10% 的经营利润率作为一个梯度，每梯度上浮 1% 的费率。

上述三种收费模式，听起来似乎第（3）种计费方式对业主更有利，体现了酒管公司的多劳多得。但我在十多年的执业过程中也听到过一种声音，即以经营利润率阶梯收费也并非绝对客观，从财务角度讲，是可以通过控制开支的分配时段来控制经营利润率的，因此在一定时期内，经营利润率也是人为可控的，比如把本应于本期投入的酒店经营改造费用（或其他类似可纳入酒店经营成本的花费）推迟产生，或把一些预售费用提前入账成为实收费用，通过种种"财技"都可以使当期财务报表短期内变得"亮丽"，却使未来的财务表现变差。因此如何选择奖励费模式，是值得关注的一门学问。

通常而言，奖励费都是按月支付、按年调整的，即每月根据年初至当月底（Year to Date，YTD）的经营利润率来计算当月业主应向酒管公司支付的奖励费金额，并且在一个财务年度完成后，根据对该年财务的审计结果，对基本费和奖励费的支付做最终的多退少补工作。

我的项目经验中还遇到过一种特殊的奖励费计算方式，即奖励费按月结算和支付，不再做年度统一结算和调整。这种方式显然更有利于经营度假酒店项目的酒管公司一方。原因在于相比城市酒店而言，度假酒店经营业绩的峰谷差更为明显，在旅游旺季可能一房难求，满房情况非常常见，平均房价也很高。一旦旺季结束，酒店旋即变得门可罗雀，少有客人光顾。如果按月结算奖励费，会造成酒管公司在旺季获得更高的奖励费收入，而在淡季时即便出现经营利润亏损的情况，当月亏损也并不会影响酒管公司其他月份奖励费的收入。进一步言之，这种机制将可能为酒店留下每年淡季一两个月的经营"黑洞"，即淡季本来生意就不好，可能当月没有经营利润，酒管公司干脆安排这个月再做更多的保养维护、或做更多的采购等本应在其他月份产生的开支，反正当月经营利润为零和经营利润为负对酒管公司而言都不能收取奖励费。但该月将承担其他月份的花销，摊薄其他月份的成本，提高旺季的经营利润，将反而使酒管公司能够赚取更多的奖励费。因此，除非业主与酒管公司对于该项目有特殊商业安排，否则按月结算奖励费对业主而言并不是非常科学的奖励费计费方式。

经过对美国酒店行业研究，并结合我的行业经验，这里向读者介绍两种更多考虑业主利益、将业主与酒管公司利益更深度绑定的奖励费计费机制。

第一种机制——业主优先权。在酒店行业更为成熟的欧美市场，业主与酒管公司计算奖励管理费时，还可能采取另一种机制，即业主优先权（Owner's Priority）或业主优先回报（Owner's Preferred Return）机制，笔者在国内的部分酒店项目中也处理过这种机制。简单来说，业主优先权或业主优先回报机制是指，在酒店经营利润的基础上，再扣减一部分业主优先回报收益，剩余部分作为酒管公司提取奖励费的基数。其根本逻辑是在酒店的经营利润之外，为业主多留出一定的针对固定资产投入的先行回报空间，用以偿付部分贷款利息等固定费用。

业主优先回报的常见扣减项可能包括：

（1）部分税款。

（2）保险成本。进一步说明，部分酒管公司同意将酒店经营保险的保险费计入酒店经营成本中，而另一部分酒管公司则要求不论是酒店经营保险还是酒店财产保险均应记为业主成本，不作为酒管公司计算奖励费计算基数的扣减项（即经营成本）。而这里所提的就是考虑将酒店经营保险和（或）酒店财产保险都作为扣减项。

（3）租金。包括租用房产、空地、停车场等酒店或酒店附属设施的部分或全部租金。

（4）业主的某些成本。例如与业主投资建设该酒店挂钩的一定成本，这其中包括业主投建酒店的贷款利息的一定比例等。

（5）某些储备金费用（不仅仅指家具装置设备储备金）。

除上述扣减项，业主与酒管公司也可能商定一个固定或浮动的具体金额，视为业主优先回报额，在计算奖励费时从基数中扣除。

第二种机制——基于"经营性现金流"。除按照业主优先权计算奖励费，还有一种方式是按照"经营性现金流"作为基数来测算。此处的经营性现金流通常指根据统一会计制度确定的酒店的所得税前收入。经营性现金流通常需要扣除资本性更新的储备［仅仅局限于家具装置设备（FFE）开支，还是也包括范围更大的业主资本开支，则更多地依赖于合同年限及谈判情况］，以及双方商定的一个固定的基于业主对酒店实际投资成本的比例，作为业主投资回报。扣除前述项目后，酒管公司再计取奖励费。

奖励费模式

坦率而言，针对以更深度绑定业主与酒管公司利益的方式计算奖励费的方案并无一定之规，完全是基于双方的谈判结果。当然，由于在扣除业主优先回报金额后，奖励费的计费基数将被明显缩小，将使酒管公司面临更大的无法获取奖励费的风险，因此从商业合理性出发，此时的奖励费费率将可能比按经营利润提取奖励管理费的费率要高。

实际上，上述两种奖励费计算机制都为业主提供了更多份额的优先回报，比起仅以经营利润分成奖励费的方式，更为体现酒管公司与业主分担部分酒店固定投资的倾向。这类机制将在一定程度上微调酒管公司仅以品牌轻资产输出、几不承担酒店投资盈亏的现状，在一些业主强势的酒店项目中是有机会实现的。

根据我多年来的执业经验，目前国内适用上述机制的酒店管理合同还比较少，但随着中国业主越发成熟，我相信这种奖励费计算机制将在国内得到越来越广泛的运用。特别是，酒管公司通常从酒店建设阶段即开始向业主提供技术协助服务，对业主的酒店建设标准有一定话语权，如果能够将业主优先回报金额聚焦于与业主实际投建酒店成本所挂钩的一个指标，则可以更好地激励酒管公司在酒店设计建设阶段给业主提供更为有性价比的、更为高效的技术协助服务方案，充分发挥酒管公司对于酒店设计建设的经验优势，在帮助业主达到设计效果的同时又尽可能地缩减业主成本、减少业主投入，从而降低业主优先回报的金额，提升酒管公司能够获得的奖励费金额。使酒管公司更有动力帮助业主节约投资成本，使业主方和酒管方商业利益能够得到更为有效的统一，有助于提升酒店资产本身的商业价值，是业主提升对酒店的资产管理能力的有力抓手，这将有利于中国酒店行业的长期健康稳定发展。

3. 技术协助费

在酒店设计建设期间，为了确保酒店产品符合酒店运营使用的标准，符合酒管公司的品牌标准及该酒店品牌所独具的特色（比如设计风格、配套设施、客房面积等），酒管公司通常都要求业主在签订酒店管理合同的同时，与酒管公司（或酒管公司的关联公司）签订《技术协助合同》或《设计审查合同》（主要是名称不一样，但内容大致相似），业主聘请酒管公司在酒店设计建设阶段，向业主提供技术协助服务，帮助业主把控酒店设计方向及建筑产品，确保符合酒管公司的品牌设计标准。

不像基本费、奖励费、集团性收费等在酒店开业后的经营期限内按月/季/年收取的费用，技术协助费是一次性收费，通常是在《技术协助合同》签订后，直至酒店竣工开业前这个阶段内收取。由于从《酒店管理合同》《技术协助合同》签订到酒店正式开业往往需经历数年的时间，酒管公司只有在酒店开业后才能收到基本费、奖励费、集团性收费等管理费用，因此为了覆盖酒店建设期间酒管公司为业主提供酒店设计建设的技术协助所发生的成本，以及酒管公司的集团管理成本等费用，酒管公司通常都会向业主收取。

技术协助费用通常是一个固定金额的费用，业主应确认该金额是否包含了酒管公司应纳的税金。一般而言，技术协助费用是一个不变的金额，但由于一些酒店业主无法按照《酒店管理合同》的约定按期建设完毕竣工开业酒店，导致酒店建设周期拉长，酒管公司也不得不提供更长期限的技术协助服务，针对此种情况，一些酒管公司可能会在《技术协助合同》中对技术协助期限的上限进行设定，即前述固定费用仅覆盖最长不超过约定月数的服务时长，如果超过该期限，业主则需要额外支付技术协助费用。目前行业实践中常见的额外技术协助费用计算方式有两种：按月计费，即确定每月的具体费用金额；按工作小时计费，即根据酒管公司派遣人员服务的层级及时间，向业主计算费用。

需要提示业主注意的是，如果酒店建设周期超过技术协助合同约定的酒管公司服务周期，则很可能也意味着业主也违反了酒店管理合同或技术协助合同中对于酒店建设期限（即在何时前业主应使酒店开业）的承诺，出现了业主违约的情况。但在我处理过的案件中，发现有一个问题很值得进一步讨论：由于酒管公司在酒店管理合同项下的签约主体与技术协助合同的签约主体有可能是一家公司或者是关联公司，如果酒管公司根据技术协助合同约定向业主额外收取了技术协助费用，那是不是意味着酒管公司对业主未能按合同约定期限完成酒店建设的违约行为进行了认可？如此，酒管公司是否还有权向业主主张合同所约定的酒店未能如期竣工的违约责任？我很愿意在适当场合就此问题结合实际处理过的案例，与读者做进一步讨论。

4. 集团性收费

除了基本费、奖励费及技术协助费这些比较容易注意到的费用，读者有必要对于酒管公司的集团性收费进行关注，这部分费用的总体比例有可能占到酒管公司向业主收费总额的1/3左右。

简单地说，集团性收费是酒管公司针对其向业主提供的集团性服务而收取的费用。集团性收费主要包括如下几项：

（1）市场营销费。市场营销费是酒管公司为给该酒店品牌进行营销推广而收取的费用，收费方式可能会按照酒店总收入或租房总收入（即酒店的客房收入）的某一比例来计算。

（2）中央预订费。酒管公司通常都会开发出互联网主页、App、小程序、电话预订中心等方便酒店宾客预订酒店的预订渠道，酒管公司会为此向业主收费。收费方式通常会有两种，一种是以预订次数来计价，另一种则是以租房总收入的一定比例来计价（不论实际预订数量的多少）。需提醒业主注意，中央预订费所对应的酒管公司主导的销售预订渠道与第三方 OTA（Online Travel Agent，比如携程、美团等）不同，对于从第三方 OTA 预订来的酒店订单，酒管公司是否还需额外收取其他费用，应予关注。

（3）会员忠诚计划费。酒管公司的一项重要经营资源就是其所拥有的会员数量。酒管公司通常运用会员忠诚计划方案来加强酒店会员对该集团及酒店品牌的忠诚度和吸引力。在我刚刚执业的 21 世纪的头十年，部分酒管公司还未设立会员忠诚计划，但随着酒店集团的忠诚会员对酒店营收的巨大贡献，如今主流酒管公司都已建立起其自有的忠诚会员体系。对于一些旗下酒店数量有限的酒店集团，则可能会跨集团多品牌共同建立起一套共享的会员忠诚计划体系。会员忠诚计划最先出现也是最普及的一种促销方式就是"住十免一"类的优惠活动。酒管公司通常会针对每一位会员按其在酒店消费金额的一定比例向酒店收取会员忠诚费，而当酒店会员兑换免费入住权时，酒管公司将用会员此前消费而由相关酒店业主缴纳的会员忠诚费来补贴提供免费入住酒店的收入。

（4）除了上述三项最常见、也是金额相对较高的费用，很多酒管公司在向酒店提供有关招聘、培训、财务支持、市场营销、IT、客户反馈等额外服务时，还会向业主收取一定的其他费用以弥补酒管公司的相关成本开支。

总的来说，酒管公司通常主张，之所以将上述费用称为集团性收费，原因在于该等费用是基于向业主提供集团性服务而产生的，本质上属于每一家酒店业主对于酒管公司开展上述业务所发生成本的摊销，而并非一项酒管公司获利的收入。由于该费用的目的是弥补成本开支，因此酒管公司通常会主张该等费用应免缴我国的增值税及所得税，我国一些地方的税务机关也会考虑酒管公司的这一观点。我建议应关注酒管公司是否能按期提供其收取的集团性收费确实用来弥补其成本开支，而非成为其收入项目的相关证明文件。

正是因为摊销酒管公司成本这一概念，酒管公司通常会主张集团性收费不属于商务条款，也即"不可谈"，且由于相关成本支出每年可能会有所变化，因此酒管公司可能会对集团性收费的模式及费率进行调整，而业主需要接受酒管公司的调整。坦率地说，很多业主对于这类费用"开口性"条款是难以接受的，这确实从某种程度上增加了业主费用不确定的风险，且集团性收费的金额占酒管公司向业主的总体收费比重并不低，因此建议业主根据项目具体情况找到更为有效控制费用风险的方式。

（二）钥匙款

钥匙款（Key Money）是指酒管公司为了能够接管酒店，而向业主另行支付的一笔款项。我们可以简单地将之理解为酒店开业前，酒管公司为了有权接管酒店，而向业主支付的一笔"购买酒店钥匙"的费用。

坦率地说，钥匙款在国内酒店项目中不太多见，但我已经在多个国内外项目中帮助业主争取下了这一宝贵的业主权益。实际上，由于国内的酒管公司多以轻资产输出管理或品牌特许经营的经营模式为主，针对酒店项目而言，酒管公司通常都是轻资产不投资的，酒店建设、运营的全部财务压力都需要业主承担。而钥匙款这一费用改变了上述格局，要求酒管公司也需要向业主支付一笔费用，这不但在一定程度上能够分担些许业主的财务负担，更重要的是能够展现酒管公司对于该项目的一种认真的姿态，以轻资产模式运营的酒管公司愿意为项目投入一定资金，代表其对该项目的认可和渴望管理好该项目的决心。

钥匙款条款通常是在酒店合同签订时，在合同条款中订立，但支付节点则通常是在酒店正式开业时，由酒管公司支付给业主。同时提示读者注意，在签订钥匙款条款时，应注意合同中是否有在酒管公司支付钥匙款后业主在某种情况下退还钥匙款的约定。

我也遇到过另一种特殊的支付钥匙款的情况，即某酒店品牌由于其独特的设计特色，酒管公司要求业主必须定向聘请指定的设计师。由于该设计师收费昂贵，为弥补业主为此可能造成的额外费用，酒管公司利用钥匙款的形式对业主由此所增加的成本进行了补偿。

特别需要说明的是，酒管公司向业主支付钥匙款的行为虽然是对酒管公司轻资产运营模式的突破，但并不能将酒管公司向业主支付钥匙款视为酒管公司对酒店（或业主公司）的股权（或权益）投资。另外，酒管公司提供钥匙款条款后，往往会要求业主更高的合作条件，如更高的投资强度、更高的费率、更独立的管理权、更高的违约金等。因此，在酒管公司提供钥匙款条款的情况下，仍然建议业主冷静客观地衡量与该酒管公司的合作条款是否符合本酒店项目的实际商业价值。

（三）酒店业务模式的创新："中资产模式"

我在上文中表达过，在我国目前的酒店市场中，酒管公司通常采取轻资产方式向业主输出酒店品牌和管理，一般很少对酒店项目进行直接的重资产投资。那么在轻资产模式和重资产模式之间，是否存在一条中间道路即中资产模式呢？答案显然是存在的，我认为酒管公司向业主以租金的形式支付酒店项目收益的方式，就可以视为酒店管理领域中酒管公司的中资产经营模式。与轻资产模式下酒管公司负责酒店经营并收取管理费，而酒店经营收益和风险由业主承担的情况不同，在中资产模式下，酒管公司将向业主支付固定租金（或业绩保底），或者以固定租金与分成租金二者取高的方式向业主支付酒店经营回报，业主将能够获得相对稳定的酒店预期经营收益，而酒店的经营收益及风险将由酒管公司承担。这种中资产模式在美国酒店市场这类成熟市场中有更为充分的体现，在一些主要依赖贷款来投建酒店的项目中，业主的融资银行会更为关注酒店是否能够实现稳定现金流以确保业主及时还贷。酒管公司对酒店业绩进行保底，将有利于业主从银行获取融资，对酒店项目的成功开发意义重大。

目前在我国国内排名领先的主要国际品牌酒管公司大多尚未开展这种中资产模式的尝试，但我认为由于酒店业市场竞争越来越大，酒管公司对"好项目"和"好业主"的追求难度也不断加大，酒管公司应该考虑在合适的酒店项目中尝试这种全新酒店业务模式。

我最近接触了一个机场酒店项目，项目业主是地方政府平台企业，土地性质是划拨用地，业主对酒店无产权，无法享受到开发酒店所带来的资产价值提升的回报，因此酒店项目现金流回报成为业主对该项目关注的重中之重。业主期望用更少的项目启动资本金撬动项目开发，酒店未来通过自身收益覆盖酒店的投资成本，最终使业主获得经营回报。为此，业主对项目进行了大量测算，对项目可行性及法律落地方案进行了论证。该项目中，机场项目的总承包方成为酒店建设投资的垫资方（相当于给业主提供了酒店建设融资），由于收回垫资的全部资金来源于酒店的经营收益，因此经过严格的酒店可行性研究财务分析后，酒管公司同意采用保底租金＋超额分成模式与业主签订酒店管理合同，而这一商业模式也成为该酒店项目成功的关键。细究其实，由于业主和酒管公司对该机场酒店的定位准确，充分利用机场客流量大的特点，将酒店定位于精选服务酒店（削减餐饮、会议、康体等利润率低的酒店业务），因此酒店预计经营利润率将很高，总经营收入也会非常理想。因此经过测算后，在酒店管理合同期限内，酒管公司向业主承诺的保底租金金额，完全覆盖了总承包方为酒店项目垫资的本息。

小结该酒店项目后我们发现：从业主角度，未对酒店项目投入大量资本金，即实现投建酒店的目标，如酒店未来业绩出色，还能提早享受到酒店经营回报；从总承包方角度，承建机场项目使其获利颇丰，而聚焦到酒店项目，也可以保证其资金成本持平，酒店项目垫资相当于总承包方为业主方提供的项目合作优惠条件，助力总承包方在竞标机场整体项目时胜出；从酒管公司角度，向业主承诺保底租金使其具备其他酒管公司无可比拟的优势，最终使其独占花魁，酒管公司测算后认为其有能力实现项目盈利，向业主提供保底租金使自身获得了更为独立的酒店经营权，且在机场酒店布局旗下酒店品牌，还为该酒管公司带来了巨大的广告效应。因此在这个酒店项目上，中资产模式实现了业主、总承包方及酒管公司的一举三赢。

除上述案例外，在美国还出现了由酒管公司向业主提供夹层融资或者由业主与酒管公司共同出资设立有限合伙企业等方式投资酒店，酒管公司以债权形式或股权形式或明股实债形式等为业主提供直接或间接融资，与业主分担部分酒店投资资金压力及风险。美国出现的这些商业模式都能更好地将酒管公司与业主间的商业利益绑定，有益于促进酒店行业更为均衡、健康的发展。在借鉴美国成功投资模式的基础上，我也相信在未来酒店行业中，在具备商业合理性的项目中会出现更多的酒店经营中资产模式的成功案例。

三、特许经营合同费用模式

特许经营合同相比管理合同的最主要不同在于，酒管公司在特许经营合同项下将不再向业主提供酒店管理服务，业主将通过自身或聘请第三方管理公司来管理酒店。相应的，在费用体系中，酒管公司也将不再向业主收取管理费及奖励费，转而向业主收取品牌许可费。下面我们对于特许经营合同项下的收费情况进行分析了解。

特许经营主要收费内容

（一）品牌许可费

该笔费用是特许经营合同项下酒管公司向业主收取的主要费用，也是特许经营合同项下的所谓"商务条款"的主要内容，即可以商谈的费用。

特许经营合同项下，品牌许可费的收费方式与委托管理模式下会略有不同。在特许经营合同项下，由于酒管公司不再负责酒店管理，因此对于酒店经营成本无法把控，相应的也就不再依据酒店经营利润的多少进行收费（而在委托合同项下，酒管公司会依据经营利润为基础收取奖励费，而奖励费往往是经营业绩出色酒店中酒管公司收入的重要部分）。特许经营合同项下，酒管公司通常以酒店总收入或酒店客房总收入的一定比例作为其计费基础。进一步细化来讲，一些酒管公司会在总收入或客房总收入中再扣除一些合理部分后计算得出经调整总收入或经调整客房总收入，并以此更低的基数向业主收取品牌许可费。有一些酒管公司还会以酒店的餐饮总收入为基础，收取一部分品牌许可费。至于是单纯以客房总收入作为计费基础，还是同时以客房总收入及餐饮总收入作为计费基础，建议业主在洽谈特许经营合同商务条款时予以关注。

业主在洽谈特许经营合同时往往会存在一个误区，即：既然酒管公司不再负责酒店经营管理，减少了绝大部分工作量，是否特许经营费将大幅低于委托合同项下基本费及奖励费总和呢？实际上并不尽然，根据我的观察，特许经营费虽然会低于同项目委托管理模式下基本费及奖励费的总和，但下降的幅度是有限的，因为从酒管公司角度观察，其数十年来铸就的酒店品牌价值才是其最核心竞争力，并且带给业主整个房地产综合体项目更多附加值，因此很多酒管公司并不会因为不再提供酒店经营管理服务而大幅度降低收费。

这一现象带来了另一个问题：由于我国业主很多是第一次开发酒店，缺乏酒店管理经验，如果选择特许经营模式，业主很可能并不具备直接管好酒店的能力，这时候业主往往就需要聘请

（酒管公司多数时候也会向业主做此建议）第三方管理公司协助业主管理酒店。在酒店委托管理模式项下，酒管公司既提供品牌，又负责酒店管理；而在酒店特许经营模式项下，酒管公司只提供品牌，如果业主将酒店经营管理交由第三方管理公司负责，则理论上讲，委托管理模式项下费用与同项目特许经营模式项下费用的差额，即是业主向第三方管理公司支付管理费用的"上限"，如果业主向第三方管理公司支付金额超过了这一"上限"，则对业主来说，特许经营模式这种将品牌和管理分开的机制较之委托管理模式项下品牌和管理结合的机制就缺乏经济性了。另外，由于酒管公司所收取的品牌许可费的费用不会太低，因此留给第三方管理公司的费用空间就变得非常有限了，酒店管理是一个细致周详的工作，费用空间被挤压无疑将给第三方管理公司更大的经营压力。

（二）技术协助费及加盟费

技术协助费与加盟费都是一次性收费。技术协助费的服务内容及收费方式与委托管理模式项下相同，在此不再赘述。有一些酒管公司可能还会对于新加盟业主收取一次性的加盟费或申请费，这一费用在委托管理模式项下则不太多见，业主谈判这笔费用的目标应是关注能否降低甚至争取取消这笔费用。

（三）集团性收费

特许经营模式项下，除了许可业主使用酒店品牌，酒管公司向业主提供的集团性服务显得更为重要，也成为业主加盟特许品牌的最主要的考量因素之一。如委托管理模式下，酒管公司通常会向业主提供市场营销服务、中央预订服务、会员忠诚计划，以及与酒店经营相关的其他集团性服务。相应的，集团性服务的服务项目、收费方式等，很多酒管公司也会将之视为集团性标准，因此业主要求调整会存在一定困难。

鉴于集团性服务是特许经营模式项下酒管公司向业主提供的主要服务，也很可能将影响酒店自身的经营业绩，因此我建议业主对于酒管公司所能提供的集团性服务的服务内容应予以必要考察和关注。

四、特色酒管公司的特色收费方式

除了上述介绍的很多酒管公司普遍使用的基本费/奖励费、品牌许可费、技术协助费、集团性收费等费用模式，对于一些富有经营特色的酒管公司而言，可能还会使用一些更为特殊的费用模式。

比如一个酒店项目的成功与否与设计有很大关系，有一些以休闲度假设计见长的酒管公司会拥有一支卓越的设计团队，用酒管公司自身力量完成酒店部分设计工作，以确保酒店产品品质符合该酒管公司品牌的调性。相应的，这类酒管公司可能会在向提供技术协助服务的同时，同步也向业主提供部分设计服务，如室内设计、园林设计、SPA设计等。因此，业主将无须再外聘第三方室内设计、园林设计、SPA设计等顾问，转而直接使用酒管公司提供的设计服务。客观来讲，由于室内设计工作的工作量将比仅仅提供技术协助服务要大出许多，相应收费也比技术协助费要高很多，因此向业主提供设计服务将增加酒管公司的收入，设计费是此类酒管公司的一项重要收入来源。这时候，酒管公司提供设计服务的价格可能成为业主方考虑的一个因素，但通常这类酒管公司会十分坚持业主需要聘请其提供设计服务才能确保酒店设计品质，同时酒管公司才会同意接手这家酒店，一般会反对业主就前述设计服务外聘其他设计公司，因此业主在考虑此类酒管公司时，需要事先考虑上述因素对品牌选择和酒店工程造价的影响。当然，根据我的经验，建议仍然需要关注此类酒管公司提供设计服务的实际服务能力、服务团队规模与稳定性及服务品质，以及酒管公司的收费标准，特别应关注酒管公司设计团队的灵魂人物是否能参与本项目设计工作。

一些小众酒管公司会创造性地将市场营销及销售事务全部中央化，由酒管公司来统一负责各个酒店的市场营销及销售事务，酒管公司会在集团层面设立中央营销部门，同时会在酒店所在地设立地推团队。相应的酒管公司会向业主收取市场营销费用。提示读者注意，通常的酒管公司并不负责酒店的单项目营销（如为某一酒店做广告，或为某一酒店做地推等），而只负责在集团层面就某品牌或某区域进行营销（即集团性服务）。而此类酒管公司则包揽了酒店的全部市场营销事务，业主向酒管公司支付市场营销费后，酒店本身将不再设立销售部或设置销售团队，因此酒店本身这部分的销售成本将得到节省。此类酒管公司的市场营销费的取费比例通常会高于一般酒管公司的取费比例，但由于市场营销业务的服务范围不同，因此不宜将二者取费比例做直接的对比。

还有一些富有运营特色的酒管公司，为了确保其品牌经营特点，会对于一些特种专业员工（如活动类、餐饮类、服务类）进行特别要求，比如要求业主明确为该等专业员工保留一定的预算费用，使该酒管公司管理的每一家酒店所能为该等员工提供的福利待遇大致相当，从而保证此类员工可以高效地在其所管理的全球品牌酒店中充分流动。提示读者注意，酒管公司为特种专业员工保留的费用预算并非是向业主收取的费用，而是要求业主向该等员工支付的薪资成本，从酒店财会事项上考虑将被视为酒店的经营成本，在计算经营利润前扣除。因此在对比不同酒管公司取费时，不宜将该等费用视为该酒管公司的收费项目。

简而言之，建议业主在面对提供上述"非标准"化服务的酒管公司时，应尽量明确酒管公司所提供的"非标准"化服务的服务范围及所对应的费用，避免用这类酒管公司的费用体系与提供常规化酒管公司的费用体系做直接对比，以免因此"误伤"这类提供特色服务的酒管公司。

五、渐趋流行的双品牌酒店

近些年来，我代表业主处理了很多双品牌酒店项目。所谓双品牌酒店是，指在业主投建的项目中，包含定位高低搭配的两个品牌的酒店。两个酒店共享一些公共设施，如餐饮、会议、康体娱乐、户外设施及海滩等，机电设备及部分员工也可以共用。通常而言，高品牌酒店是全服务酒店，而低品牌酒店则是精选服务酒店。

这里还需简单介绍一下全服务酒店和精选服务酒店基本概念的区别。全服务酒店是指包括客房、餐饮、会议、宴会、康体等全方位酒店功能的酒店，酒店提供的功能设施更全面，能满足各类宾客的住宿、会议、宴请及娱乐等需求。但全服务酒店要求的投资金额更大，这不但包括更大的酒店面积，也包括更高的酒店设施设备要求，并且除住宿业态外，其他酒店业态的利润率相对较低，同时对酒店服务人员数量的需求更大，酒店整体管理难度更大。精选服务酒店又称有限服务酒店，一般只向宾客提供一部分酒店服务，如可能只提供一个全日餐厅的餐饮服务来满足宾客早中晚用餐需求，而不再提供其他餐饮服务，同时精选服务酒店的会议、宴会及康体设施等都可能被削减甚至取消。精选服务酒店压缩了酒店利润率较低业态的投资，可以提升酒店的投资回报率，但也存在可能无法满足宾客全面服务需求的问题，因此精选服务酒店通常以三四星级定位为主，最高不会超过准五星级，奢华品牌及五星级品牌一般不会作为精选服务酒店来经营。

高品牌酒店和低品牌酒店吸引宾客的能力不同。奢华或五星级酒店通常都有主动吸引宾客的能力，很多宾客可能愿意为住高端酒店而增加 5 公里车程。但低端酒店则无此能力，宾客选择的原因就是距离差旅目标方便且物美价廉。因此，高品牌酒店可以成为宾客的"目的地"，而低品牌酒店最好能坐落在"目的地"的周边。

双品牌酒店对业主投资有明显优势：由于有高低搭配的两个酒店品牌，因此两个酒店的定位将能涵盖更广泛的客源，吸引更多成本弹性不同的客人。同时正如我前文所述，业主投资酒店通常作为战略投资考虑，其商业目的往往是希望获取更高端的酒店品牌从而提升整个投建项目的商业档次，用以追逐社会效益。但投资高端酒店的成本也会非常高，如果投资单一的高端品牌酒店，酒管公司对酒店的设施配置、客房数量、面积都会有明确的底线要求。而双品牌酒店则可以有效地协调两个品牌酒店间的配置，通过两酒店共用配套设施的方式，拉低高端品牌酒店的投资强度，合理控制较高端酒店的面积，同时又满足了酒管公司的品牌标准要求。这样一方面使业主获得了更高端的酒店品牌，而另一方面业主又能有效控制酒店单位面积的投资强度。在酒店运营阶段，不但可以将酒店生意线针对不同预算档次客人进一步拉宽，而且双品牌酒店通常将共享一个酒店高管团队，缩减了酒店管理成本，与高端酒店搭配运营也有助于提升低品牌酒店对宾客的吸引力，同时两个酒店共享一套酒店机电洗衣设备、共享部分厨房设施及原材料，都能降低投资强度、提高设备利用率。双品牌酒店项目对于业主的优势可以小结为一句话：既帮助业主获得了投资高品牌酒店的社会价值，又通过投资低品牌酒店减少了酒店投资综合单位成本，从而帮助业主实现了经济价值。

当然，并不是所有项目都适合选择双品牌酒店模式。

第一，如果酒店项目位于一线城市的优良地段，在仅投资高品牌酒店的情况下依然能带来良好收益，就没必要选择双品牌酒店。

第二，选择双品牌酒店需要更大的项目占地面积。由于高品牌酒店及低品牌酒店的客房面积、楼体柱网结构甚至外立面要求都不同，因此两间酒店必定需要坐落于相互独立的两个不同楼体中，因此如果酒店项目占地面积有限，则很可能无法容纳两栋酒店建筑。

第三，项目需要更大的建筑面积。酒管公司对不同品牌及档次的酒店的运营通常都有最小合理运营面积的要求，双品牌酒店也需要满足这一要求，从而确保酒店投资及运营的商业合理性。根据我的了解，一般来说选择双品牌酒店，应至少具备30000~35000平方米的建筑面积，否则就很难确保两个酒店均能具备经营所需的合理配备。

第四，双品牌酒店更需要对两间酒店做出合理定位。比如在一些市场情况下，如果选择五星级全服务搭配四星级全服务，这种选择可能就欠缺商业合理性，无法突出双品牌酒店节省部分酒店配套设施的优势，四星级酒店和五星级酒店无法拉开明显档次，无法突出业主选择"高低配"时的优势。在面临这类市场时，可能业主选择五星级全服务＋三星级精选服务更能突出双品牌酒店的优势。

第五，也是最重要的，业主不应该简单地为了选择双品牌酒店而选择双品牌酒店，而是应该充分论证该选择的商业合理性。一些项目中业主选择双品牌酒店纯粹出于商业合理性角度考虑，在地段良好、有办公配套设施的商业综合体中，为了能够获取更大预算范围的宾客市场，业主可能会主动选择双品牌酒店。而另一种更多见的情况是，业主的拿地指标中有明确的酒店规划面积要求，并且出让合同中也写明酒店项目中需要包括高品牌酒店。在这种情况下，假设土地出让条件是酒店需具备40000平方米的建筑面积，且需包含五星品牌酒店，此时如果业主仅投建一家五星级酒店，除去全服务酒店餐饮、会议、康体等配套设施，很可能只能建造出300个钥匙间左右的客房。但如果业主选择双品牌酒店，则业主可以与酒管公司对两间酒店的客房数量做更多探讨。例如，一些酒管公司会认为拥有240~260间客房的酒店是规模最合理的五星级酒店配置，过高或过低的客房都影响每房的收益（RevPAR）数据。但如果业主运用双品牌酒店模式，在设计方案允许的情况下，高品牌酒店规模可能会缩减到180~200个钥匙间，而将剩下的建筑面积分配到精选服务的低品牌酒店上，由于可以省去餐饮、会议等很多配套设施的投入，因此低品牌酒店也有可能建造出200个钥匙间，此时双品牌酒店有可能获得400个钥匙间，高出单品牌酒店钥匙间数30%左右，双品牌酒店共享设施设备将使其经营利润率更高。而更值得业主关注的是酒店投资成本的降低，五星级酒店的每平方米不含地价的造价可能高达10000~15000元，而精选服务的一般品牌酒店的投资成本有可能是按钥匙间来计算的，一个钥匙间的成本为几十万元，这就帮助业主在必须投资40000平方米五星级酒店项目的前提下，既实质性地降低了项目投资总成本，同时又增加了客房数量、拉宽了产品线，有助于获得更好的经营收益。

当然，双品牌酒店也会存在一些挑战：首先，也是最重要的，酒管公司同意双品牌酒店中对高档次品牌酒店要求进行某种程度折中（主要指客房数、面积、配套设施，不包括设计建设品质）的前提是双品牌酒店的总客房数量及使用面积将比单品牌酒店更大，因此业主不能仅仅因为双品牌酒店项目中酒管公司对于高档次品牌酒店的让利而选择该模式。由于双品牌酒店的酒店体量更大，因此业主更应该对双品牌酒店未来的市场定位做科学的可行性研究，选择双品牌酒店的原因必然应该是市场的需求，增大的酒店面积投资将获得市场的认可，而不应仅仅因为高档次酒店投资强度的降低而选择双品牌模式。如果两酒店品牌差距较大，酒店宾客将共用很多酒店公共设施，这将可能影响高档次酒店宾客的入住体验。双品牌酒店更需要两酒店间相互协调配合，因此双品牌酒店必然只能委托一家酒管公司旗下的品牌，委托两家酒管公司则双方将难以协调酒店运营。

此外，从法律角度出发，双品牌酒店项目中，业主需要与酒管公司签订两份酒店管理合同。两份合同将有交叉终止机制，即如果一个品牌酒店的酒店管理合同终止，另一个酒店管理合同将同时终止。另外，如果酒店管理合同中约定了业主违约金条款，则双品牌酒店项目中由于涉及两份酒店管理合同，业主面临的违约金也将是双份的。我本人曾经处理过一个四品牌酒店项目的争议，该项目中双方合作不愉快，酒管公司就将四倍违约金作为与业主谈判的重要筹码。因此双品牌酒店并非放之四海而皆准的商业模式，仍然建议业主根据酒店实际情况及科学的酒店投资可行性研究报告的结论做出正确的商业选择。

六、争取委托管理转为特许经营的合同机制

在商业可行的前提下，我建议业主应考虑在酒店管理合同中设置合同机制，在某种约定条件满足的情况下，业主有权选择将酒店的委托管理模式变更为特许经营模式。

根据我的观察，酒店开业后，业主与酒管公司间发生的争议，除了酒店定位错误造成业主投资预期与酒店经营回报无法相符的矛盾，绝大多数争议来源于酒店的产权与管理权相分离的委托管理商业模式。在酒店经营数年后，很多原本没有酒店投资经营经验的业主，也都能培养出一支有能力经营酒店的管理队伍，并渐渐具备直接管理酒店的能力。因此，解决酒店开业后业主和酒管公司间有关酒店管理矛盾的一种有效方式便是，业主自身接过酒店管理权，直接"下场"管理酒店，将酒店经营模式由酒管公司主导的委托管理模式变更为由业主自身主导酒店经营的特许经营模式。在特许经营模式下，业主还可以使用酒店品牌，但业主收回管理权后，原先业主对于酒管公司对酒店人、财、物把控的忧虑也都得以解决，双方仍可以继续进行合作。而从管理公司角度出发，酒店未摘牌，并不影响酒管公司的酒店品牌布局，不会对酒管公司产生负面市场影响，酒管公司仍然有品牌特许费的收入，且退出了易与业主发生摩擦的酒店管理事务后，依然维持了与业主的长期合作。因此，在酒店管理合同中设置转换为特许经营模式的条款，很可能将有利于业主与酒管公司未来的长期合作。

当然，从酒管公司目前全球通行的实践看，对于奢华及超高端的全服务酒店品牌，由于品牌价值高且全服务酒店的经营难度更大，除去个别特例，多数酒管公司通常由于担心业主自营酒店可能会降低酒店经营水平，进而影响酒店品牌价值，因此不同意

由业主直接管理的特许经营模式。但对于高端（五星级或准五星级）品牌及以下层级的酒店品牌，我建议业主尝试提出此项要求。我会在特许经营合同章节对这一问题做进一步具体讨论。

七、合同期限和酒店设施

酒店合同的合同期限是业主应该关注的重要问题。我曾搜集过世界主要地区酒店管理合同的主要信息，信息汇总结果反映出，在全球数个主要经济体的酒店市场中，对于经济型以上的酒店品牌而言，管理期限通常不少于 10 年，一些特定地区合同期限可能会更长，同时对于品质更高的酒店品牌，如奢华及超高端酒店品牌，对应国内即五星级以上品牌，有可能会要求更高的合同期限。

究其原因，我认为这在一定程度上符合了酒店经营的发展规律，即对于一个酒店而言，酒店合同的期限应涵盖酒店的一个完整生命周期。何谓酒店"完整生命周期"？按照事物的客观发展规律，酒店经营会经历一个从新开业酒店的新生期，到经过几年打开市场知名度后进入成熟期，再到酒店硬件逐渐老旧进而影响酒店业绩的衰老期，此后酒店就需要进行重新装修，使整个酒店焕然一新，恢复活力。从酒店新生期到衰老期的一个周期就是一个酒店的完整生命周期。通常而言，这个周期的年限为 10~15 年。而酒店管理合同多以 10 年或 15 年为首个合同期限，在一定程度上即考虑到酒店生命周期的因素。当然，对于一些酒管公司及一些高端品牌，酒店管理合同的期限可能更长，涵盖 2 个甚至 3 个酒店生命周期。根据我处理这类超长期合同的经验，每个酒店生命周期尾端往往是业主与酒管公司容易爆发争议的时刻，原因是酒店重新装修需要大笔投入，这对业主而言将是非常沉重的负担，但酒管公司为确保酒店品质，一般都会要求业主必须进行投入，双方争议由此爆发。

此外，酒店合同中都会对酒店包括的设施内容进行约定，常见的约定方式如:【 】间客房（客房净面积【 】平方米以上）；1间全日餐厅；1间中餐厅；1间大堂酒廊；1个健身房；1个泳池；1个无柱大宴会厅（净面积不少于【 】平方米）；【 】个多功能厅（净面积不少于【 】平方米）；【 】个会议室；1个商务中心；1个水疗中心（SPA）；停车场，不少于【 】个专用免费停车位。

建议读者对上述信息切不可忽视，上述酒店开发信息都将写入酒店合同的文本中。虽然酒店合同的文本中通常并不会载明酒店未达到上述约定设施要求时业主需要承担的违约责任，但实际上酒管公司在酒店项目中的主要商业利益来源于上述酒店设施的多寡，比如有多少间客房、多少个会议室、多少个餐厅、多大的宴会厅等，如果业主在开发完成的酒店中最终不能满足酒店合同的要求，将使酒店经营业绩受到影响，进而影响酒管公司在本酒店项目中的管理费收入，因此酒管公司可能会对业主未能实现约定的酒店设施配置数量而提出反对意见。但也并不是酒店配套设施越多，酒管公司就越喜欢，超出当地市场需要的客房、会议设施、餐饮设施都会造成酒店经营负担，另外很多康体设施如果得不到有效经营，也会拉低酒店的经营利润率。

同样要提醒酒管公司，对业主的酒店设施配置要求也应经过深思熟虑，过多不符合市场实际的要求将造成业主的无效投资，不但会加重业主的财务负担，还会影响酒店的经营业绩表现，酒管公司可能为此承担责任。

正因为这个原因，建议在业主与酒管公司谈判之初，对于将载于酒店合同中的设施配置数量进行充分思考。考虑到在签订酒店合同时很多业主还未确定酒店设计图纸，尚无法提供酒店客房、公共区域的准确数量和面积，因此建议在谈判酒店合同的这一条款时，业主应尽量保守地预估相关数字，避免未来因为无法实现而与酒管公司产生争议。

八、酒店合同的税

在国际品牌酒店行业中，业主需要关注几项酒店管理行业中较为特殊的税费承担问题，这有可能在一定程度上影响业主对于酒店项目整体成本负担的测算。简单地说就是酒店经营中的两笔增值税和一笔所得税。

（一）酒店总收入的增值税

我们首先需要关注的是酒店总收入所涉及的增值税问题。酒管公司会基于酒店总收入的一定百分比向业主收取基本费，因此如何认定总收入将直接影响基本费的计费基数。为了更为清晰地进行表达，我们举具体数字作为例子可能更为直观。假设酒店有一笔 100 元的收入，那么增值税发票所反映的应税金额将为 106 元，其中 6 元是增值税。在这种情况下，以 100 元为计算基本费的基础，还是以 106 元为计算基本费的基础呢？依据目前酒店行业的普遍实践，由于增值税属于"价外税"，不应将 6 元增值税视为酒店的收入，通过计算基本费的基数应该是 100 元，而非 106 元。

（二）基本费及奖励费的增值税

另一笔不容忽视的增值税就是业主支付给酒管公司基本费及奖励费的增值税。在商业交易中，由哪方承担付款的税金往往是交易价款中不可被忽视的一个重要环节。在酒店合同中同样需要被关注。在"营改增"之前的营业税时代，有部分酒管公司同意由其自身来承担向业主收取基本费及奖励费所对应的营业税。但随着"营改增"的落地，绝大多数国际品牌酒店管理公司都认为，鉴于增值税属于价外税，业主方可以通过进销项对增值税进行抵扣，因此酒管公司对于新签项目多不再承担基本费及奖励费的增值税，而是将该等增值税转嫁给业主承担。

（三）基本费及奖励费的所得税

部分国际品牌酒管公司会使用其中国境内主体与业主签订酒店合同，而另一部分则使用其中国境外的主体。这两种情况在企业所得税的税务安排上存在一定区别。对于使用中国境内主体的酒管公司而言，根据我国法律，外商投资企业（即酒管公司的境内主体）属于中国企业，应按照我国的税收法律制度纳税，因此酒管公司的境内主体应该以其自身作为纳税核算主体申报企业所得税。相应的，承担该等企业所得税的主体应是该等酒管公司的境内主体。

而对于以境外主体签订酒店合同的国际品牌酒管公司而言，业主是向酒管公司支付基本费及奖励费的税务代扣代缴责任主体，因此在做对外付汇前，需要完成税金的代扣代缴手续，主要是完成两笔费用的增值税和预提所得税的清税事项。我在上文中已经介绍过，多数酒管公司会要求业主承担两笔费用的增值税，那么他们对于两笔费用所得税的态度如何呢？根据我的观察，目前通常的做法是酒管公司将承担基本费及奖励费的预提所得税的税负，而不会将这笔税负再转嫁给业主。

不论各方提出什么样的要求对方承担税款的理由，从本质上讲，由哪方承担税费，直接影响了管理费的多寡。因此，税费承担问题是一个商务问题，而非法律问题或行业惯例。

第 三 章

酒店管理合同

酒店管理合同的内容无疑是业主与酒管公司针对酒店合作的重中之重，通常涵盖了酒店从开发到运营的绝大部分周期。通常而言，业主与酒管公司在酒店管理合同项下的合作始于酒店筹备开业阶段，以下将分别针对酒店开业前的筹开阶段及开业后的运营阶段来分别介绍。

一、开业前

对于一个正常的新建酒店项目而言，业主与酒管公司签订酒店管理合同后，双方将先履行技术协助合同，业主负责设计、建设酒店，酒管公司向业主提供相应的技术协助服务，以确保业主对酒店的建设符合酒管公司的品牌标准，并确保酒店的使用功能符合酒店运营的需求。

通常在酒店预计竣工和开业日前的一定时期，由于酒店临近竣工，酒店将进入开业筹备期。不同档次的酒店需预留的开业筹备期不同，通常而言，星级低的酒店的开业筹备期短，比如经济连锁酒店可能只需要 3~6 个月（甚至更短）。而四、五星级酒店可能需要 6~12 个月的开业筹备期。如果是奢华五星级酒店，则甚至可能需要 12~15 个月的开业筹备期。

（一）筹开团队

进入开业筹备期后，我们首先最为关注的是筹开团队的安排是否到位。通常而言，最先到位的多是业主方的业主代表，在我处理过的一些酒店项目中，业主代表可能从业主与酒管公司谈判酒店管理合同开始即加入业主高管团队，这样一来业主代表将对双方合作背景及酒店管理合同谈判情况，甚至一些合同条款背后的细节清晰掌握，这将非常有利于业主一方在酒店开发过程中前后统一、协调行动，实现高效工作。

酒店筹开总经理是酒管公司在该酒店项目筹开团队的总负责人，通常应该是酒店中第一批到位的员工。酒店筹开总经理将负责组建酒店的整个筹开团队，负责领导团队开展筹开工作，并负责调研市场、拟定筹开预算及酒店开业后第一年度的预算，因此其重要性可想而知。需要提示注意的是，在酒店行业内我们通常会根据总经理的业务类型将之区分为筹开总经理和运营总经理。虽然都是总经理，但二者的工作内容差异很大。形象地比喻，筹开总经理是"打江山"的，而运营总经理是"坐江山"的。因此建议业主在招聘筹开总经理时，应关注该人选承担酒店筹开业务的经验，运营经验当然也有帮助，但不如酒店筹开经验更为直接有效。

筹开总经理到位后，第二批需要到位的是酒店财务总监及工程总监。酒店财务总监的主要工作是协助筹开总经理调研市场并编制酒店筹开预算及酒店开业后的首年度经营预算。工程总监则需要与业主公司工程团队及酒管公司技术协助团队一道负责酒店工程的收尾验收、设备验收调试及修补工作。

第三批需要到位的是酒店各主要部门的负责人，包括酒店人力资源总监、市场营销总监及房务总监等。人力资源总监负责根据酒店筹开预算落实员工招聘、员工培训等工作；市场营销总监负责拜访酒店本地客户，预热酒店，为酒店在本地市场宣传造势，为酒店开业后准备第一单生意；房务总监则主要负责酒店的核心业务即客房业务，并负责房务部门员工的培训。

随着酒店筹开团队管理层的到位，下一步则是酒店的全面招聘（即大招）。员工到位后，酒店还会进行对内试营业，邀请亲朋好友免费入住体验，测试酒店管理团队的训练水平并做压力测试，同时发现酒店所存在的设施设备及餐饮／客房服务管理等方面的问题，为酒店正式对外开业做好充分的准备。

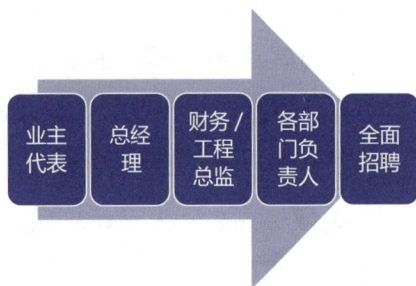

酒店筹开团队到位顺序

针对酒店开业筹备期的筹开团队管理问题，建议主要关注对于筹开总经理及个别关键岗位人选（视项目具体需要）的选聘工作，在酒店管理合同中应重视业主是否有权对于筹开总经理等人的选聘权利。对于其他酒店筹开团队人员，由于酒店行业属于劳动密集型产业，且专业性也较强，可以考虑将之授权筹开总经理负责组建，但筹开总经理需要依据开业前预算的规定行事，超预算部分需要业主另行审批。而开业前预算的审批和执行期间对超预算事项的把控，应是业主方把控酒店筹开阶段业务发展的主要抓手。

（二）开业前预算

1. 开业前预算、库存及运营设备采购预算、IT 采购预算

提及酒店开业前预算之前，需要首先明确几个容易混淆的概念。酒店的建设工程预算通常较好理解，其主要作用是酒店的土建、精装及家具装置设备的装配等，一般不宜被混淆。

开业前各项预算

但在酒店开业筹备期，会存在开业前预算（Pre-Opening Budget）、库存及运营设备采购预算（Supplies & Operating Equipment Budget）两个预算。简单地说，开业前预算的主要内容涵盖了酒店开业前各项活动的开支，包括招聘、培训、员工工资、市场营销、行政费用、内部运营测试费用等。库存及运营设备采购预算则主要是对酒店营运的库存物资（比如布草、宣传品等）及运营设备（比如杯盘碗筷）所进行的预算。此外，还需要注意 IT 采购预算。国际品牌酒管公司和国内酒管公司对 IT 系统要求的差别很大，国内酒管公司通常对 IT 系统要求不高，而国际品牌酒管公司有可能在前台、宴会、餐饮、客户管理及人事、财务及物业管理

等方面都会要求业主购买不同的 IT 系统。一般来说，一些大型 IT 系统的费用除了购买成本，每年还需要交年度维护费用，费用总体不可小视，建议业主对 IT 采购预算予以足够的重视。

2. 预算的审批及执行

特许经营模式项下业主自管酒店时，由于业主方自己负责管理酒店，因此不存在需要通过审批预算的方式对酒管公司进行把控的问题。但特许经营模式项下如业主还需聘请第三方管理公司，或者在委托经营模式项下，业主都需要把酒店的主要管理权利授予酒管公司，酒店管理的具体工作都由酒管公司来负责执行，因此预算把控成为业主方最有效的对酒管公司管理运营工作的监督方式。

酒店筹开预算的内容与酒店开业后的经营预算内容不尽相同。筹开预算包括开业前预算及酒店运营设备采购预算，在进行酒店管理合同谈判时，建议业主关注自己对于酒店筹开预算是否有审批或一定程度上的审批权力。如果业主争取到了对筹开预算的审批权，则进一步需要注意，这种审批权是否附带某些要求或限制。比如一些酒管公司会要求业主必须在一定期限内回复批准与不批准的意见，如果不批准则还需要提供合理的解释，否则可能将视为得到了业主批准。

业主批准酒店筹开预算后，酒管公司将根据业主批准的筹开预算开展酒店开业前的筹备工作。与酒店开业后的一个明显差别是，酒店在开业前是没有任何收入的，因此酒店筹开费用的每一分钱都来自业主的拨款。这种情况下会遇到一个重要问题，就是业主通常有比较重的必须按时向酒店拨款的责任，否则将会导致酒店因缺乏资金而无法开展开业前的筹备活动，酒店管理合同通常会对此进行强调。但随着这一问题带来的一个对业主有利之处在于，正是由于酒店的每一分筹备费用都来源于业主，因此业主对于酒管公司开业前筹备费用的财务把控能力更强，对于酒店筹开费用的花费方向及金额业主都能有所了解。因此相对酒店经营期而言，此时酒店的财务状况对业主而言更为透明。

如果酒管公司在开业筹备活动中偏离预算，应怎么解决呢？我的观点是，既然酒店尚未开门营业因此无自主收入，开业筹备活动的所有资金均来源于业主，相应的所有开业筹备成本（包括延长筹备期的成本）也都是由业主来承担，因此我倾向于认为业主应该争取，在酒管公司的开业筹备活动偏离筹开预算时，需要由业主来做进一步审批。同时我建议，虽然由于酒店尚未产生收入，因此业主可以通过把控向酒店拨款进度的方式对酒店筹开进行把控，但如果仅仅通过这种方式，缺乏合同中对于预算审批、偏离预算的把控权，也缺乏业主对于酒店开业前支出的双签权时，单独靠暂缓向酒店拨款的方式有可能成为业主的违约事项，并影响酒店的筹开事务进展。

（三）试营业

记得 2021 年北京环球影城正式营业前进行了相当长一段时间的试营业，朋友圈中经常会有朋友晒出在试营业期受邀前去玩耍的照片，甚是令人艳羡。北京环球影城通过试营业方式不但反复检测了度假区的管理水平和承压能力，锻炼了队伍，而且对外也起到了很好的预热效果。

那么酒店是否有试营业呢？我认为应从业务层面和法律层面对于试营业进行进一步剖析。首先从酒店业务层面来讲，酒店进行内测是必需的程序，酒店可以邀请业界专家、网红大 V、酒店员工的亲朋好友来免费试住，一方面测试酒店管理团队的管理水平，另一方面针对酒店宾客的意见投诉有针对性地进行管理提升，并对酒店的设施设备（比如装修瑕疵、暖通空调、上下冷热水等）进行最后调试。因此从酒店开业筹备的业务开展层面来讲，试营业环节是必需的流程。

但从酒店管理合同的法律角度，是否有必要明确约定试营业程序呢？我倾向于认为无须在酒店管理合同中明确约定试营业程序。原因在于，如果约定了试营业，实际上酒管公司会像正式营业一样来对待试营业阶段，包括可能会在试营业阶段即开始要求业主支付一定的管理费。如果在酒店管理合同中约定了试营业期间，则试营业期间如何与酒店开业前筹备期及酒店正式开业期进行衔接，比如试营业期间适用酒店筹开预算还是开业后第一年的经营预算？再比如在试营业期间业主对酒管公司的监督权适用开业前期间的约定还是酒店开业后的约定？这些都需要进一步进行明确。酒管公司即便在酒店管理合同中明确约定了试营业条款，但试营业期与其前后期间衔接的方案也多未详细约定。考虑到试营业程序是酒店筹备开业的必经程序，但如果在酒店管理合同中做了正式的约定，而又缺乏相关约定的有效衔接，反而可能使试营业制度在合同层面难以执行。鉴于这一情况，我倾向于在合同中并无很大必要特别约定试营业条款，而是将试营业作为酒店开业前筹备活动的一部分予以考虑，相关费用也包括在开业前期预算中进行综合把控。

二、开业后：一个基础、三个面

随着酒店的开业，酒店管理合同项下的法律关系也进入了一个新的阶段。按照我实践案例经验的总结，如果说在酒店开业前酒店管理合同权利义务的天平压在业主一方的话，酒店开业后则天平的秤杆将更多地压向酒管公司。理论上，一份合同的双方权利义务应该是基本对等的，如果双方权利义务不平等，被压迫一方除非有合同外因素影响，否则为何要签订"城下之盟"？但如果具体到合同的某个履行阶段，在各个阶段中，双方局限在这一阶段的权利义务有可能是不完全平等的，在某一阶段一方责任更重，而在另一阶段对方责任可能更重。

　　这种情况在酒店管理合同的履行过程中有着鲜明的体现。实际上在酒店管理合同签约后直至开业前，双方的主要工作是将酒店设计、建设、装修、配置完工，并经过筹备开业程序，最终实现开业。酒店开展设计、聘用设计顾问、组织工程、提供足够的资金、完成采购等工作都需要由业主方来完成，在此阶段，酒管公司的责任局限在技术协助服务和开业筹备服务两方面。酒管公司的技术协助服务内容我将在下文中进行详述，但简单地说，酒管公司无须承担很沉重的设计服务责任，我经常形象地比喻，酒管公司技术协助义务实际上就是帮助业主审图纸、找问题、挑毛病，酒管公司既无须亲手"画"图纸，更无须"下场"建酒店。在酒店筹备开业阶段，酒管公司虽然已经一定程度上介入了酒店的管理，但由于此阶段的酒店仍在做工程收尾工作，且由于酒店尚未开业，因此酒管公司亦无预算收入压力。因此在酒店开业前，业主一方仍是酒店管理合同（包括技术协助合同）项下妥妥的"主义务方"。

　　然而在酒店开业后，上述情况则出现了 180° 大转弯。酒店开业后，业主完成了酒店竣工开业的责任，履行了向酒管公司交付符合品牌标准的"合格产品"的责任，将酒店经营权交给酒管公司负责，业主的主要工作将是审核和监督酒管公司对于酒店的经营表现。而酒管公司在酒店开业后将负责酒店全部的经营管理工作，小到采购酒店的一针一线，大到酒店的经营策略，所有酒店的人、财、物的管理都需要酒管公司操持。酒管公司还需要尽力实现酒店预算，完成预算始终是酒管公司经营酒店最大的经营压力。所以说，酒店业是典型的"勤行儿"，每天都是崭新的，每天都要接待不同的宾客，需要日复一日地持续奋斗。

为什么说酒店经营难度大？做一个形象的比喻：理论上，商业地产分为写字楼、商场及酒店三大类。三类经营活动中，写字楼通常以年为经营周期进行出租，商场以年或月向品牌商户进行出租，而酒店则是按天向酒店宾客进行出租。酒店客户周转率是商业地产中最高的，酒店宾客每天都不同，今天酒店满房也无法保证明天的入住率高，因此酒管公司每天都存在对未来业务不足的焦虑，这使酒店业态可能成为商业地产三种业态中经营难度最高的。酒店经营的这种压力和难度，就注定了在酒店经营过程中很难尽善尽美，经营中出现或大或小的经营瑕疵在所难免，确保尽量不出或少出重大瑕疵成为永远悬在酒管公司头上的达摩克利斯之剑。因此在酒店开业后，酒管公司成为酒店管理合同项下的"主义务方"。

我协助大量业主处理过酒店管理合同全生命周期的各类问题，初次涉足酒店行业的业主在拿到酒店管理合同伊始，往往会对酒店管理合同的文字有较大的排斥，原因在于业主是酒店的投资方，是酒店管理合同的甲方，是酒管公司的聘用方，但在酒店管理合同中却有大量文字在说酒管公司有权对酒店进行哪些方面的管理，而业主无权干涉酒管公司对酒店的管理。业主的第一反应通常是：我是老板，为什么我什么权利都没有？如果是业主公司中某个部门负责酒店管理合同的谈判事务，经常会遇到一种尴尬的情况：业主公司谈判团队费尽心血谈回的酒店管理合同条款，拿回业主公司征询其他未参与谈判部门的意见、呈报总经理或董事长审阅时，酒店管理合同会被未参与谈判的领导和同事诟病。

为何会出现如此境况？正如我在前文所述，酒店管理合同的基本商业逻辑是，业主聘请一位拥有高端酒店品牌并且富有酒店管理经验、拥有管理团队储备和客户资源的酒管公司代表业主管好酒店，因此业主需要对酒管公司进行较为充分的授权，授权酒管公司有权代表业主在酒店中行使管理权。只有赋予酒管公司相对独立的酒店管理权，作为职业经理人的酒管公司才有充分空间发挥其酒店管理业务的工作实力。反之，如果业主不给酒管公司管理空间，酒管公司事事都需要业主认可，这种情况下业主岂不成了"实际下场"的酒店管理者？那么聘用专业酒管公司的意义何在？因此我认为，在酒店管理合同模式项下，业主将管理酒店的部分权利让渡给酒管公司，给予酒管公司在酒店管理中的相对独立性是必要的。

但从另一方面考虑，酒店管理合同是一个长期的合同，很多国际酒管公司至少要求 10 年甚至更长的管理期限，在这么长的管理周期中，如果业主不能在酒店管理中的一些必要环节"点穴"式地对酒管公司管理酒店权利享有一些监管权，则难以确保在整个酒店管理周期中，酒管公司的管理行为不"跑偏"。但业主究竟应该下放哪些权利给酒管公司？哪些权利又应上收回来？这一下放和上收的博弈，就是酒店管理合同谈判中，针对酒店开业后双方管理权限分配的核心角力点。

基于经验，我将业主需要关注的酒店经营监管权力总结为"一个基础三个面"，一个基础是指从宏观角度或综合角度来对酒管公司的酒店管理行为进行综合监管，三个面则是从企业日常管理的三个基本维度即人、财、物角度出发，在具体角度对酒店管理进行监管。

一个基础、三个面

（一）一个基础

1. 品牌标准

从事法律服务工作多年来，我有一种深刻的体会，即相比于衡量购买商品的质量而言，客户对所购买服务的质量更难以衡量。小到日常生活中我们购买生活用品，大到企业进货原材料，通常来说所购买的商品都有一个确定的质量标准体系，或者是国家标准，或者是企业标准，总之通常都能找到一个客观标准对产品质量是否合格进行衡量。但服务则很难找到一个客观标准对其进行衡量，往往需要一案一议地具体讨论衡量标准。

而从我的经验来看，服务与产品更为重要的不同是"品质控制"。之于产品，是指生产者是否有能力确保每批产品都能沿袭不变的产品质量标准；之于服务，则是在服务提供者服务的每一项目中，是否都能提供同等水平的服务质量，在同一个项目中，服务提供者在项目前、中、后不同阶段中，是否都能维持同等水平的服务质量。通常来说，对产品的品质控制主要依赖于严格的生产流程监控，而服务的品质控制则更依赖于服务提供者本身，因此确保品质控制的工作可能更具挑战性。

聚焦到酒店管理行业中，对于业主而言一个很头疼的问题是，通观酒店管理合同，除了业绩考核条款，很难找到对于酒管公司应该达到的服务水平的硬性标准。这种表现实际源于服务相比产品更难以做客观的产品质量衡量。这时候就需要业主方考虑以什么样的标准来为酒管公司管理酒店设置一些衡量指标。

一种相对客观的标准是通过外部评级方式来衡量酒管公司的管理水平。比如在我国国内有酒店星评制度，即五星级酒店、四星级酒店等，而国际同行则使用 STR 对酒店品牌档次进行划分，读者可以参考我在上文中对于 STR 机制的具体介绍。当然，在我具体处理过的酒店争议案件中，适用这种标准衡量酒店管理品质会存在不少实操问题。例如，我曾处理过一个国内酒店品牌项目的争议，根据酒店管理合同约定，酒管公司应使酒店达到五星级酒店标准，并获得正式评星。后酒店因故未能拿到五星级星评，业主与酒管公司就哪一方应承担酒店未获五星级星评承担责任产生分歧。实际上，用酒店是否能获得评星作为酒店管理所应达到的标准存在适用问题，按照我国五星级酒店星评标准，只有具备星评标准中全部"必备项目"才能符合五星级评星的基本标准，其后酒店星评委员会将根据酒店的硬件标准及服务标准来分别给酒店综合打分，总分过关方能获得评星。酒店星评中的服务标准实际上非常基于酒店在星评当时的"实际发挥"，比如一次接听宾客电话的速度、一次送餐时间等，事前是难以准确衡量的。此外，如果酒店硬件设施存在短板，造成酒店硬件设施分数偏低，也将给酒店获得星评造成难度。因此使酒店获得星评是业主与酒管公司共同努力的结果，很难将酒店未获星评归因为单方责任。STR 排名的最主要衡量标准是酒店房价，酒店品牌档次高的平均房价自然会更高，当然，适用 STR 排名的问题是，该排名仅对酒店品牌进行排名，且普遍适用于全世界，而对于是否适合用其衡量单一酒店水平，以及如何进行衡量，都有待探讨。

一种相对主观的衡量方式是以该酒店所使用品牌的品牌标准来衡量酒管公司的酒店管理品质。实际上，业主聘请酒管公司管理酒店的最大期待就是希望酒管公司将这家品牌酒店管得"像"一家该品牌的酒店。因此在酒店管理合同中适用该酒店品牌的品牌标准，可能是双方比较容易达成共识的衡量方式。对于业主方而言，品牌标准似乎是很玄妙且难以掌握的，但实际上根据我的从业经验，多数酒管公司对于其品牌标准已经汇编成书面文件，对于酒店管理的具体细节进行了规范化，因此这就需要业主在酒店日常管理中，也多多关注和学习酒管公司适用的品牌标准文件，通过品牌标准来衡量酒管公司管理酒店的质量和水平。

2. 建章立制

经营成熟的酒管公司必然是通过规章制度来进行管理的，即所谓"法治"；而非完全依赖职业经理人自身出色的能力进行管理的，即并非所谓"人治"。业主之所以选择酒管公司代表业主管理酒店，重要原因之一是酒管公司有一套成熟的管理机制，能够在不依赖于个别职业经理人的情况下，保持所管理的酒店大致处于相同的经营管理水平。因此酒管公司在经营管理酒店时，能够制定和执行一套行之有效的标准化运营流程（Standard Operating Procedure，SOP）将非常有利于酒店管理运营的规范化，使酒店的经营管理尽量避免人为因素的影响，形成模式化的管理。成熟且深入酒店员工内心的 SOP 管理制度，也将使酒店在日常管理中发生错误的概率降低，从而有利于确保酒店运营的成效。

3. 例会制度

例会制度是业主与酒管公司间一项有效的沟通制度，应给予关注。通常而言，酒店开业后，业主方都会与酒店管理团队举行定期会议。会议的内容主要是讨论上个月酒店经营业绩，以及如果未达到预算，下个月如何提升业绩，此外对于酒店重大事宜进行讨论。可以说，例会制度是业主全面了解酒店经营状况并提出经营建议的良好机会。

对于业主来说，酒店每月（甚至以更短的频率）召开管理层例会并不鲜见，但将这种制度固化在酒店管理合同中就非常有必要了。在酒店管理合同中约定了例会制度，相当于对这种例会制度赋予了正式的法律意义，使其成为酒管公司酒店管理过程中的一项责任并需要完成。

提示读者注意，在一些酒管公司的酒店管理合同中，会强调例会制度是业主与酒店管理层召开的。而这种安排会出现一个逻辑悖论，即酒店管理层通常均是直接与业主签订劳动合同的业主员工，那么例会实际上就成了业主公司内部人员的会议，缺乏了酒管公司的参与。在实操中，由于业主根据酒店管理合同将把酒店员工的管理权授予酒管公司，因此这种逻辑悖论在实践中不太会影响业主在例会制度项下发挥实际作用的权利，但我依然建议业主应当明确酒店管理合同是否赋予酒店管理层代表酒管公司与业主进行例会讨论的权利。同时对于一些重要的酒店经营管理问题而言，酒店管理合同对于例会的约定不应阻碍业主仍然可以与酒管公司进行直接商讨的权利。

4. 审计制度

业主需要掌握核对酒店经营账目、对酒店经营账务进行审计的权利。通常而言，酒管公司都能同意业主要求审计的权利。但对于如何落实审计权利，双方则可能会有分歧。比如业主方是随时可以要求审计，还是只能在年终进行审计？过于频繁的审计工作必然会影响酒店的正常经营，从而影响业主及酒管公司双方的利益，因此理性的业主方也不会随便动用临时审计这一非常规动作。再比如审计成本是计入酒店经营成本，还是由业主来负担？这个问题可能要联系统一会计制度的规定及业主审计频次等多重因素来考虑。对于酒店审计师是否有特别的要求？一些国际酒管公司可能会要求四大会计师事务所作为审计师，我则认为大可不必，原因在于，酒管公司认为审计国际品牌酒店需要适用统一会计制度，不具备相关知识和经验的审计师将不能胜任。但根据我的实践观察，越来越多的本土会计师事务所已经完全能够胜任对于酒店经营的审计工作，对统一会计制度也已有了较为充分的理解，因此不需要仅仅将审计师局限在"四大"范围内，这也能在一定程度上节省酒店的开支。

5. 业主视察制度

业主要争取获得对酒店视察或检查工作的一定合理权利，但这种权利需要得到一些平衡。一方面，业主作为酒店的拥有者和主人，应该有权了解自己酒店的经营状况，而从酒店管理合同的法律性质出发，由于酒店管理合同具备委托合同的性质，因此业主作为委托人，应对作为受托人的酒管公司的受托管理酒店工作有知情权。但另一方面，如果业主频繁地介入酒店经营管理，则势必影响酒管公司对酒店的正常运营，酒管公司对此都持负面观点，较为排斥，而这种情况实际上也最终伤害了业主自身的利益，因此即便业主要求对酒店的视察或检查权，也需要对这种权利进行一定限缩，并以不干扰酒店的正常经营活动为根本。

一个基础所包含的内容

（二）第一面：人事

经常有业主朋友问我一个问题：酒管公司管理酒店的所有员工，是不是酒店员工都和酒管公司签合同、拿酒管公司的工资？如果仅仅就国内的酒管行业而言，答案是否定的，在我国国内通行的做法是酒店的全部或绝大多数员工直接与业主签订劳动合同，但酒管公司根据酒店管理合同中业主的授权，代表业主管理酒店员工。酒店员工的薪酬福利费用都记为酒店的运营成本，在计算经营利润前予以扣除。前述情况在个别酒管公司会有例外，一些酒管公司会直接与总经理、财务总监等关键高管签订劳动合同，但酒管公司这种做法的主要目的是维系与这些关键性人员的法律联系，而这些高管通常仍然会与业主签订劳动合同，或者虽不与业主签订劳动合同，但其主要薪资福利成本均转嫁给业主承担，并记为酒店经营成本。

但从世界范围来看，主要发达酒店行业国家对于酒店员工与业主还是酒管公司签订劳动合同的情况并不相同。比如在美国，就有相当一部分员工是由酒管公司直接聘任，但通常来说仍然由业主来承担聘用员工所产生的各类成本及风险，当然，业主一般仍然会争取对于酒管公司聘用关键岗位人员（如总经理、财务总监等）的权利，以把控整体人员管理风险。在其他一些国家和地区，酒管公司会直接聘用酒店的高管层员工，其他员工则由业主聘用。以下将分不同岗位来对酒店人事方面事项进行介绍。

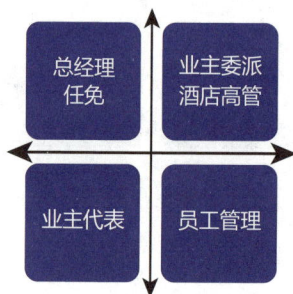

酒店人事管理内容

1. 总经理任免

在任何一个企业或一个集体中，领头人永远都是整个团队的灵魂人物，他的能力、价值观及精神品质将决定整个企业或集体的水平。这一原则在酒店行业也一样。虽然我们不能说酒店总经理完全决定了酒店业绩的好坏（因为酒店所处地理位置、设计建设风格、细分市场定位及与之相关的设施配置等酒店"先天"条件也将很大程度上影响酒店的业绩），但对于酒店来说，总经理的能力在很大程度上将影响酒店的经营状况。因此对于业主来说，能否有一个合适的总经理任职，是非常需要在酒店管理合同谈判阶段就做出必要考虑的。

酒店总经理通常由酒管公司推荐，体系化经营的酒管公司会从其人才库中为业主进行选聘。酒管公司通过总经理来对酒店进行日常管理，是酒管公司进行酒店管理的最为直观的体现。

由于从酒店管理合同签订到酒店实际开业通常会有数年的建

设筹开期，所以在酒店管理合同谈判阶段业主即聘用酒店总经理既不现实，也毫无必要。因此在酒店管理合同阶段业主应考虑的是如何确定未来能有符合本酒店资源禀赋的总经理人选任职。

客观来讲，在酒店管理合同谈判阶段，酒店设计、建设很可能尚处在非常初期的阶段，很难准确确定酒店的市场定位、规模、风格等，因此在酒店管理合同谈判时通常也很难直接确定酒店所需的总经理风格，如年龄、国籍、家庭状况、业务背景、任职履历等。随着酒店设计定位的逐渐确定及建设的推进，酒店的定位将越来越明晰，也逐渐能够更准确地确定酒店所需的总经理风格。酒店是业主方一手定位、设计、建设的，较酒管公司而言，业主方一般更为了解酒店所处本地市场，因此建议业主应争取在酒店开业前的一段合理期限内，向酒管公司提出对于总经理候选人应具备资质的合理化建议。

对于酒管公司推荐的总经理人选，业主应争取对于总经理的面试和确认权，从而保有通过确认酒店负责人的权利来保障酒店未来运营方向的权利。但针对业主要求酒店总经理候选人面试权问题，从酒管公司角度考虑，由于好的酒店总经理始终是稀缺人才，酒管公司多会担心业主连续不合理地否决酒管公司推荐的总经理候选人，因此即便酒管公司考虑同意业主要求，通常也会对业主面试和确认权做出某种程度的限制，以覆盖酒管公司的上述担忧，如限制业主的面试次数及面试反馈时间等。

除了对于酒店总经理任职时进行确认的权利外，业主还应考虑在酒店任职总经理一旦工作情况不佳时，业主方有哪些权利可以采取，比如是否有免除总经理的权利？根据我目前的行业经验，排名领先的国际品牌酒管公司通常对于业主的这一权利非常担忧，原因在于，酒管公司一般认为自身对于酒店经营状况具有更为深入和准确的理解，因此在具体经营水平考量的问题上，不排除业主与酒管公司间会存在不同理解。此外，由于近年我国国内酒店行业迅速发展，高星级酒店大批开业，一些酒管公司也存在人力储备捉襟见肘的问题，如果出现这种情况，也会影响酒管公司更换总经理的意愿。因此，业主如何与酒管公司对更换总经理的方式达成一致，需要更为高超的智慧。解决这一问题有两条思路可以考虑：一条是在业主与酒管公司间的酒店管理合同中进行一些约定和探讨，明确约定在何种情况下业主可以对总经理提出何种权利，但考虑到上述背景情况，谈判会存在一定难度；而另一条思路则是考虑到总经理任职需要与业主直接建立劳动关系，并与业主签订劳动合同，业主可以考虑在劳动合同中直接对总经理设置一些业绩目标及考核方式，从而使业主在与总经理间的劳动关系处理中占据主动地位。

酒店总经理往往被视为酒管公司履行酒店管理职责的主要表现形式。在大量酒店争议案例中，总经理往往是引发双方争议的关键性要素。通常而言在业主认为酒店业绩欠佳时，往往会针对总经理释放不满情绪，在酒店业绩平稳时，也有可能出现由于总经理与业主关系处理不当，导致双方关系紧张的状况，而这种紧张关系将直接影响业主与酒管公司的合作关系。在我处理过的一些案例中，经常出现总经理空缺的情况，这种情况可能是由于前任总经理到期离任，业主对新任总经理无法与酒管公司达成一致所造成的，也有可能是由于前任总经理被业主突然免职后，酒管公司无法及时委派新总经理人选而造成的。总经理空缺将严重影响酒店的运营，而很多案件中，恶性事件的孕育或发生往往都是在总经理空缺期间引发的，总经理空缺阶段往往也是酒管公司对酒店经营最为担忧的阶段，因此有些酒管公司会提出派遣代理总经理（Acting General Manager）的形式来填补总经理的空缺。但建议读者考虑，即便针对代理总经理人选，业主仍应保有进行必要审核的权利，避免酒管公司仅为填补总经理空缺而盲目推荐人选来店。

2. 业主委派酒店高管

虽然酒店员工都与业主直接建立劳动关系并签订劳动合同，但酒管公司将根据酒店管理合同的约定，代表业主管理酒店所有员工，通常来说，在委托管理模式下，业主不应再直接介入和管理酒店劳动人事事务，而是将这些工作交给酒管公司完成。虽然根据合同，业主享有酒店经营的知情权，但如果没有"自己人"在酒店里，每天参与酒店日常工作，了解酒店的实际经营状况，业主通常都不会很放心，因此很多业主方有意愿在酒店派驻一些高管任职。

对于业主派遣高管的数量和岗位，不同业主可能会有不同的理解，比如一些业主可能希望尽量在更多的岗位派员，以便对酒店经营的掌控力更强。但这种想法会遇到一个问题，本来业主聘请酒管公司的一个主要原因就是业主本身缺乏管理酒店的经验及团队，如果再派驻更多员工担任高管，业主很可能无法找到充分有经验的人员任职，并且如果业主派员太多，很可能最终又成了业主自己"管理"酒店，与聘请专业酒管公司代表业主管理酒店的初衷背道而驰。因此，建议业主可以考虑在酒店的一些关键性高管岗位（而非各个岗位）上争取派遣员工的机会。

针对这一事项，酒管公司通常最为关注两个问题：首先，业主是否会借此机会插手酒店管理。其次，业主派遣的人员是否具备酒店管理的专业能力和经验。举个很简单的例子，目前酒店中基本都使用专业的电脑酒店管理系统，部分管理系统使用英文界面，如果任职员工无法使用英文界面的管理系统，则将严重影响其履责，影响酒店整体的运转。这两个事项都会成为双方在业主委派高管的谈判中需要解决的现实问题。

每个酒店情况不同，业主的考虑也有所区别，因此业主希望派驻的高管职位不尽相同，常见的业主委派酒店高管的职位包括副总经理、财务副总监等。副总经理和财务副总监的职位承载了不同的业务内容。

在国际品牌酒店中，酒店的总经理之下通常是酒店经理（Hotel Manager）、驻店经理（Residence Manager）及行政助理经理（Executive Assistant Manager，EAM），并没有副总经理的职位设置，从某种程度上讲，副总经理可以说是根据我国国情而为酒店创设的职位。因此在不同的酒店中，副总经理的职责范围可能不同，通常业主和酒管公司会基于酒店实际经营需要及拟任副总经理人选的职业背景来为该副总经理量身定做岗位职责。

财务副总监有时候也作为酒店的总会计师，需要具备酒店的工作背景，并熟练掌握统一会计制度及我国的企业会计准则。财务副总监将在酒店财务管理条线上发挥重要作用，因此在我了解的很多酒店中，实际上业主仅委派一位财务副总监人选，即可以对酒店整体运行特别是财务方面获得必要的知情权。同时，财务副总监需要具备酒店财务专业背景才能胜任，因此其所需具备的任职条件可能比副总经理更高。

当然，也有一些业主关心其他职位的推荐权利，比如如果业主更关注酒店销售工作的开展，则可能会关心销售总监／副总监的任命；如果业主更关注酒店机电设备维护，则可能会关心工程总监／副总监的任命。这将在具体谈判中经过双方充分探讨后得以解决。

同时，在有的三、四线城市的酒店项目中，由于酒店的总经营收入及经营利润的拓展空间有限，因此一些酒管公司对于业主委派高管可能会提出一种新的要求，即虽然同意业主委派酒店高管，但是只同意将这些高管的一部分薪资成本计入酒店经营成本。举例来说，酒管公司可能同意业主同时委派副总经理及财务副总监两个岗位，但只同意将财务副总监的薪资成本计入酒店经营成本。我认为，酒店缩减不必要的经营成本将有利于酒店获利，最终有利于业主利益，因此委派过多不必要的高管造成的"冗员"并不符合业主的利益，因此业主可以考虑在此问题上有所取舍，以能够在酒店中实现业主知情权为根本前提，对于酒店监管权，则更多地赋予业主代表这一岗位来实现。

3. 业主代表

业主代表是指在酒店管理合同项下，代表业主方与酒管公司沟通酒店运营情况、听取酒管公司汇报的人士。因此应该将业主代表理解为业主公司高管，作为酒店团队的上级领导，有权代表业主根据酒店管理合同的约定行使监管权力。

很多朋友会问到，业主派遣的酒店高管，比如酒店副总经理，是不是就是业主代表了？这种情况固然在行业中存在，但这种安排将可能降低酒店管理运营的效率。原因在于，在酒店内，总经理是首要经营负责人，负责酒店内外的一切事务，酒店包括副总经理在内的全体员工都应直接或间接向总经理汇报工作并听从总经理的领导。总经理需要具备全面的管理能力，职责很重，因此对于总经理所应具备的能力要求高，总经理人才相对稀缺，其薪资待遇也相对比较高，而副总经理往往不像总经理一样具备全面的酒店经营管理能力和业务经验，其薪资水平往往也与总经理相差很多。如果酒店副总经理被同时赋予了业主代表的角色，也即副总经理可以代表业主公司听取总经理的工作汇报，这就产生了工作汇报条线的冲突：酒店里究竟该听谁的？如果副总经理就是业主代表，则总经理又要向副总经理汇报工作，全体酒店员工最终势必要听从副总经理的领导，酒店的"隐形皇帝"最终将成为副总经理。使业主花大价钱请来的总经理无法充分发挥管理能力，这一定是业主不希望看到的结果。

业主代表的职能和定位与业主委派的酒店高管是有所不同的。整体上说，业主代表的职责更多的是根据酒店管理合同的约定，监管酒管公司对酒店的管理，体现出的是业主的监管权。而业主委派的酒店高管应主要配合酒店总经理的工作，管理好酒店，他们的主要作用是帮助业主更顺畅地实现知情权。同时，业主代表由于属于业主员工，因此其薪资成本通常是不能计入酒店经营成本的，但业主委派酒店的高管通常由于属于酒店员工，其薪资成本（或其中一部分）一般可以计入酒店经营成本，成为计算奖励费的依据即酒店经营利润的扣除项之一。

因此我建议，业主代表应该是业主公司的高管，根据酒店管理合同的约定，通过酒店总经理来对酒店进行间接管理，尽量避免在酒店中直接任职、下场管理。业主委派的酒店高管则不应发挥业主代表的职责，而是充分融入酒店管理团队，在酒店总经理领导下工作，业主委派高管的最主要目的就是方便业主直接了解酒店的经营状况，确保业主对酒店经营的知情权，业主不应通过委派酒店的高管行使本应由业主代表行使的对酒管公司的监管权。建议业主和酒管公司有必要理清业主代表、总经理及业主委派酒店高管之间的工作定位和分工，避免在具体工作中在其间产生内耗，影响酒店管理团队战斗力，相信智慧的业主和酒管公司有能力、有办法将这些高管的工作拧成一股绳，同心协力促进酒店业绩的提升。

4. 员工管理

总的来说，较之金融、咨询、法律等行业而言，酒店行业是偏重于劳动密集型的服务产业，从业人员多，管理相对复杂，管好酒店全体员工，也是酒管公司在酒店管理合同项下的主要职责。通常来说，业主除对于上述提及的个别高管拥有一定的任免／委派权利，对于酒店的其他员工都不再进行直接的管理，而是将这类管理权责委托给酒管公司执行。

对于业主而言，最需要关注的就是酒店运营期间每年的经营预算中对于人力成本的规定。酒店经营预算，是业主最主要的把控酒管公司对酒店人力资源运营情况的管理工具。在审核每年的经营预算时，业主应格外注意经营预算中各个条项的准确性和合理性，预算中通常会将各个部门的员工数量、职级及对应的薪资范围予以规定，建议业主方在审核预算时，对本地酒店员工薪资水平也进行必要的调研，既要避免薪资水平过高而挤压酒店经营利润，更要避免薪资水平过低，导致无法吸引到优秀人才加盟，影响酒店竞争力。有一种观点认为，业主通常希望压缩酒店人力成本以获得更高经营利润，而酒管公司可能希望确保酒店员工的薪资待遇水平，因此希望保持酒店人力成本达到一定水平。但根据我的实务经验，这种刻板观念并不准确，仍需要因具体项目而异，我曾经接触过的很多酒店项目中，业主方为了挽留酒店人才，往往希望给酒店员工提供更有诱惑力的薪酬待遇水平，反倒是酒管公司为了实现目标经营利润而更希望控制酒店人力成本水平。因此酒店人力成本高与低也是业主与酒管公司在酒店运营过程中一个很重要的博弈点。

提醒业主注意，在谈判酒店管理合同时，如果业主争取到对预算的审批权，则建议再进一步细化了解，根据合同约定，业主对预算的审批权是否有个别"除外项"？特别是由于酒店员工薪资水平直接影响酒店运营质量和员工忠诚度，因此即便同意业主审批经营预算，一些酒管公司可能还是会弱化业主审批经营预算中人力成本项目的权利，业主应予以必要注意。

在酒店经营预算确定后，酒管公司将按照预算的相关规定对酒店人力资源事项进行管理，包括招聘员工、培训、调岗、考核、日常管理及在必要时解除个别员工的劳动关系。对于解除劳动关系问题，由于可能涉及员工的投诉、劳动主管机关维权甚至劳动仲裁/诉讼，一些酒管公司的合同中也会有专门提及。整体来说，针对这一问题，我更倾向于由酒管公司代表业主进行合理的处理，尽量妥善解决劳动争议，同时对于个别重大劳动争议，业主可考虑参与并与酒管公司一起解决该劳动争议事项的必要性。

酒店有时会遇到需要向该酒管公司所管理的其他酒店派遣临时支援员工（Task Force）以支持其他酒店经营的情况。针对这一问题，我认为只要在符合酒店经营预算并且不过度影响本酒店运营的情况下，这一制度具备合理性，实际上临时支援员工制度是一项"我为人人，人人为我"的互益性制度设置。例如，在酒店筹备开业阶段，酒管公司为了让本酒店新招募员工尽快了解品牌文化、掌握职业技能、加速筹开培训进度，有时候会从同品牌其他酒店抽调个别员工来到本酒店，帮助本酒店开展开业筹备工作，这一制度也体现了酒管公司人力资源储备优势对于本酒店经营的支持作用。

由于酒店行业人才流动较大，酒店高管价值高、具有稀缺性，因此在酒店运营中经常会出现一种情况，即酒店员工（高管）在本酒店工作一段时间后，跳槽到该酒管公司管理的其他酒店任职。

从业主视角来看，如果离职员工恰巧是业主比较欣赏的员工，则业主方可能会对此情况有所不满，认为是酒管公司为了其他酒店而"挖角"本酒店。但从合同机制上可能业主方也难以对此进行控制，按照我处理类似争议的情况来看，酒店员工跳槽其他岗位，基本都是由员工自己向酒店提出离职申请，很难从法律上将员工离职与酒管公司的行为形成因果关系链条。实际上，按照我国的《劳动合同法》，员工离职是其法定权利，很难通过酒店管理合同的约定对员工进行约束。虽然员工离职后是加盟酒管公司集团内部的其他酒店，还是加盟其他酒管公司酒店，对于业主而言的结果是一样的，但对酒管公司而言却有所不同，人才在酒管公司集团内部流动，实际上并未削弱酒管公司的整体人才储备，从某种程度上讲，员工加盟新酒店项目将帮助新项目经营状况尽快走上正轨，因此酒店员工这种内部流动虽然对业主而言是不利的，但并不一定绝对不利于酒管公司。因此我建议，在行业中应探讨一种机制，从对业主公平的角度而言，讨论在酒店员工离职并加盟酒管公司所管理的其他酒店时，对业主利益考虑做出某种平衡。

　　酒店员工住宿问题怎么解决，也是需要业主与酒管公司考虑的问题。由于酒店一般都会使用一定比例的非本地员工，且由于酒店 24 小时运营，需要为员工准备倒班宿舍。如果酒店位于度假景区或城市新区，很可能大多数员工需要解决住宿问题。解决员工住宿一般有两种方式，一种是由业主或酒店统一安排，比如为酒店配建一栋宿舍楼，或整租一个宿舍楼。另一种方式是业主不做统一安排，而由酒店为每名员工发放租房津贴，员工自行解决住宿问题。两种安排的重要区别是，安排员工住宿的费用是否能够计为酒店经营成本。一般来说，如果酒店直接给员工发放住宿津贴，相关开支将被视为人力成本而计入经营成本。但如果由业主或酒店统一安排，则建设或租赁宿舍的成本如何定性，需要业主与酒管公司在谈判时进行商讨。

（三）第二面：财务

针对酒店的财务管理事项，我经常形象地将之比喻为两条线：一条宏观线、一条微观线，两条线构成了酒店财务管理的整体。

所谓宏观条线，是指预算，预算是酒管公司在经营酒店过程中的根本经营准绳，酒店的所有经营活动都围绕着如何实现预算目标而产生，经营预算也是酒管公司酒店经营成绩是否达标的最主要考核指标，是永远悬在酒管公司背后的那根"小皮鞭"。针对预算，业主应首先关注的是参与预算的编制以及批准预算的权利。在业主和酒管公司双方确定预算后，需要为预算增加一定的刚性即对酒管公司的约束效力，否则预算就成了"橡皮图章"。因此针对预算而言，业主应关注在预算的制定阶段和预算的执行阶段能够获得何种监控权利。

而微观条线是指针对每一笔酒店所涉及开支所需经过的三步重要程序，即任何一笔开支都始于签订合同，终于对外支付，而其中一个关键环节是加盖酒店的印章。虽然业主可能并不能在很多项目中的三个环节都争取到权利，但业主仍应考虑争取在这些环节中的一处或多处设法获得一定监控权利，以实现业主对于酒店微观财务开支层面的监控权。当然，酒管公司对于此点也是最为谨慎的，因为酒管公司对于酒店财务管控中的微观权利极其看重，非常担心一旦被无端剥夺财务权利，会严重影响酒店的正常运营。

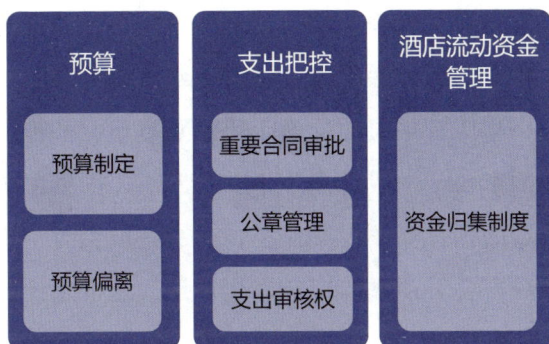

酒店财务管理内容

1. 预算

（1）预算制定。

酒店经营过程中，通常会涉及三本酒店预算：酒店经营预算、家具装置设备（FFE）预算及业主资本开支预算。酒店经营预算是指酒店日常运营收入及开支的预算；FFE 预算则是酒管公司为酒店拟定的更换酒店 FFE 而制定的预算，这两份预算与酒店日常运营及酒店硬件质量维护最为紧密，因此都由酒管公司来拟定。业主资本开支预算主要涉及酒店的翻新和大修，包括更换重要设施设备，发生的频率较低，一般在需要发生业主资本开支时，由业主方来主导相关工作，酒管公司可能会提供协助。

酒店经营中的三本预算

酒店预算的制定流程通常是，从下半年七八月开始，酒店财务部门会同各个部门着手拟定下一财务年度的预算，一般到当年九月前后会在酒店管理层的层面定稿预算草案，并提交酒管公司集团财务部门审核。一般在当年十一月左右，酒管公司会将其经过内部确认后的预算草案提交业主，业主一般会有一段时间的审议评阅期，双方会对预算的拟定进行讨论，通常来说应于次年一月前最终定稿正式预算。

从酒店管理合同层面讲，业主对酒管公司拟定和提交的预算草案有哪些审定权利十分重要。如上所述，酒店预算是业主把控酒店经营的最主要抓手，酒管公司十分在意酒店预算是否使其保有充分的酒店经营自主权，因此关于是否同意业主有权批准预算，以及是否同意业主享有完整的预算批准权等，都是谈判的重点。特别是有一些酒管公司即便同意业主享有对预算的批准权，也会对之进行限制，比如业主是否对于一些条项无权审批？在上文中我曾特别提示注意对于人力资源成本的业主审批权限，由于人力资源成本往往在酒店运营成本中占据重要比例，且人力资源开支将直接影响酒店的运营，因此这一问题很可能会成为双方谈判拉锯的事项。此外，还有一些酒管公司对于FFE预算十分关注，原因在于FFE预算关系到酒店硬件、装修等的维护，影响到酒店硬件品质及设备寿命周期等，因此受到部分酒管公司的格外重视。

如果酒店管理合同中对于业主审批酒店预算的权利有除外性约定，那么这种"除外"性应如何理解？是否仅仅不能审批财务项目，或者不能审批项目的金额，还是财务项目和金额均不能审批？这些约定细节都将直接影响业主审批预算权力的大小。

提示读者在谈判酒店管理合同时务必注意"批准"和"评阅"两个措辞的差异。评阅权与批准权有所不同，对于业主而言，对酒店预算的批准权的监控力度将大于评阅权的力度。

通常来说，根据酒店管理合同对于酒店预算的审批机制，如果业主对于酒管公司拟定的预算内容有异议，双方应进行协商，如不能达成一致则通常会约定一种异议解决方式予以处理，常见的做法包括对于双方无异议的预算部分正常执行，对于双方有异议的预算部分则沿用前一年的金额（并附加价格指数调整），对于前一年没有预算数字的部分则比较麻烦，可能会暂时按酒管公司提供的预算数字或其他合理数字先行使用。对于解决预算分歧方式的安排的目的是实现业主与酒管公司双方共同确认一版酒店预算，以确保酒店的正常运营。

但在实践中，经常遇到的情况是业主与酒管公司对酒店预算无法达成一致，而异议解决方式所规定的程序又比较复杂冗长，无法满足双方尽快定稿新一年酒店预算的诉求，因此就会出现两套酒店预算的情况，即业主持有一版其认可的酒店预算，酒管公司持有另一版酒店预算。客观地说，两套预算对于酒店经营会有一定影响，如果在履行预算时产生分歧，双方很难证明究竟应以哪一方所持预算为准，这就为预算总经营收入和经营利润目标的实现、财务项目的监管以及各个 KPI 考核项的确定等造成了困难。特别是在酒店业绩不佳而出现可能触发业绩考核机制的情况下，以业主版预算还是以酒管公司版预算为准，将使双方对于业绩考核机制是否启动产生分歧。

我特别建议，业主应对首年度酒店预算的拟定给予高度关注。正如上文所述，根据预算分歧解决机制，如果双方对于预算有无法达成的项目，则在双方达成一致前，将适用该项目前一年的预算金额。我曾处理过一个案例，从酒店开业第二年起双方就无法对酒店预算达成一致，因此此后一直沿用了首年度预算金额作为当年预算制定的计算基础。因此制定科学合理的首年度酒店预算对于酒店未来经营有非常重要的基础性意义，业主务必予以关注，有必要时可以聘请第三方商业顾问参谋意见。

如果业主在酒店管理合同中获得了审批酒店预算的权利，部分酒管公司为了防止业主怠于行使预算审批权从而影响酒店预算的最终定稿和达成，有可能会增加业主默认条款，即在约定期限内，如果业主未对酒管公司提交的预算草案做出书面答复，则视为业主批准了预算草案。在此应注意"书面"答复这一形式要求，我们更常见的是业主代表在收到酒管公司的酒店预算草案后，通过电话或当面讨论的方式对预算草案提出意见，这种交流方式固然便捷，但并不符合上述约定方式即"书面答复"，严格按照法律理解，将有可能视为业主并未在约定期限内反馈书面意见，导致形成业主以默示认可的方式批准了酒管公司提交的酒店预算草案的事实。业主务必严格遵从合同约定，避免这种不必要的默认发生，从而影响业主行使权利。

（2）预算偏离。

酒店预算是酒店经营的最高指针，从酒管公司角度出发，其最担心的就是酒店预算被业主视为酒管公司对酒店经营业绩的某种担保或承诺。因此在一些酒店管理合同中，酒管公司会明确提出，酒店预算仅为估算，并不具有法律约束力，酒管公司并无任何义务保证预算中规定的财务数据得以实现，简言之，酒管公司对预算经营利润并不担保。预算是对经营的预测，实际情况可能与预算不同，这完全能让人理解，但如果酒店管理合同中有上述文字，我在谈判中经常会反问酒管公司，如此约定，酒店预算岂不成了"橡皮图章"？摆设在那里没有任何效用。这种方式可能会影响以预算经营利润完成度为考核标准的业绩考核机制的实现，也可能会影响以预算约束酒店经营行为的目的的实现。

因此，业主应考虑要求酒管公司经营出现预算偏离情况下的监控权利，这一权利将使业主有更实质性的通过酒店预算执行情况在宏观层面把控酒管公司经营酒店的权利。如果能获得该项权利，双方通常并非是超出预算的每一分钱都需业主审批，更常见的是赋予酒管公司一定的合理偏离幅度，或者对于某一个预算项目，在总额不变的情况下进行内部调整，在超出前述幅度或项目时需要业主的批准。

对于预算偏离条款，如果酒管公司同意受其约束，部分酒管公司会进一步提出对业主预算偏离权行使的限制，如水电热气网等公用事业费用的上涨不受偏离的限制，政府规费的上涨同样不受此限。业主应注意两种特殊情况：一种是在酒店收入上涨时，酒店经营成本增长超出预算的情况，此时酒管公司往往要求经营成本的增长不受限，我认为这种要求缺乏合理性，假设收入仅增长 1 元而成本却增长 100 元，这种情况显然不能让人接受。因此即便在酒店收入因上涨而超出预算时，经营成本的增长也应该被限制在一定幅度内或相应比例内，而不应完全不受限制。并且根据我的经验，如果酒店经营出色使实际收入超出预算收入，则超出幅度越大，酒店的经营成本率应该越低，这是由于规模效益所带来的利润红利。另一种是酒管公司会要求将一个条项的经营成本节省后挪到另一条项进行支出，此时无须业主批准。这种情况下，固然酒店的总经营成本并未发生变化，但单条项的经营成本总额很可能会超支，而这种超支又是以牺牲另一条项的支出为代价的，这将影响其他部门的开支，进而可能影响该开支被降低部门的运营，因此也应受到关注。

总之，酒店预算对于业主意义重大，不能不具约束力，但酒店预算偏离审批权对酒管公司而言同样也是实质性约束机制，因此如何协商酒店预算偏离的把控机制，需要业主与酒管公司花费时间进行讨论，找出一条双方都能接受，有利于酒店运营且切实可操作的方案。

2. 支出把控

如果将酒店支出程序视为一条线，则这条线起始于合同签订，经过盖章流程后，最终实现对外付款。比起预算层面的宏观及较为虚化的财务把控来说，酒店的每一笔支出都是能够实实在在触碰得到的，相比预算把控而言更为直观。

（1）重要合同审批权。

酒店运营中将采购各类商品和服务，相应的将签订大量的各类合同。合同的形式多种多样，有的使用酒店提供的合同范本，有的则使用合作方提供的合同范本。相较而言，由于酒管公司更熟悉酒店范本，因此应对适用合作方（即对方）提供合同范本的合同更为关注。同时对于一些金额不大的合同，或者对于一些系列性合同（如食材采购等），有可能在一个框架合同下由不同批次货物的采购单来共同组成一整套采购合同。

由于酒店合同的数量很大，如果业主逐个合同进行审批，一方面将给业主方审批人员增加很大工作量，而更为关键的是，由于酒店采购具有专业性，比如对生鲜食材的采购，在价格、质量、采购条件等各个采购维度难以统一衡量时，非专业人士很难对采购进行有效的监管和审批。这种情况下要求业主代表硬着头皮上，反而可能使采购合同审批流于形式，并且如果一旦出现问题，业主方反而可能成为"背锅"方。

考虑到上述情况，从务实角度出发，建议业主对于酒店合同的审批权应更为聚焦，将审批的精力放在一些主要/重要合同上，使业主代表有充分的时间和精力来做对比和审查的工作，而把其他非重要合同的权利下放给酒管公司，并通过酒店预算及酒管公司遵照酒店采购规定操作的合规性检查等来对酒管公司的支出行为做整体性监管。

对于在酒店经营中如何科学界定重要合同，我通常建议业主关注的维度包括合同总金额、合同的期限、所采购商品的性质（比如涉及家具装置设备等资本性的开支）等。

审批权力人除了由业主代表来负责，如果业主代表身兼多职，也可以考虑将该权力下放给业主委派的酒店高管。这些人员将在酒店常驻工作，通常不会出现酒店业务需要审批而找不到人，从而影响审批流程的情况。

我上述对于业主重要合同审批权的意见，主要聚焦于酒店对外支付款项的采购合同。而对于酒店赚取收入的收益合同业主是否还需参与批准，可以做进一步探讨。

（2）公章管理。

这里提到的公章是指酒店分公司的公章，下节我还会专文讨论酒店分公司事项。在我国法律项下，公章代表了公司行为，因此公章具有极其重要的法律意义。而在西方很多国家中，并未对公章赋予很高的法律效力，而是更注重权利人的签字，但随着国际品牌酒管公司深度融入我国市场，我国酒管公司对于公章重要性的认识也越来越强。因此在协助业主谈判酒管合同的很多实践中，我注意到有一些酒管公司会十分坚持在酒店管理过程中，业主必须把酒店分公司的公章交给酒管公司保管，具体工作形式可能是由酒管公司交给酒店总经理或财务总监（或其指派的助理）并由其负责酒店日常盖章工作。并且，掌管酒店分公司公章成为这些酒管公司的合作底线，如果在酒店管理合同谈判阶段业主坚持不同意将公章交给酒管公司保管，则该酒管公司将拒绝签订酒店管理合同。同时对于这类酒管公司，我曾经代表业主处理过的酒店争议案件中，业主在酒店开业后将公章"取回"保管，酒管公司经过几轮各种方式的讨要后，旋即向业主发出了解约通知，理由就是业主"取回"公章的行为严重违反了酒店管理合同的约定，因此酒管公司要求解除合同并要求业主承担违约责任。由于酒管公司极为坚持这一条款，我介入案件后，也是费了九牛二虎之力才最终帮业主解决了这一棘手事项。

因此在谈判公章条款中，建议业主应尽早与酒管公司进行沟通，明确探知酒管公司针对这一问题的底线。如果业主和酒管公司都对保管公章有所要求，则应提前对谈判可能遇到的困难及在即便酒店管理合同签订情况下双方未来合作可能出现的摩擦进行提早准备。

如果由于公章保管条款造成双方谈判的僵局，有经验的业主应考虑将公章根据其不同使用性质而做进一步分类细化探讨，或者对公章使用流程做进一步规范，从而找到双方都能接受的合作方案。

（3）支出审核权。

业主的支出审核权在业内被通俗地称为"双签权"。一些酒管公司会将支出审核权进一步划分成业主对支出的批准权及酒店财务双签权两类。前者一般是指由业主代表（指不在酒店任职的业主方高管，通常是代表业主公司接受酒店总经理汇报工作的那个人）执行的支出审核权，而后者一般是指由业主委派酒店高管（如副总经理或财务副总监）执行的支出审核权。两类机制都能体现出业主对于酒店支出进行审核把控的权利。

酒店日常经营活动中对外支付款项的频次很高，因此建议业主应将注意力聚焦于大额支出，从而实现更为有效的审核。在进行酒店管理合同谈判时，建议业主还应关注如何定义大额支出，特别是要避免出现支出被刻意拆分的情况。

一些较为强势的酒管公司对业主支出审核权比较敏感，担心酒店支出环节会遭到业主的不当干预从而引发酒店不必要的经营困难，因此可能不同意业主对支出的审核权，并且将之作为谈判底线。在此情况下，有经验的业主会从财务实操角度出发，用反推的视角来考虑该问题，一方面评估业主未获得该项监管权时可能面临的风险，另一方面则从财务支出的具体程序角度考虑是否能在日后运营中对关键节点有所掌握。

总的来说，酒管公司对于业主要求支出审核权可能会有所顾虑，如果该条款是酒管公司的底线，我倒并不建议因为这条约定造成双方分道扬镳。即便业主最终无法在酒店管理合同中谈判获取支出审核权条款，通常在日后的经营过程中有经验的业主依然能够通过多元化方式对之进行一定的监督。

3. 酒店流动资金管理

酒店与传统住宅房地产开发项目有一个很大差别，住宅房地产项目的现金流入情况往往是断续的，视房屋销售情况而变；而酒店则每天营业，宾客当日结账，是现金流非常好的业态。因此对于很多业主而言，都希望能从酒店抽调资金以弥补业主自身现金流需求。此外，一些大型地产集团及国有企业，可能在集团层面还有资金归集的需求，即要求酒店定期（比如每天）将银行账户余额转至集团指定账户。在上述情况下，都会存在业主调用酒店现金流的问题。

而从酒管公司视角出发，其最担心的便是业主将酒店资金调走后不能及时归还，导致酒店自身经营受到影响的情况。因此在酒店管理合同中，可能会有对于业主调用酒店现金流的约束条款，其大意通常是要求业主在留足酒店资金及未来预期费用的前提下，才能将酒店资金调走，且可能会对业主调拨酒店资金的频率有所限制。

对于没有集团资金归集要求的业主而言，谈判重点主要是如何厘定酒店未来预期费用，将之尽量降低到酒店经营必需的范畴。而对于有集团资金归集要求的业主，谈判这一条款可能会面临更大的难度。

（四）第三面：物管

在房产物业管理层面，我将主要讨论业主对房产物业符合品牌标准的责任，以及在物业管理中具体工作责任在业主与酒管公司之间划分的问题。

1. 业主遵从品牌标准的责任

如前文所述，酒店经营的主要目标之一是使酒店符合酒店所使用的品牌标准，通俗地说就是"把这家品牌酒店管得像这家品牌的酒店"。对于使酒店符合品牌标准的责任，在酒店管理合同中基本都会涉及。从目前国内的市场情况来看，业主与酒管公司的职责划分的原则是：业主负责酒店物业"硬件"符合品牌标准，酒管公司负责酒店管理服务"软件"符合品牌标准。当然在不同的具体个案中，双方职责的分配会进一步细化。随着我国国内酒店行业日趋成熟，一些酒管公司后来者已经开始以对酒店物业进行部分投资的方式介入酒店管理，以分担业主投资酒店经济压力的方式获取一些经营优先权，随着这一势头不断发展，相信上述对于业主与酒管公司分配符合品牌标准责任的原则也会有所改变，酒管公司有可能会承担更多的使酒店硬件达标的责任。

在目前我国市场的环境下，业主的主要职责是确保酒店硬件符合品牌标准，这一责任从酒店建设期到酒店运营期都将予以体现。在酒店建设期间，业主通过与酒管公司签订技术协助合同的方式，聘请酒管公司提供技术协助服务，其目的是使业主（业主聘请的建筑设计公司）对于酒店的设计建设符合酒店品牌标准，使酒店建成为一个"像这个品牌一样的""好用"的酒店。而在酒店开业后，虽然酒管公司担负起了酒店运营的管理角色，但业主持续确保酒店硬件达标的责任并未因此降低。

品牌标准是酒管公司根据对酒店运营的经验及对行业的理解，为该酒店品牌应该具备的各项经营管理要求及特点而制定的标准，品牌标准也包括对酒店硬件要求的标准。随着酒店市场的不断发展，酒管公司会不断更新升级品牌标准的内容，随着品牌标准的变化，业主及酒店的管理团队都需要适应和符合新品牌标准的要求，如果酒管公司对于酒店硬件标准提升提出了新的品牌标准，业主通常就有责任负责投资和执行。举例来说，为适应新的无线互联网标准，一些国际酒管集团会要求业主更新 Wi-Fi 设备，从而使酒店得到包括在电梯中的无死角、无断线的无线互联网全覆盖。再比如在新冠疫情后，为了防止病毒通过酒店中央空调系统传播，一些酒管公司对于酒店通风系统提出了新的改造要求。

执行新的酒店硬件品牌标准意味着业主需要对酒店进行更多投资，并且需要改造时间，这可能会一定程度影响酒店正常经营。而如果酒店硬件品牌标准的变更在酒店中客观上是无法实现的，是否会直接导致业主违反酒店管理合同呢？举例来说，北京的建国饭店、长城饭店，上海的华亭宾馆都是国内第一批高档涉外酒店。但按照当时的建设标准，酒店的客房面积都不大，标准客房面积通常不会超过 30 平方米。而现今的五星级酒店面积通常都在 30 平方米以上，超过 50 平方米面积客房的酒店屡见不鲜。老酒店除了客房面积问题，层高通常也会比新酒店更低。即便酒管公司更新后的品牌标准对硬件标准有所要求，但面对这些很难改变甚至无法改变的硬件条件，业主通常是无能为力的，除非酒店全面停业并用一两年时间进行翻新，否则根本不可能实现。

针对上述问题，我认为酒管公司升级品牌标准是没有问题的，酒管公司有责任不断更新品牌标准以使其管理服务符合市场需求。但品牌标准中涉及本酒店硬件更新部分的，应具体分析适用。建议业主在谈判时关注，比如当酒管公司升级品牌标准后，如果涉及酒店硬件升级问题，则应考虑给予业主充分的硬件升级时间周期，而对于一些从工程技术上或其他方面考虑难以实现的硬件改造要求，业主应考虑争取保留权利，避免因酒店品牌标准提升而导致业主方被动违约的情况发生。

2. 小修——日常维护

在物业管理层面，我将主要介绍酒管公司对于酒店设施设备的维修维护。为了更容易理解酒店维修维护的不同情况，我将酒店的维修维护分为三种情况，即小修、中修及大修。

所谓小修，是指酒店在经营管理中对酒店设施设备的日常维护，如更换灯泡、维修设备、更换个别受损的墙砖地板等。酒店每年的小修成本通常是可以根据酒店设施设备规模及运营年限而大体做出计算的，一般都应列入酒店预算中，酒管公司根据酒店预算的相关规定执行。小修的成本计入酒店的经营成本。

3. 中修及 FFE 基金

所谓中修，即指对于酒店家具装置设备（FFE）的翻修及更换，并且通常指可资本化的批量 FFE 更换。FFE 的维护保养程度，如酒店地毯、地板、地砖、家具、窗帘等的维护状况，通常是酒店宾客感受酒店品质的第一印象，因此 FFE 的维护保养，对于维护酒店品质至关重要。

酒管公司在拟定酒店预算时，除了拟定经营预算，通常都会同时拟定 FFE 预算。FFE 的维护和更换成本通常不计入酒店经营成本，而被视为业主成本。由于该项成本不计入酒店经营成本，通常而言，业主对于 FFE 预算享有批准权，但有一些酒管公司对于 FFE 维护水平要求比较高，有可能会要求对该预算的主导权。与酒店大修事项完全由业主决定及执行不同，酒管公司会参与较多酒店中修事项，因此建议业主应该关注对于 FFE 采购和更新的把控权利。FFE 支出通常被视为业主成本，不计入酒店的经营成本中。

FFE 储备基金是酒店运营中一项有特色的制度。酒店业主通常是房地产开发商，相较开发商其他业务而言，酒店业务是现金流非常健康的业态，每天都会有现金收入。业主经常会将酒店的盈余现金流调配他用，而业主将酒店现金流调走后有可能难以再调回酒店。为防止酒店的家具装置设备老化从而影响酒店品质又无充足资金进行更换，酒管公司通常会要求在酒店每年的总收入中提取一定比例作为 FFE 储备基金，这个比例通常是酒店每年总收入的 1%~5%，视酒店具体情况及经营年限而定。海边及度假酒店等维护难度更高的酒店，储备金比例可能更高。FFE 储备基金有其现实价值，对维护酒店品质具备正向作用，但通常而言酒店在开业后前几年中用到该储备基金的情况相对较少，因此可能存在储备基金闲置的情况。而业主开发商属于资金密集型行业，资金成本是业主需要考量的重要因素，资金闲置本身就为业主增加了不必要的财务成本。因此在谈判酒店管理合同时，建议业主与酒管公司进行协商，对于 FFE 储备基金存在闲置时业主有效运用该基金中余额的权利，以提升业主的资金使用效率。

4. 大修

所谓大修，是指对于酒店设施设备的重大更换。如对于供暖通风系统、电梯等的更换，对于酒店管道的更新更换，对于酒店的内外部翻新装修等。通常而言，酒店大修都由业主来主导，部分强调酒店物业品质的酒管公司可能会在酒店管理合同中对业主大修有所要求，甚至包括酒管公司可能会提出参与酒店大修的一定权利，但总体而言，仍应由业主来决定及负责。相应的成本一般不计入酒店经营成本，而应视为业主成本，也即大修成本不影响酒管公司计收奖励费的基数。

北京市在2008年奥运会前开业了一大批国际品牌五星级酒店，但随着时间的推移，这些酒店都进入了大修翻新期，据我观察，酒店大修过程也体现出了业主与酒管公司的博弈，从业主角度而言，如何平衡酒店物业品质保持、维护酒店业绩与对大修的投入，是业主在酒店大修时必须面临的问题，因为酒店大修费用（假设在足额计算的情况下）可能远高于酒店当年的经营利润。

此外，一些酒管公司的酒店管理合同的合同期限定为10~15年，其部分用意也是考虑了酒店大修周期问题，对于酒管公司而言，业主在酒店大修阶段是否依然能进行充分投入，将在很大程度上影响该酒店的品质保持及品牌标准的实现，因此一些酒管公司会用酒店管理合同到期后是否续约作为要求业主对酒店进行妥善大修的谈判筹码。

三、业绩考核

业绩考核机制在酒店管理合同中具有重要的法律意义，简单地说，业绩考核条款指酒店进入成熟经营期后，酒管公司对于酒店经营业绩持续不理想时，业主有权解除酒店管理合同且无须承担违约责任的条款。

正如前文所述，酒店管理合同赋予了酒管公司对酒店的管理权，业主对酒店的直接管控权很少，同时在酒店管理合同项下，酒管公司通常也很难与业主达成在约定情况下业主有权解除合同的条款。因此业绩考核条款对业主而言就显得十分必要了，这一约定几乎成为在合同约定中业主可以无责终止酒店管理合同的唯一出口。

当然，虽然业绩考核条款对于业主来说十分重要，但从另一方面来讲，即便业绩考核条款被触发，业主在不需承担赔偿责任的情况下解除了酒店管理合同，但业主还需为更换新酒管公司做进一步投入，酒店换牌期间必然影响酒店业绩，最终受损失的还是业主自身。因此我在与很多有经验的业主交流中注意到，有经验的业主更希望将业绩考核条款作为对于酒管公司的一种威慑条款，以促进酒管公司更加努力地经营酒店，但双方均应避免业绩考核条款被实际触发的情况出现。

（一）业绩考核条款三要素

业绩考核条款三要素包括考核开始年份、考核区间跨度及考核指标。

1. 考核开始年份

针对考核开始年份，由于任何经营业态都有创始期及爬坡期，业绩考核机制通常会从酒店经过成长期后的成熟经营期开始计算。为了方便起算，考核年份都会以完整的财务年度起算（即1月1日—12月31日的一个完整自然年）。业主和酒管公司将根据酒店所处位置、市场等情况，商定业绩考核起算年。这里提示业主注意，考核起算年份的常见约定方式是："从第【　】个完整的满12个月的财务年度后开始起算。"假设双方约定的年份为第三个财务年度后，且酒店于7月1日开业，则业绩考核起算期应从酒店开业后次年的1月1日起算第一个完整财务年度，并且至第三个完整的财务年度完成后的那个财务年度开始，才进入首个业绩考核期。采用财务年度取整的起算方式将在客观上使业绩考核起始期长于文字表面约定的年份时长，这在酒店于上半年开业的情况下表现得更为明显。

2. 考核区间跨度

业绩考核通常是以某项财务指标在整个财务年度的最终表现作为单一考核单元。考核区间跨度是指在该期间段内如果酒管公司管理的酒店在每个考核单元的业绩均未能达到约定标准，则视为酒管公司考核失败。由于该条款对酒管公司非常重要，为了确保为其酒店业绩波动留出空间，因此考核持续期间通常至少为2~3个财务年度，即酒店连续2~3个财务年度经营业绩均不达标时方视为业绩考核失败。以单独一个财务年度作为考核期的情况相对少见。

3. 考核指标

目前酒店行业较为通行的业绩考核指标包括以经营利润预算完成率作为考核指标，以双方事先约定的酒店经营利润率作为考核指标，以酒店每房收益作为考核指标，以及以约定经营利润额作为考核指标四种做法。我将前两种考核指标归纳为"主观"考核指标，即酒店与自身做对比；而将每房收益指标归纳为"客观"考核指标，即本酒店就该指标与其他竞争酒店同一指标做对比；以约定经营利润额作为考核目标的约定目前不太常见。四种考核指标各有优势和弱势，没有一项指标完美无缺，因此建议业主根据项目具体情况选择更为适合的考核指标。

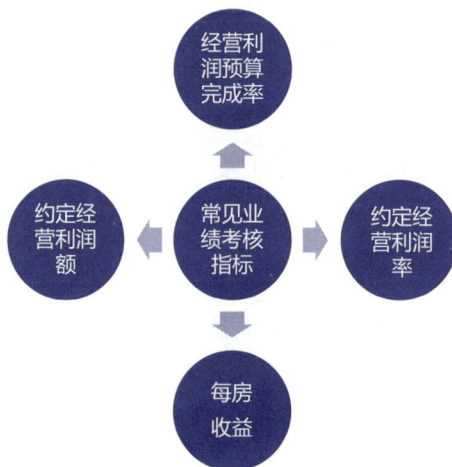

常见业绩考核指标

一些酒店管理合同适用单考核指标，即在该约定指标被触发时激活业绩考核条款的适用。也有一些酒店管理合同适用双考核指标，业主有必要关注双考核指标究竟是两指标同时被触发时方激活业绩考核条款，还是两指标任一指标被触发即激活业绩考核条款，显然前一种双指标有利于酒管公司，而后一种双指标有利于业主。

（1）经营利润预算完成率。

经营利润预算完成率＝考核财务年度中最终实际完成的经营

利润额 ÷ 该年度中预算规定的经营利润额 × 100%

酒店管理合同中约定 75%~85% 的预算完成率是较为常见的考核区间，当然在特殊项目中也可能出现低于 75% 或高于 85% 的考核指标的情况，还需要基于项目具体情况及业主与酒管公司间对该酒店项目价值的判断来综合确定。

以经营利润预算完成率作为考核指标是一种比较直观的考核方式，但以该指标作为业绩考核指标时，业主和酒管公司经常发生一种争议，即如何确定预算中规定的经营利润额？

这个问题听起来似乎不应发生，但现实中却经常存在。正如我在上文经营预算审批章节所述，根据经验，在正常经营的酒店中，业主与酒管公司最容易发生意见分歧的就是酒店预算的制定。业主都希望酒管公司能把酒店业绩往上冲，因此希望将预算业绩拔高。而酒管公司都希望将预算业绩制定得更为保守，以降低其经营压力，同时控制业主的业绩预期。因此酒店每年底制定和讨论第二年经营预算时，业主与酒管公司必然对此进行反复博弈。即便业主在酒店管理合同中争取到了经营预算的审批权，但如果最终双方未能根据酒店管理合同中对于双方解决预算争议的机制确认双方间生效预算，则在酒店经营过程中双方很可能各自执行本方认定的预算，也就是行业内俗称的"两本预算"。"两本预算"不但会影响双方对于酒店收入实现、成本控制、团队激励等酒店经营重要事项的理解和应用，同样也会影响双方对经营利润预算完成率计算方式的理解。

如果双方选择以经营利润的预算完成率作为业绩考核指标，则应对每一财务年度中双方能够根据酒店管理合同约定达成有效经营预算这一法律事实给予高度重视，避免酒店经营中"两本预算"情况的发生。

（2）约定经营利润率。

经营利润率考核容易与经营利润预算完成率考核相混淆。经营利润预算完成率考核依赖于酒店开业后每一个财务年度预算中所载明的经营利润的金额与实际完成的经营利润进行对比。而经营利润率考核是指在业主与酒管公司谈判酒店管理合同时，双方根据对酒店所处区域未来五年或十年发展的预判，以及对酒店本身发展情况的判断，商定一个经营利润率的百分比，如果在考核期间内酒店的实际经营利润率低于约定的经营利润率，则视为酒管公司业绩考核不合格。

经营利润率考核固然可以在双方签订酒店管理合同之时即为业绩考核指标设立明确的预期，但考虑到新酒店往往位于新开发的地区，该地区未来经济发展情况存在一定的不确定性，酒店实际开发建设情况、团队情况、届时当地市场情况等均可能与酒店管理合同签订时千差万别，因此在酒店管理合同签订时双方商定的这个经营利润率指标与酒店成熟经营期的实际经营利润率偏差有可能很大。由于触发业绩考核对于酒管公司而言属于"杀头"条款，因此酒管公司对于该指标的确定一定慎之又慎，这就造成在实践中如果以经营利润率作为业绩考核指标，则该指标通常而言会相对较低。

行业中还有一种考核指标的确定方式被称为"经营亏损"，实际上是经营利润率考核指标的变形，即将经营利润率为 0 作为该项业绩考核指标的触发点。

（3）每房收益。

每房收益（Revenue Per Available Room，RevPAR）的计算公式是平均房价 ADR × 入住率。

每房收益的考核机制是：首先由业主与酒管公司共同选取在

酒店所在市场内，与本酒店品牌及经营水平相当，且其每房收益业绩可查询到（通常而言国际品牌酒店会向 STR 上报业绩，并获取其所在地域其他竞争酒店的业绩信息）的酒店作为竞争组别（Competitive Set）酒店，将竞争组别酒店的每房收益做加权平均后，再乘以一个达标系数（通常在 75%~85%），得出本酒店每房收益的业绩考核达标值。

每房收益考核有几个关键性因素：首先，竞争组别酒店需要选取得科学合理，这样才能保证将其与本酒店进行对比的合理性。因此双方需要选取与本酒店设施设备、规模、品牌、定位等均较为接近的酒店，通常至少需要 3~4 家竞争组别酒店。并且在酒店管理合同中多会有一套对于更换竞争组别酒店的机制，比如竞争组别酒店客房数出现较大变动（如装修）或其业绩突然大幅下滑时，需将该酒店换出并将新的符合条件的酒店换入。这就会存在一个问题，如果在当地找不到足够的竞争组别酒店怎么办？特别是，现在四五星级酒店已经下沉到三、四线城市，在这些城市中本酒店很可能是最高级的且可能是唯一的五星级/四星级酒店，根本找不到其合适的竞争组别酒店，这将造成因为无法找到竞争组别酒店从而使每房收益考核指标无法落实的情况。对此，我建议，双方应明确约定竞争组别酒店不局限于在本地寻找，在本地无合适的对比酒店时，可以选取其他地域与本酒店具备可比性的酒店，其目的是使竞争组别酒店得以落实，避免业绩考核机制无法执行。

另一种情况则是业主与酒管公司对于竞争组别酒店无法达成一致。通常而言在酒店管理合同签订时或至少在酒店开业前，业主与酒管公司会确定一组竞争组别酒店（当然前提是能够选出来）作为本酒店经营期间的业绩参考。但当本酒店进入业绩考核期后，原先选取的竞争组别酒店多已老旧，竞争力下降，将已进入老年期的竞争组别酒店与刚刚进入壮年期的本酒店进行对比，将降低业绩考核指标的对比科学性。此时不排除会出现业主与酒管公司对于是否应该更换竞争组别酒店所引发的争议。我就曾经处理过类似案例，在酒店管理合同中虽然约定了竞争组别酒店，但在本酒店开业后，由于原约定竞争组别酒店老旧，因此酒店管理层在内部工作时已经适用了更为合理的新竞争组别酒店作为本酒店的业绩参考，但当酒店在业绩考核期出现触发每房收益指标业绩考核失败时，酒管公司主张酒店管理合同中约定的旧竞争组别酒店才应是双方适用的考核竞争对比酒店。因此，能否确定科学合理的竞争组别酒店是每房收益作为业绩考核指标能否落地的关键因素。

每房收益的另外一个显著问题是，该指标仅仅反映酒店客房部门的收益情况，而不能反映酒店餐饮部门及其他部门的收益情况。这对于一个餐饮、宴会、康体活动等业务占比较大的酒店而言，用每房收益作为考核指标完全无法反映出酒管公司对于酒店其他业务的经营水平。

（4）约定经营利润额。

在一些酒店管理合同中，业主与酒管公司还会在合同签订时事先预测某一经营利润额，当酒店所处业绩测试期的实际经营利润额未能达到合同约定时，业绩考核指标即被触发。但约定经营利润额会与约定经营利润率存在同样问题，即双方在签订酒店管理合同时很难准确预测酒店未来业绩，因此不论是约定经营利润率还是经营利润额，其与实际情况很可能相去甚远，几乎可以认为是业主与酒管公司在酒店管理合同签订时"拍脑门"的结果。而约定明确的经营利润金额比约定经营利润率对酒管公司而言不可控性更大，因此以约定经营利润额作为业绩考核指标的酒店管理合同目前已较为少见。

（二）业绩考核被触发后的程序

当业绩考核机制被触发后，酒店管理合同通常约定业主需要在一定阶段内正式向酒管公司函告业主欲援引业绩考核条款，如业主未在此阶段明确提出该要求，则业主丧失援引业绩考核条款终止合同的权利。

一旦业主向酒管公司发出公函，酒店管理合同通常会赋予酒管公司以差额补足换取继续履行酒店管理合同的权利。需要说明的是，补足选择属于酒管公司的权利，即酒管公司可以通过选择给业主补足差额的方式维持酒店管理合同效力，但补足并非酒管公司的义务，酒管公司也可以选择不予补足而终止合同，因此业主不可简单地将酒管公司补足业绩差额的条款视为对业主绝对有利的约定，酒管公司仍会基于对项目价值的判断最终决定是否值得进行补差。

补足金额通常按照酒店实际经营利润与约定指标间的差额进行计算。举例来说，如果双方约定的业绩考核指标是经营利润预算完成率指标，且预算完成率约定为85%，则酒管公司的补足额度应为酒店当年实际经营利润与预算约定的经营利润的85%之间的差额。酒管公司是只需补差业绩考核期其中一年的业绩，还是需要将每年业绩差额均补足，也是需要业主关注的问题。

在酒管公司通过补偿业绩差额的方式继续履行酒店管理合同的情况下，建议业主进一步关注在合同中是否约定了酒管公司在未来某种情况下有权把向业主补偿差额的金额取回的权利。

第 四 章

特许经营合同

根据中华人民共和国国务院于 2007 年颁布的《商业特许经营管理条例》，商业特许经营是指拥有注册商标、企业标志、专利、专有技术等经营资源的企业，以合同形式将其拥有的经营资源许可其他经营者使用，被特许人按照合同约定在统一的经营模式下开展经营，并向特许人支付特许经营费用的经营活动。酒店特许经营合同是规范酒店特许经营活动过程中业主（即被特许人）与酒管公司（即特许人）法律关系的合同。相比酒店管理合同，我国对于特许经营行为已经制定了明确的专项行政法规（即《商业特许经营管理条例》）予以规定，对于特许经营过程中可能发生的特有情况通过酒店特许经营合同进行了专门约定。当然，虽然我国尚未对于酒店管理合同及酒店委托管理行为进行专项立法，但并不应理解为我国对于酒店管理合同无法律规定，酒店委托管理行为应适用《民法典》《合同法》等法律规定中与酒店管理合同相关的规定。

一、关于特许经营合同的法律要求

根据《商业特许经营管理条例》（下称"条例"），从事特许经营的双方，特别是特许人即酒管公司，需要满足一定法律要求，同时在司法实践中，对于特许经营模式的认定也形成了一套司法实践。

第一，酒管公司需要就特许经营行为在商务部门进行备案，特许经营行为属于服务贸易项下的一类商务活动，取得备案资格的特许人可以在商务部的商业特许经营信息管理平台官网上查到，其内容包括特许人的名称、地址、联系人等信息。更为重要的是，可以从官网上查到该特许人在商务部备案的其他特许品牌、特许人法人主体证明（即营业执照）、商标权属证明，以及其在我国各地的被特许酒店的具体信息。建议业主在考虑特许经营模式前，应该善加利用商务部这一官网平台，确认特许人是否已在商务部门取得特许经营备案并取得特许经营资格，进而具体了解特许人的准确经营情况。

第二，特许经营合同必须具备法律规定的内容，这些内容包括：

（1）特许人、被特许人的基本情况。

（2）特许经营的内容、期限。

（3）特许经营费用的种类、金额及其支付方式。

（4）经营指导、技术支持及业务培训等服务的具体内容和提供方式。

（5）产品或者服务的质量、标准要求和保证措施。

（6）产品或者服务的促销与广告宣传。

（7）特许经营中的消费者权益保护和赔偿责任的承担。

（8）特许经营合同的变更、解除和终止。

（9）违约责任。

（10）争议的解决方式。

（11）特许人与被特许人约定的其他事项。

第三，根据条例，由于在特许经营关系中，特许人（即酒管公司）往往拥有更多的项目经验及话语权，被特许人（即业主）则通常相对缺乏对特许经营的认识和经验，为了保护被特许人，条例规定了被特许人在一定期限内享有对特许经营合同的单方解除权。该条款的立法目的虽好，但在实践中酒管公司往往将该期限设定得极短（如3日），使这一对业主有利的法律规定的作用几近落空。业主仍应对特许经营合同谈判给予极高的关注，不能过分寄希望于条例规定的业主单方解除权对业主的保护力度。

第四，信息披露是特许经营模式中非常值得业主关注的内容。由于特许人即酒管公司享有对于业主而言信息不对称的优势，因此条例规定酒管公司需要向业主进行充分的信息披露，这些内容包括：

（1）特许人的名称、住所、法定代表人、注册资本额、经营范围以及从事特许经营活动的基本情况。

（2）特许人的注册商标、企业标志、专利、专有技术和经营模式的基本情况。

（3）特许经营费用的种类、金额和支付方式（包括是否收取保证金及保证金的返还条件和返还方式）。

（4）向被特许人提供产品、服务、设备的价格和条件。

（5）为被特许人持续提供经营指导、技术支持、业务培训等服务的具体内容、提供方式和实施计划。

（6）对被特许人的经营活动进行指导、监督的具体办法。

（7）特许经营网点投资预算。

（8）在中国境内现有的被特许人的数量、分布地域及经营状况评估。

（9）最近2年的经会计师事务所审计的财务会计报告摘要和审计报告摘要

（10）最近5年内与特许经营相关的诉讼和仲裁情况。

（11）特许人及其法定代表人是否有重大违法经营记录。

我将在下述章节中有关特许经营合同谈判要点部分，结合上述条例规定，专门就信息披露事项进行提示。

第五，以"实质重于形式"原则认定特许经营合同的效力。特许经营模式的基本特点是：①特许人拥有商标、专利、商号、品牌等有价值的经营资源；②被特许人根据特许人的授权使用特许人许可的经营资源，并且可能会使用特许人为使经营资源更好地展现商业价值而开发的特许经营系统；③被特许人向特许人支付费用。满足特许经营模式基本特征的合同，即便合同中约定诸如"本合同不是特许经营合同"等，并不影响对该合同为特许经营合同的认定。司法实践的这一做法实际非常容易理解，司法实践中不可能允许出现特许经营合同通过改个名称或明确约定其"不是特许经营合同"等简单粗暴的方式就能规避法律监管的漏洞，否则法律规定的监管要求将落空，改变合同名称或进行个别特别约定并不影响合同本身的性质。同样的，在酒店管理合同谈判中，我也经常注意到，部分酒管公司为了避免酒店管理合同被视为委托合同进而适用《民法典》《合同法》规定的委托合同的双方任意解除权，因此在合同中写明酒店管理合同"不是"委托合同，但是此酒店管理合同不适用法律规定的委托合同双方的任意解除权等。在司法实践中审判机关依然会按照实质重于形式的原则，根据酒店管理合同的具体约定方式和双方权利义务构架来判断酒店管理合同的性质，有经验的仲裁庭和法官是不会因双方这种约定而影响其对合同法律性质的判断的。

二、选择特许经营对双方的益处

根据对我国酒店行业在改革开放后的发展壮大过程的观察，我认为相比委托管理模式而言，对于业主来说，特许经营模式属于酒店管理模式的"高阶形态"。特许经营模式对于业主来说最主要的好处在于可以摆脱委托经营模式下由于所有权（业主）与经营权（酒管公司）的分离，而造成业主与酒管公司之间对于酒店经营目标和策略的分歧。

在委托经营模式项下，业主是酒店资产的所有权人，对业主最为重要的是整个酒店项目对业主的投资回报率。因此对业主来说，既关心酒店每年经营的业绩（主要为经营利润），同时更为关心酒店的投资规模，理性的业主会要求合理控制酒店建设的投资强度及酒店开业后中修、大修的频次及投资方案。而对于酒管公司来说，其主要关注的是业主支付的酒店管理费，以及酒店是否能维持理想的品牌标准，并且由于业主对酒店的建设和改造的投资并不计入酒店的经营成本，在这种合作模式下，有些项目的业主可能会感到酒管公司要求投入过度，虽然能有限地提升酒店业绩，但却可能使业主的酒店投资回报率变差。

而在特许经营模式下，酒管公司退出了酒店的日常管理，业主对酒店的经营管理有了主导权，酒管公司收取特许费的模式通常也会有所变化。例如，由基于酒店总经营收入收取基本费并基于经营利润收取奖励费，变成仅基于总经营收入收费（有的酒管公司还会进一步区分为基于酒店客房总收入或餐饮总收入来收费）。特许经营模式的这种变化对业主的好处是，酒管公司在要求酒店达到基本的品牌标准要求的情况下，对于酒店经营的支出方式不再苛责；对业主来说，自己把控酒店经营不但可以使酒店完全按照自身对酒店业务的理解开拓业务，减少与酒管公司间可能发生的对酒店经营理念的分歧，并且通常特许经营模式下酒管公司对于酒店维持品牌标准的要求会较酒管公司直接经营酒店的标准要低，因此某种程度上也可减轻业主对酒店的投资规模，从而提升业主投资酒店项目的投入回报率。

特许经营模式对酒管公司而言也是一种很好的选择。委托管理项目中，简单地说，酒管公司向业主提供了与酒店经营相关的三大类服务，即酒店品牌许可、集团支持（销售、预订、财务、会员服务、技术服务等）及现场管理。据我观察，当酒管公司的集团支持系统建成后，其集团支持服务是较容易复制的，而对酒管公司而言，其难点在于现场管理。酒店现场管理更偏重于经理人的作用，强调经理人的经验和能力，这在某种程度上讲并不容易复制，因此我们经常会看到，一个酒管集团旗下相同品牌的不同酒店项目的经营业绩和经营水平会有所差别。因此如果能将酒店现场管理交给更为熟悉酒店当地市场、具备酒店管理水平的业主，而酒管公司仅仅负责品牌许可和集团支持，也可以更好地发挥酒管公司的优势。

虽然特许经营模式有如上好处，但这些益处的前提都是业主自身已经具备管理酒店的能力，这既包括有一支具备实战能力的酒店管理团队，更重要的在于业主需要具备运营商业地产的精心和耐心。传统地产开发商以住宅开发为主，习惯"赚快钱"，而酒店经营是典型的持有型商业，需要的是日积月累和精打细算，属于"赚慢钱"的行业，酒店每年的收入规模比住宅开发收益会小几个量级，因此对业主来说，运营酒店需要比开发住宅具有更多、更长期的容忍度。

三、特许经营合同应关注的要点

与委托管理模式下酒店管理合同不同的是，特许经营模式项下，业主将自主负责酒店的管理工作，因此在特许经营合同中将不包含酒店管理相关事项。同时，特许经营模式下，依然会有技术协助、商标许可等内容，这些内容的关注要点与委托管理模式下的差别不大，读者可参考第五章中对这类辅助合同的探讨。

（一）关注披露文件

根据《商业特许经营管理条例》，特许人对被特许人的信息披露是特许经营商业模式极具特色之处，通过这种方式能尽量减少特许人与被特许人之间的信息不对称因素，这种制度安排非常有益于保护被特许人利益。因此，我非常建议作为被特许人一方的业主关注作为特许人的酒管公司所提供的特许经营披露文件，而且实际上，根据我的执业经验，酒管公司提供的特许经营披露文件中蕴含着大量值得重视的信息。

1. 主体信息和经营情况

酒管公司在此处会披露其与业主签订合同的法律主体、法律主体的注册信息，以及法律主体与其母集团间的持股关系。通过这一描述，可以使业主充分了解酒管公司在华经营主体与其母集团间的股权控制关系。同时，由于部分酒管公司可能会同时使用境内外多个法律主体与业主签订合同，而酒管公司的这些法律主体之间可能无直接控股／参股关系，因此从表面看这些主体很可能是相互独立的法律实体，这增加了新业主对酒管公司各个法律主体间关联的疑惑，也为业主在追究酒管公司责任时增加了难度。而酒管公司在此对其控股关系的披露，将使酒管公司所使用各个法律主体间的关系一目了然。

酒管公司同时需披露其在华经营状况，包括有多少处直营店（比如自持或通过委托管理模式管理）、有多少家特许经营店、这些酒店的坐落位置及业主名称等。业主可以直观了解酒管公司该品牌在国内的发展状况，并有机会直接联系已成为该品牌被特许人的业主，从而了解到第一手特许经营情况。

2. 经营资源

酒管公司通常需要在此部分披露其在华注册酒店商标的相关信息，并且披露其持有相关酒店商标的法律主体、同与业主签订特许经营合同的法律主体之间的法律关系（商标许可关系及持股关系等）。如果商标涉诉，酒管公司还需披露诉讼情况，从而反映出其所持有商标权利的法律稳定性。

除此之外，酒管公司所拥有的品牌酒店系统也是其重要经营资源，酒管公司通常会披露其所持有的管理流程手册、电子信息系统、会员忠诚计划系统、市场营销系统等对其业务发展有价值的系统性资源，业主可以通过酒管公司披露的这些信息，了解酒管公司复杂的集团支持体系。

3. 收费模式及项目

酒管公司应充分披露其将向业主收取的各项费用的项目内容、计算方式及收费区间，业主可以通过该部分信息确定本项目中与酒管公司所达成的商业条件，与酒管公司在我国国内发展的项目所适用的费率范围孰高孰低、是否处于偏高的水平。此外，对于业主往往抱怨的酒管公司收费体系不清晰、不透明，不了解酒管公司会向业主收取多少种费用的问题，也可以通过酒管公司这一披露信息予以解决。

如果酒管公司会向业主收取违约赔偿金，则酒管公司也应给予披露，以便于业主评估一旦因违约终止特许经营合同时可能面临的赔偿风险。

4. 采购事项

很多酒管公司为了保持其品牌酒店的同一性及品质，会对于酒店的部分采购做出具体要求。酒管公司通常会披露其会要求在哪些商品或领域中有特殊采购要求，比如要求具体品牌或酒管公司的特殊合作渠道，业主还有可能从这部分内容中进一步了解到酒管公司与酒管公司合作方的具体合作模式、为酒店带来的利益及相关费用等。

5. 酒管公司所提供服务

酒管公司会介绍其在特许经营模式项下，将向业主提供的服务内容，如技术协助服务的内容及工作方式、开业前筹备服务、员工培训、开业后酒管公司将向酒店提供的远程支持及系统性支持（如预订服务、会员忠诚计划、市场营销）等。

6. 对业主的管理和监督

为了确保特许经营模式项下酒店的经营品质能够维持在理想水平，酒管公司对于业主运营管理酒店通常会提出一系列要求，在此部分的披露信息中，酒管公司通常会介绍其对业主提出的主要要求及监督模式，如酒管公司对酒店的检查、品牌的运营及安全标准的审核、客户满意度调查和投诉解决、酒店收入审计等。业主可以通过这部分内容了解作为酒店被特许人需要承担的主要义务。

7. 初期费用投资估算

酒管公司会基于其酒店开发经验，为业主提供一个投资其品牌酒店的投资估算模型，以便于业主更直观地了解投资酒店的成本。虽然酒管公司的投资估算信息比较笼统，不及业主聘请酒店咨询公司专为本项目制作的可行性研究报告准确，但仍然可以作为业主了解品牌投资强度的重要依据，业主可以据此对于投资强度及未来的投资回报率进行测算，从而实现更为理性的酒店投资。

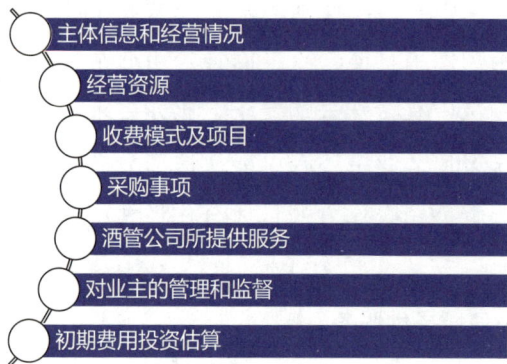

主体信息和经营情况

经营资源

收费模式及项目

采购事项

酒管公司所提供服务

对业主的管理和监督

初期费用投资估算

需要关注的披露文件内容

（二）品牌标准的保持和提升

酒店品牌在酒店客人心目中的形象，是酒店品牌所孕育价值的基础和核心。因此维护酒店品牌的运营水准，是保持酒店持续具备竞争力的关键，也是维护酒店品牌价值的关键。相应的，维持酒店运营和物业管理水平符合品牌标准，是业主与酒管公司双方都十分关注的问题。但这一认知在酒店营运实操过程中可能会出现偏差。简单地说，不负责酒店营运的一方往往会给负责酒店营运的另一方施加更多压力。

具体来说，在酒店委托管理模式下，酒管公司是实际负责酒店经营的一方，业主相对而言处于"监督方"的角色。因此在委托管理模式项下的酒店管理合同中，酒管公司往往会要求其享有酒店管理的"独立性"，不受业主的干扰；而业主方则会更倾向于加强业主对酒管公司管理酒店的监督管理权，在酒管公司出现管理问题时，甚至有些业主会提出介入酒店管理的权利。而对于酒店运营管理权的冲突，其目的最终是维护酒店运营管理的水准，其本质上就是为了保持酒店的品牌标准。而在特许经营模式下，业主则承担起了酒店管理职责，酒管公司变成了监督角色。

我的一次亲身经历，直观地反映出了特许经营模式下维持酒店运营水准的必要性。我曾经在我国某城市入住一家国际连锁品牌准四星级档次的酒店。入住后，作为"老酒店人"的我察觉到了很多让人大跌眼镜之处：首先是布草。客房内的毛巾浴巾不但颜色已经发灰，而且毛巾边角已出现一绺一绺的脱线，明显是由于反复洗涤所致，表明布草已使用了很长时间。其次是早餐。早餐通常能反映出酒店的经营水准，而该酒店早餐仅有寥寥几种选择，很有可能是出于节约经营成本的缘故。酒店是服务行业，其经营服务水平直接影响了房价，如果酒店已进入通过节省成本的方式来提高经营利润的阶段，则这种方式必然会影响酒店宾客体验，最终影响酒店房价，从而进入一个恶性循环。从我自身感受来看，如不是因为酒店位置确实便利，我很难愿意入住该酒店，对酒店来说则因为这种不当的节约成本的方式而损失了高附加值客户，得不偿失。后经了解，这家酒店是一家品牌标准落实不到位的特许经营酒店。可见，不论业主与酒管公司哪方负责酒店的日常管理，均需要确保酒店维持在合理的管理水平之上，才能更好地实现业务发展。

由于在特许经营模式中，业主负责酒店日常管理，因此在特许经营合同中，酒管公司为了维护其品牌形象，往往设置一些监督权利，对酒店管理水平进行持续评估。酒管公司可能会要求有权随时来酒店进行检查，以获知酒店关于真实经营水平的一手信息。酒管公司通常通过以下两种方式进行检查。

一种是常规检查，事先通知酒店，告知检查事项，要求酒店提前做好各项准备，以便酒管公司派遣人员可以高效完成检查工作。针对这种检查方式，业主需要关注的是，由于这类检查往往涉及全方位、多领域内容，需要牵涉酒店各部门员工的大量精力，从而分散酒店管理力量，因此需要将酒管公司的这类检查控制在对酒店日常经营管理影响最小的范围内，同时也尽量控制酒管公司的检查次数。

还有一种检查称为神秘客检查，酒管公司会委派一些员工"微服私访"，以酒店宾客身份入住酒店，体验酒店各项服务，如前台办理入住服务、房务管理水准、卫生情况、客房点餐速度、餐厅服务、泳池和健身房管理水平等，在离店后对酒店运营水平进行打分，并指出其发现的不足。神秘客往往能查知酒店最真实的管理状态，发现管理漏洞和不足。但神秘客检查结果也有可能出现"以偏概全"的情况，比如神秘客到访时酒店恰巧出现个别问题，导致神秘客调查结果可能无法反映出酒店的正常水平。因此业主也应考虑对于神秘客调查结果的申诉权利。

除了酒管公司主动开展的酒店运营检查，酒管公司还会追踪酒店宾客的入住体验反馈，包括宾客在第三方OTA上的留言反馈意见及直接向酒管公司提出的反馈意见。

对于酒管公司发现的检查不合格的问题，特许经营合同中往往会对业主科以较为严格的责任，包括在一定期限内解决不合格问题，确保酒店运营品质符合酒店品牌标准。同时提醒业主注意，这种检查不合格的情况，有可能会成为业主的严重违约事项，并可能导致酒管公司有权解除特许经营合同的法律后果，需要对此类条款的可执行性及可能产生的后果进行重点关注。

（三）品牌发展限制

如果说相比委托管理模式而言，酒管公司针对每一家新签约酒店还需要动用其人力资源储备搭建酒店管理团队，特许经营模式项下的酒管公司则只需要许可业主品牌，无须再操心人力资源储备问题，因此对酒管公司而言，特许经营模式允许其更快地复制、许可新店开业。然而酒管公司同一品牌在同一地区内过度开店，不但会稀释该酒店品牌在当地的品牌价值和每一家酒店的品牌号召力，更重要的是将加剧酒店竞争，影响本酒店业绩。因此对于业主而言，应关注酒管公司是否能给予品牌发展限制的承诺，即在特许经营合同签订后的一定时期及一定地域范围内，不再开业第二家同品牌酒店。

当然，从酒店业务逻辑出发，通常而言，档次越高的品牌其商业辐射范围也越大，而相对平民化的连锁快捷酒店品牌的覆盖范围通常会小很多。因此业主与酒管公司还需基于酒店品牌的档次判断合理的限制区域面积，从而达成对双方而言均能接受的最佳方案。

（四）第三方管理模式及"特许经营+"模式

对于缺乏酒店管理经验的业主来说，特许经营模式的一大商业门槛是对于酒店的运营管理经验。酒店管理有大量事无巨细的琐碎工作，对于缺乏经验的业主来说很可能难以很快上手，业主自建酒店管理团队仍然需要一个成长成熟的过程。此时，一种解决方案是，业主与酒管公司签订特许经营合同后，再由业主聘请一家专业的第三方管理公司，代表业主管理酒店。

1. 第三方管理模式

第三方管理公司的特点在于，他们通常不建立自己的酒店品牌，而是完全专注于酒店管理事项，在特许经营模式酒店或者未挂知名品牌的酒店中，代表业主管理酒店。聘请第三方管理公司可以弥补业主对于酒店管理经验的不足，是"专业人办专业事"的体现，但从另外一个角度考虑，特许经营模式的一大特点是业主可以拿回酒店管理权利，在具体经营过程中自主把控，从而做到市场拓展、资产价值提升、控制成本与增加利润的有机结合，聘请第三方管理公司管理酒店，实际上就把特许经营模式对业主的这一益处淡化了，业主仍然需要通过管理另一家管理公司来间接管理酒店，并未从法律关系上简化酒店管理的形式。同时，理论上特许经营模式与委托管理模式下酒管公司收费的差额是业主支付给第三方管理公司费用的上限，如费用超过差额，从费用负担方面来讲，特许经营模式较之委托管理模式就欠缺了商业合理性。但根据我的行业观察，酒管公司在特许经营模式下较委托管理模式下费用降低的额度有限，因此留给第三方管理公司的费用空间相对较小。而实际上酒店管理是一项"苦活""累活"，费用空间有限又挤压了第三方管理公司的发展。这很可能是目前酒店行业中尚未形成对市场有重大影响力的第三方管理公司的一个重要原因。

2. "特许经营 +"模式

还有一些酒管公司会为业主提供"特许经营 +"模式服务，这种模式有时也被称为 Manchise（Management + Franchise）。在这一模式项下，业主与酒管公司签订特许经营合同的同时，酒管公司会在酒店开业的前几年为业主提供有限的酒店管理服务，帮助酒店走上正轨，教会业主如何管理这家品牌酒店，通俗地说就是"扶上马，送一程"。"特许经营 +"模式可以为业主自管酒店提供有效的过渡，帮助业主尽快掌握酒店管理业务，对于酒管公司来说，在酒管公司的管理阶段可以为酒店有序地按照品牌标准进行经营打下良好的基础，为业主未来自管酒店时继续保持酒店经营水平创造良好条件。

这种模式看起来非常完美，但我也注意到，并不是所有酒管公司都愿意采取"特许经营+"的管理模式，其原因之一可能在于这种模式的法律关系存在模糊之处，从而产生法律风险。而这一问题也恰恰是业主选择"特许经营+"模式时所必须关注的。

"特许经营+"模式下，酒管公司的定位仍然是酒店的品牌许可方，为业主提供管理协助的主要方式通常是派驻一位酒店总经理帮助业主运营酒店。这种方式与委托管理模式的最大区别在于，在委托管理模式下，酒管公司作为酒店的管理方，除派驻酒店的总经理等管理人员，实际上酒管公司总部将为酒店提供大量中央支持，如市场营销、预算、采购、人力资源甚至法务等，因此委托管理模式下酒店的总经理并不是"一个人在战斗"，其背后有酒管公司总部整个团队的支持。同时，酒店总经理对于酒店重要业务的决策都需要听从酒管公司总部的意见，酒管公司总部对于酒店总经理有绝对的控制权，因此酒管公司对酒店经营所可能面临的风险有较强的把控能力。

而在"特许经营+"模式下，酒管公司除了为酒店派驻总经理，通常不会再为总经理提供其他中央支持，酒管公司对总经理的管控往往也不如委托管理模式下那么强。从合同条款内容上讲，较之委托管理模式下的酒店管理合同中由酒管公司承担各项酒店管理责任而言，在"特许经营+"模式下，往往由酒店总经理承担这些酒店管理职责。但问题在于，"特许经营+"模式的特许经营合同是由业主与酒管公司签订，在合同中却约定了大量第三方（即总经理）责任，这种约定对于第三方是否有效？如果酒店总经理违反了酒店管理责任，业主是否能够根据与酒管公司签订的合同向总经理追究责任？或者基于酒店总经理责任而向酒管公司索赔呢？作为个人，酒店总经理一旦产生执业风险，是否有能力程度承担责任？这些问题都需要做进一步观察和解决。

在谈判和处理"特许经营+"模式下的管理权条款时，建议业主把握一个基本原则，即如果酒管公司不能全面负责酒店管理，不应将酒店管理权限和相关责任都放在酒店总经理个人身上，否则酒店总经理就有可能成为享有合同中赋予所有酒店管理权利，同时又不用受酒管公司总部管理的"地方诸侯"，这种情况将很可能与业主选择"特许经营+"模式的初衷相背离。如果酒管公司不同意承担相关酒店管理责任，则建议在合同中明确：酒管公司派遣的酒店总经理仅仅是业主管理酒店的助手角色，辅助业主管好酒店，处理酒店日常运营的各种事务，但对于酒店管理最终的拍板权利仍然应保留在业主手上，相应的，也由业主来最终承担相关风险。只有这样，才能真正厘清酒店运营这个最容易出问题的环节中业主与酒管公司的责任分配问题，理顺"特许经营+"模式中双方的权利义务划分。

（五）应考虑保留转化为特许经营的条款

特许经营模式日益成为市场认可的酒店经营模式，并且转为特许经营成为实现业主对酒店的资产管理进化的重要发展方向，因此业主在与酒管公司签订委托管理模式下的《酒店管理合同》时，可以考虑在未来将酒店由委托管理转变为特许经营的可行性。如果双方均有意向对此进行洽谈，建议尽量在《酒店管理合同》签订时，就把转化经营模式的关键条款讲清。比如什么条件下业主有权选择将委托管理模式转变为特许经营模式、在特许经营模式下业主的费用模式如何、特许经营合同项下双方主要权利义务条款等。

关于在何种条件下业主有权转变经营模式的问题，建议尽量降低模式转变的门槛，同时应由业主（而非酒管公司）保有是否转变模式的最终决定权。诚如我在上文的探讨，"特许经营+"模式中，酒店管理职责划分不清将可能导致酒店管理的潜在法律争议。而带有转化为特许经营模式的《酒店管理合同》实际上恰恰解决了上述问题的不足。根据《酒店管理合同》，酒管公司承担完全的酒店管理职责（但这并不妨碍业主在酒店经营过程中向酒管公司取经学习酒店管理业务），而业主选择转化经营模式后，酒管公司将退出酒店管理，转由业主享有酒店全部管理权。

关于转化为特许经营模式后的费用模式，建议业主着重关注变更后的特许费用计算方式、酒管公司的集团性服务（集团市场营销、预订及忠诚会员计划等）收费费率是否有所变化、是否还需向业主额外收取特许加盟启动费等其他费用等。建议业主应要求酒管公司提供特许经营模式披露文件，研究披露文件内容，确定合理的特许经营模式费用标准。

第（五）章

辅助合同：技术协助合同、商标许可合同及集团性服务合同

不论在委托管理模式下还是在特许经营模式下，酒店以某一品牌进行经营的模式都存在一些共同点：①酒管公司需要向业主提供技术协助服务，以使酒店的设计建设能够符合酒店品牌标准的要求，并符合酒店未来的经营实用性；②酒管公司将酒店品牌许可给业主，以使酒店能够合法悬挂酒店品牌；③酒管公司将向业主提供某些集团性服务，如向业主提供集团营销服务、中央预订服务及会员忠诚计划服务等，这些服务都具备规模效益，酒管公司旗下酒店越多，通常这类集团性服务的效率和影响力也会越强。

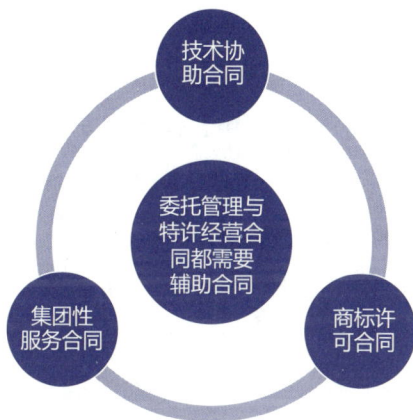

委托管理与特许经营合同都需要辅助合同

一、技术协助合同

技术协助合同的主要内容是，业主聘请酒管公司为业主提供技术协助服务，技术协助的内容并不是具体为业主设计画图，业主仍然需要聘请第三方建筑设计公司、内装设计公司、机电设计公司等专业设计机构负责具体设计工作。但酒管公司的主要职责则是审阅业主聘请的第三方设计顾问对酒店的设计方案，确定设计方案是否符合品牌风格，以及是否符合品牌标准所规定的酒店规范性。

（一）酒店工期限制

酒店设计建设完全由业主主导，酒管公司难以左右酒店建设进度，但酒店建设计划是否能如期进行，酒店是否能按计划时间开业，却是酒管公司最为关注的问题。虽然酒管公司在酒店设计建设阶段会向业主收取技术服务费，但较之酒店开业后酒管公司能够持续稳定收取的酒店管理费而言，技术服务费属于一次性收费，对于酒管公司的商业重要性远不及管理费。因此，酒店能否按照合同约定的计划开业、酒管公司能否按计划收到管理费，是酒管公司的核心商业诉求。相应的，在技术协助合同中，以及在酒店管理合同／特许经营合同中，酒管公司通常都会对酒店的开工、竣工日期及酒店的预期开业日期进行明确的约定，有一些酒管公司甚至会更细致到对开挖地基、打桩、正负零、封顶、外立面等具体环节都设置时点要求，且还有可能要求酒店建设期间停工不得超过一定时间。即便对于不可抗力事件，部分酒管公司可能仍然会要求酒店工期不能晚于一定期限（不论是否在期限过后酒店工程仍然受到不可抗力事件的波及），一旦超过约定工期，业主将面临违约责任，最严重的情况可能导致酒管公司有权解除技术协助合同及酒店管理合同／特许经营合同，同时可能需要赔偿违约金。

但实际上我们都知道，业主建设开发酒店受到多种因素的制约，包括拿地、完成设计方案、申报规划、取得各类开工证照、银行融资、冬季／环保／防疫等各类停工期及各种外在不可控因素的影响。比如在西安这样的文明古城投建酒店，施工挖到古迹遗址时必须立即进行文物保护工作，这将严重影响工期，因此即便非常有实力的业主，也很难100%保证酒店可以严格按照技术协助合同中约定的工期完工。一旦出现工期延误，酒管公司有权终止合同并追究业主的违约责任，这将成为业主开发酒店项目的"阿喀琉斯之踵"，即便酒管公司并不真正动用这一权利，但仍可能对业主产生严重的威胁。

针对这一有可能影响项目"生死"的条款，很多业主朋友的第一想法是：要求酒管公司删除这一对业主风险和责任极大的条款。但实际上经过实战验证，这种方式往往效果不彰，较为强势的酒管公司可能难以对业主做出实质性妥协。究其原因，我认为，这一条款对双方而言都非常重要，之于业主属于"生死"条款，之于酒管公司则属于影响其核心商业利益（是否能按计划时间开业酒店从而收到管理费）的条款。当某一项目中酒管公司商业地位比业主更有利时，酒管公司往往成为谈判的强势方，拒绝对影响其核心利益的商业条款让步，这时往往只有业主进行让步。

根据我的经验，成功的谈判方案是帮助双方找到共同利益所在，从而为谈判弱势方获取更好的利益和机会。我的意见是，谈判这一条款的关键在于避免挑战酒管公司核心利益，同时尽力为业主自身留出空间。因此我并不建议业主就删除违反酒店工期约定的违约责任与酒管公司做过多正面较量，而建议业主将更多谈判精力放在延长约定工期上来。从我的谈判经验来看，对于强势酒管公司而言，删除有关工期延误的违约条款将触动其敏感的神经，但如果业主只是将约定的工期延后，对酒管公司而言则更容易接受，因为对这些酒管公司而言，酒店项目已经脱离了能否开业这一酒管公司最关切的问题，转变为只是讨论酒管公司预计从哪一年开始收取该项目的第一笔管理费，找到了一条酒管公司更容易接受的道路。同时业主也无须担心如果约定工期过晚而实际工期早于约定工期是否会影响酒店的筹备开业，原因在于酒店能够提早开业是业主与酒管公司共同的目标，双方对酒店尽快开业的商业利益是绑定的、一致的，因此如果酒店工期进展迅速，酒管公司通常都会很乐意配合业主的酒店开发进度。

（二）提供技术标准资料

从业主视角出发，品牌标准始终会给人一种玄不可测的感受，何谓品牌标准，如何理解是否符合品牌标准，业主的感受往往是酒管公司技术协助主管一句话的事。但实际上并非完全如此，酒管公司需要根据品牌标准中与技术设计相关的标准来审核酒店设计，但对于一些涉及审美等纯主观问题，确实有可能存在酒管公司主管人员主观意愿具有较大影响力的情况。

为了避免出现"法不可知则威不可测"的问题，我建议业主在签订技术协助合同后，在尽早从酒管公司处获得一份完整的品牌标准中关于酒店设计建设标准的文件，对于酒店设计的技术标准做到心中有数，这样不但在设计工作推进中可以方向明确，减少走弯路，更重要的是如果酒管公司主管人员的意见偏离其品牌标准，业主也可以根据品牌标准文件的相关规定提出不同观点，从而保证酒管公司的技术协助配合更为有序地开展。

（三）保持设计方案稳定

我自己早年曾经处理过一个典型案例，该酒店项目当时处于设计建设阶段，但由于业主未能及时提供充足资金，导致酒店建设缓慢进行了很多年，由于建设周期持续过长，酒管公司本项目的技术协助负责人出现了多次调整，导致不同负责人工作衔接时出现了问题，新负责人对于此前负责人提出的部分设计意见做出了否定表态，并要求业主按照新负责人的意见改建酒店，业主只能照做。但酒管公司这位负责人被替换后，其后任的新负责人又出现否定之前设计意见的情况，业主只能重新改建酒店。酒管公司对设计方案的不断调整让业主苦不堪言，但酒管公司不断调整设计方案的主要依据是，酒店设计方案需要符合品牌标准的规定，由于酒店建设周期持续多年，品牌标准在此期间也不断更新提升，因此业主有义务按照品牌标准变更后落实设计方案，并对酒店建设进行相应改造。

"酒管公司动动嘴，业主就要跑断腿"，当业主按照酒管公司批准过的设计方案建设酒店后，酒管公司再行要求业主修改设计，必然导致业主增加大量的重复工程花费，同时拖延了工程进度，对整个酒店项目的建设会有很大的影响。因此业主应当关注技术协助合同对于保持设计方案稳定性的约定，比如在双方通过某种形式将设计方案确定的情况下，如果任何一方希望再调整设计方案，均应得到另一方许可后方可执行。并且即便涉及酒管公司品牌标准调整升级，也不影响双方此前业已达成的设计方案的稳定性，除非关系到消防、安全等直接涉及人身利益的设计标准的变动。

（四）第三方顾问选聘

由于酒店设计是一项专门领域，与住宅、办公楼、商场等设计逻辑和需要的技术背景不同，因此酒管公司通常希望业主聘请的第三方设计顾问具备酒店专业设计的业绩背景。一些酒管公司会为业主提供一个备选顾问清单，要求业主在备选顾问清单中选聘第三方设计顾问。

但对业主来说面临一个问题，由于聘请这些第三方顾问的费用较高，很多业主需要通过招投标形式确定合作方（尤以国有企业要求更为严格），而酒管公司清单中的顾问往往是国际大牌公司，常年处于"不缺活"的状态，因此不排除一些清单中的顾问由于担心参与招投标工作费时费力且结果不确定，因此不愿意参与业主举行的选聘招投标。即便其参与，根据我国相关法律的规定，基于招投标"公平、公正、公开"的特点，清单顾问机构也不一定最终能胜选，业主最终选聘的顾问机构有可能是酒管公司清单之外的机构。这种招投标结果就可能会与技术协助合同中对于业主选聘第三方设计顾问的约定产生矛盾，但业主通过招投标所选定的第三方顾问又是合法确定的业主合作方，不能轻言改变，发生这种情况导致的最直接后果是可能由一家经验不足的设计顾问承办了酒店设计工作，这不但有可能影响酒店设计建设进程，影响业主后续与酒管公司间的技术协助配合，如果严重影响了酒店工期，甚至不排除业主违约的后果。

为解决这种矛盾，建议在谈判技术协助合同时双方应争取明确，酒管公司所推荐的第三方顾问仅仅供业主参考，但如果业主通过招投标方式所确定的第三方顾问并非酒管公司所推荐，酒管公司也应接受这一结果并与招投标选定的顾问配合工作，不应视为业主违约。同时，除了酒管公司提供的推荐第三方清单，建议业主要求酒管公司提出一些对于第三方设计顾问的必要条件。例如，曾经承办过类似酒店项目的项目经验等，在符合法律规定的情况下业主可考虑将酒管公司提出的这类条件作为第三方顾问参与招投标的基本条件之一，以保证即便最终选聘的第三方顾问不在酒管公司清单上，但该顾问仍然有承办本酒店设计的技术水平和执业能力，不会因此影响酒店的设计建设。

（五）品牌标准与国标冲突时的处理方案

酒店合同会要求业主按照酒管公司提供的技术标准来建设酒店，但是否会出现酒管公司的品牌标准与国家标准出现冲突的情况呢？实践中，绝大多数在华有长期业务根基的国际品牌酒管公司已基本做到将其品牌标准与我国国家标准融合的工作。如遇技术标准冲突的情况，一般来说，酒管公司的处理原则是"二者取高"，即以品牌标准与国家标准中更为严格的标准来执行。但如果无法判定两种技术标准哪个更严格时，或者说两个标准只是存在价值取向不同的差异时，应适用哪套技术标准？

我曾经接触过一个典型的案例，关于酒店消防控制室所适用的消防标准问题，国际品牌酒店的品牌安全标准与我国规定的安全标准存在出入。按照某国际品牌酒店的品牌标准，消防控制室需安装喷水灭火设备，在发生火灾时消防控制室的消防喷淋设备需要自动喷淋灭火；而当地的消防安全标准要求不应使用喷水灭火设施，而应使用气体灭火设备或者配置灭火器。这时以哪一套标准为准呢？如果按照酒店品牌标准设计消防系统，则最终将无法通过我国的消防验收；反之则无法通过该酒管公司的消防验收。

类似问题不止一例。曾经有业主向我抱怨，为了应付酒管公司的消防验收，酒店消防系统需要先按酒管公司的安全标准对消防主机进行编程和设置，通过酒管公司的消防验收后，需重新给消防主机系统做编程设置，转换为国内消防标准以应对监管部门的消防验收。特别是在酒店开业后如涉及消防证照变更（比如酒店因更换总经理而需变更消防证照上酒店负责人时），通常需要重新进行消防验收，这时需要在酒店正常经营的状态下对酒店消防主机做前述编码转换。这种转换听起来并不复杂，但在实践中会存在很多问题，主管机关重新进行消防验收需要对酒店消防设施进行随机测试，如随机抽取酒店大堂、客房、餐厅、会议厅、宴会厅等区域测试声光报警、消防广播、电力切换、消防水泵等功能，这些都可能影响酒店宾客入住体验，甚至造成宾客恐慌，会严重影响酒店的运营。

因此出现酒店品牌标准与国家标准相冲突的情况将非常影响业主对酒店的设计、建设及运营，这一问题在国内酒店项目经验相对较少的国际品牌酒管公司的酒店项目中可能更容易出现，原因在于他们可能相对而言较为缺乏在国内开发酒店项目的实操经验，出现品牌标准与国家标准不兼容的概率更大。

因此我的建议是，业主应在谈判时注意，如果一旦出现酒店品牌标准与我国国家标准不兼容甚至矛盾的情况，对于如何确定酒店适用的设计标准的问题，业主应与酒管公司探讨出具备实操性的解决方案。

二、商标许可合同及集团性服务合同

除技术协助合同，酒管公司可能还会就酒店品牌许可及由酒管公司集团总部向酒店提供集团性服务而签订合同。当然，也有一些酒管公司会将品牌许可及集团性服务的内容都融入酒店管理合同中，但不论合同体例如何，这些条款的核心内容都是一致的。

（一）业主如何审查酒管公司的商标

正如我上文中所述，酒管公司作为轻资产运营公司，酒店品牌是其核心资产，业主获得使用酒管公司酒店品牌的许可后，将帮助酒店及业主开发的整体项目提升商业价值。商标作为体现酒店品牌形象的重要知识产权之一，通常以签订许可合同的方式授权给业主使用。考虑到我国知识产权法律体系的日益完备和酒管公司对自身商标的保护，业主在与酒管公司合作时，如何正确使用酒店的商标至关重要。

商标许可合同的审查要点既包括常规的形式审查，更重要的是需要关注合同内容的实质审查。

1. 商标许可合同的形式审查要点

形式审查上，签订商标许可合同时，首先应当确定许可类型，核实许可人是否具有处分商标使用的权利，拟使用商标是否存在撤销申请、无效宣告的风险等，可以在中国国家知识产权局商标局官方网站中国商标网上进行查询。

除了常规的形式审查，根据《商标使用许可合同备案办法》第六条，在合同的条款内容方面，还应当明确许可使用的商标及其注册号、许可使用的期限及地域、许可使用的商品或服务范围、许可使用商标的标识提供方式、许可使用费用以及违约责任等。建议商标许可合同在签订后进行备案，从而使作为被许可方的业主的权利更有保障。

特别值得关注的是，一些酒管公司在商标许可合同中并不会详细列举授权业主使用的具体商标类别或商标注册号，这一操作看似拓宽了业主得到授权的范围，实际在法律上存在不规范之处，一旦双方商业合作关系破裂，则很大概率出现授权范围的扯皮现象。

2. 审查授权商标类别是最重要的实质审查工作

如前所述，许可使用的范围是商标许可合同中的关键事项。许可使用的产品或服务范围主要与商标的类别有关。中国现行对商品和服务的基本分类是以《商标注册用商品和服务国际分类尼斯协定》为基础演变而来的。我国自 2020 年 1 月 1 日起开始实行第十一版尼斯分类，并结合我国市场情况制定了《类似商品和服务区分表》。

《商标注册用商品和服务国际分类尼斯协定》和《类似商品和服务区分表》都将商品和服务分为 45 个大类，每一大类下还区分为若干中类，以及描述具体商品和服务的小类。其中酒店行业涉及的核心类别是第 43 大类"餐饮酒店"。第 43 大类是指由个人或机构为消费者提供食物和饮料的服务，以及为使在宾馆、寄宿处或其他提供临时住宿的机构得到床位和寄宿所提供的服务。第 43 大类中包括"提供餐饮住宿服务，提供房屋设施的服务，养老院，托儿服务，为动物提供食宿，单一服务"6 个中类。第 43 大类项下涵盖了酒店领域的核心商标类别，其中"提供餐饮、住宿服务"又是核心的中类，是各大酒店管理公司通常都会申请注册并许可业主使用的类别，各个小类则根据实际所需不同而略有差异。除了第 43 大类，第 35 大类广告销售也是广大酒管公司申请注册的重要类别主要涉及广告服务、商业经营、组织和管理、办公事务等 9 个中类。此外，还有一些根据不同酒店管理公司实际经营的需要而选择注册的关联类别。以某 M 品牌为例，其在第 3 类"日化用品"注册了护发素、沐浴露、洗发液、肥皂等小类；在第 20 类"家具"中注册了床垫、地毯、枕头、镜子等小类；在第 4 类"燃料"中注册了香味蜡烛等小类；在第 30 类"方便食品"中注册了咖啡、茶等小类。

通常而言，在酒店行业注册商标涉及的核心大类是第 43 大类，重要大类是第 35 大类，关联大类按照使用需求有第 3 类日化用品、第 20 类家具、第 4 类燃料、第 30 类咖啡茶饮等。

由此可见，注册商标的分类不仅细致，还由于不同公司的经营需求而造成较大申请类别的差异。业主在审查被许可商标时，不仅要关注酒管公司许可的大类别，更重要的是要关注许可的小类别，即具体的商品或服务涵盖的范围，关注许可的大类、中类、小类是否已经切实涵盖了经营所需的范围。

3. 业主使用酒店商标的注意事项和风险梳理

（1）合理选择楼盘名称，降低侵权风险。

如果业主未经酒管公司允许或授权，而将酒店所在楼盘名称命名为与酒店商标相近似的名称，是否构成侵权？答案是肯定的。在 A 品牌度假村有限公司与上海 JD 房地产有限公司侵害商标权纠纷案[①]中，案涉标识"A 西郊"被用于地产领域，本案开发商明知"A"酒店品牌具有知名度，未经酒管公司允许而将所售楼盘名称取为与该商标相近似的名称。最终，被法院认定为攀附酒店商誉、意在争取共同客户群体。该行为易导致相关公众混淆误认，构成侵害商标权。因此，无论是否与酒管公司具有商业合作关系，开

---

① 参见（2016）沪 0107 民初 9631 号、（2016）沪 73 民终 341 号案例。

发商在对楼盘进行命名时，都应当注意避免侵犯酒店商标权的风险。

（2）谨慎使用跨授权类别的酒店商标，小心"搭便车"嫌疑。

如果酒管公司仅授权业主使用某一类商标，而业主跨类别使用酒管公司注册的其他类别商标，是否会构成侵权？举例来说，酒管公司对其商标在第43类酒店住宿服务类别及第3类日化用品类别均注册了商标，但仅授予业主第43类酒店住宿服务的商标使用许可，并未授予其第3类日化用品的商标使用许可，那么，业主是否可以在酒店内向宾客提供含有酒店商标的日化用品（如香皂、洗发剂）？

事实上，前述情形构成商标的超授权范围使用，也是业主在日常商标使用过程中易犯的错误之一。此种行为主要表现为超出与酒管公司约定的授权使用商品范围类别，在授权范围外为商品或服务贴附酒管公司的商标。这种行为超出了酒管公司的商标许可范围，既违反了商标许可合同，又侵犯了酒管公司的商标权。因此业主在未获得合法授权的情况下，跨类别将酒店商标与产品进行结合将存在法律风险，应予以关注并找到解决方案。

（3）不应实际使用超出酒店注册类别的商标。

在酒店领域的商业实践中，部分资金充裕的酒管公司会将商标进行全类别注册，但另外的酒管公司只在个别重要类别进行商标注册。换言之，对于同一商标而言，酒管公司存在一些没有注册的商标类别。由此，另一种风险的发生则是业主跨类别使用酒店商标，但是该类别酒管公司自身也未注册的情况。

举例来说，酒管公司授权业主使用其注册的第43类酒店住宿服务的"M"商标，但是业主在客房的卫生消毒剂上附了"M"标识。然而，该酒管公司并未在相应的第5类"医药"消毒剂商品上注册该商标。这时，该等行为可能会侵犯第三方在本类别已经注册的商标专用权。即便该商标并不具有较高知名度或商业声誉，在此类别上合法注册的商标权利人也有权要求业主禁用商标。

可见，一般情况下酒管公司在超出注册范围之外的商标类别上不具有商标专用权，更不用说许可业主使用该商标的权利。如果在使用中涉及第三方合法注册的商标范围，就可能涉嫌侵犯第三方商标专用权，将会引起不必要的侵权纠纷和金钱损失。

（二）厘清酒管公司商标授权关系

由于酒店品牌是酒管公司的核心资产，因此酒管公司对于商标权利的法律条款都十分看重，在商标许可合同中往往约定得非常严格，修改余地不大。

正是由于酒店品牌对于酒管公司而言极其重要，很多酒管公司为了保护其酒店品牌的商标权免于遭受可能出现的法律纠纷的影响，设计了较为复杂的商标许可体系。比如一家总部设在美国的国际品牌酒管集团，其商标权持有公司是美国 A 公司，A 公司可能先将亚洲（或亚太）地区的商标使用权总许可给其在亚洲设立的关联公司 B 公司，B 公司再将商标权转授权给其在国内设立的关联公司 C 公司，再由 C 公司与业主签订商标许可合同。因此，与业主签订商标许可合同的酒管公司主体很有可能并非是在我国国家商标局登记的商标权所有者。

所以业主在与酒管公司谈判酒店合同时，除了接受酒管公司向业主发起的项目尽职调查，业主也应有意识地向酒管公司发起反向尽职调查，要求酒管公司提供酒店商标权利证明，如果酒管公司并非酒店商标所有权人，则还应要求酒管公司提供其获得酒店品牌授权许可的证明文件，以此证明其确实有权授权业主酒店使用该品牌。

同时，建议业主关注商标使用权问题可能对品牌发展限制条款的影响。当酒管公司持有酒店品牌商标权时，业主与酒管公司签订品牌发展限制条款可以有效限制酒管公司不得在约定范围内许可其他业主使用该酒店品牌。但如果酒管公司并非是酒店商标所有权人，且酒管公司的母集团给酒管公司在我国的授权并非独家授权，而是排他授权或普通授权，则存在酒管公司母集团直接"下场"或授权其他法律主体同样在国内许可酒店品牌的可能性，如果酒管公司母集团的另一家关联公司在业主酒店周边许可了另一家同品牌酒店，则仅仅靠业主与酒管公司间签订的品牌发展限制条款，将无法限制另一家同品牌酒店的开业，这将使品牌发展限制条款形同虚设。因此建议业主在谈判商标许可合同和品牌发展限制条款时，应在了解酒管公司品牌商标权许可法律状况的情况下，合理考虑这种特殊情况发生的可能性及有效解决方案。

（三）酒管公司对集团性服务的调整权

集团性服务通常指酒管公司组织的各种销售活动、营销活动、市场调查、客户回访、员工培训、集团采购、服务升级等。酒管公司向业主提供的集团性服务是酒管公司一项重要的竞争力表现。通常而言，酒管公司提供的集团性服务的费用并不包含在所收取的管理费中，而是要另外向业主收取。酒管公司通常会强调，集团性服务费用并非酒管公司的利润来源，所有收费都是用来弥补酒管公司开展这一服务而产生的成本。

集团性服务自身还具备另一个特点，就是需要紧紧贴合市场的变化而改变。举个例子，在21世纪最开始的10年中，移动互联网还未真正普及，因此当时的网络营销手段主要是互联网网站。而随着网速的不断提升以及移动互联网的普及，手机App逐渐成为与互联网网站同样重要的影响渠道。而近几年随着小程序的兴起，各个酒管公司也纷纷开始设计自己的小程序，抢占各个销售渠道。因此我们也可以想象，当社会科技不断发展时，如果酒管公司不能做到网络营销渠道不断创新，则将面临被淘汰的命运。

因此在集团性服务合同中，酒管公司通常都会明确保留调整集团性服务的内容、事项及收费模式的权利。从业主角度来讲，这一条款属于"开口性"条款，酒管公司有可能通过这一约定方式减少服务内容或增加服务费用，从而影响业主的经济利益，因此通常业主也不容易接受这类约定。而对于酒管公司，其保有这一权利的初衷是希望随着自身的不断成长和技术的不断进步，持续升级其服务内容，并且降本增效，为业主带来经济利益。也是因为这一原因，将酒管公司这一诉求全盘否定也并非明智之举。同时对于酒管公司自身而言，如果其服务内容和收费标准明显超出其他竞争对手，将会造成酒店业主转而选择其他酒店集团。因此，酒管公司的集团性服务的费用及条件一般不会明显超出行业水平。所以双方需要在具体谈判中，针对集团性服务事项，找到一个双方均能接受，并且对于业主而言又是风险可控、服务可期的约定方式。

第 六 章

酒店合同中的
法律问题

一、酒店管理合同可以任意解除吗

（一）酒店管理合同是《民法典》项下的委托合同吗

酒店管理合同到底是不是委托合同，恐怕是酒店法律领域争议最大、也最为关键的一个问题。何谓委托合同？根据已废止的《合同法》第三百九十六条："委托合同是委托人和受托人约定，由受托人处理委托人事务的合同。"现行《民法典》第九百一十九条亦做相同规定。酒店管理合同从其核心内容讲，是业主将其酒店交给酒管公司来管理，酒管公司在酒店管理合同的约定范围内，对酒店享有相对独立的管理权，因此其合同性质具备一定委托管理的性质。

有种观点认为，酒店管理合同中既包括业主委托酒管公司管理酒店的内容，同时也包括商标许可、集团性服务（比如酒店集团营销、预订服务及会员服务等）及技术协助等，这些内容并非委托管理事项，因此应将酒店管理合同认定为"无名合同"，而不应将其视为委托合同。

应更具体地看待此问题。有些酒管公司在与业主签订酒店管理合同时，可能会将合同拆成数份，比如管理合同、技术协助合同、商标许可合同及集团服务合同等，在此情况下，技术协助合同、商标许可合同、集团服务合同等因其性质与委托合同不同，因此不应将这三份合同认定为委托合同。但管理合同因其主要内容为业主将酒店委托给酒管公司管理，因此我倾向于认为，在一般情况下酒店管理合同具备委托合同的性质。如果酒管公司与业主只签订一份融合了酒店管理、技术协助、商标许可、集团服务等综合内容于一身的"大"合同，则我的倾向性意见是，在一般情况下，由于酒店管理部分无疑是这份"大"合同中最核心的部分，而技术协助、商标许可、中央服务等内容均是由酒店管理这一基础派生，且是围绕着酒管公司管理酒店这一核心商业目的而展开的，因此酒店管理这一核心内容的法律性质决定了这个"大"合同的主要部分的法律性质。由于酒店管理这一法律行为具备委托合同的基本性质，也即业主委托酒管公司管理酒店，因此整个"大"合同应依其主要内容而认定该合同或该合同的主要部分具备委托合同的性质。

如果酒店管理合同被认定为委托合同，会有什么样的法律后果？根据《合同法》第四百一十条："委托人或者受托人可以随时解除委托合同。因解除合同给对方造成损失的，除不可归责于该当事人的事由以外，应当赔偿损失。"根据《民法典》第九百三十三条："委托人或者受托人可以随时解除委托合同。因解除合同造成对方损失的，除不可归责于该当事人的事由外，无偿委托合同的解除方应当赔偿因解除时间不当造成的直接损失，有偿委托合同的解除方应当赔偿对方的直接损失和合同履行后可以获得的利益。"也就是说，如果酒店管理合同被认定为委托合同，则合同双方将享有法律赋予的任意解除权。

针对此问题，有两个需要关注的要点：首先，是否可以通过明确约定酒店管理合同性质的方式豁免法律规定的委托合同制度的适用？其次，能否通过约定方式豁免委托合同任意解除权对酒店管理合同的适用？

在一些早期的酒店管理合同中，通常尚不会有明确的合同文字约定酒店管理合同不属于委托合同，或者酒店管理合同不适用任意解除权。在合同没有其他相反约定的情况下，如果合同中明确约定了在何种情况下，一方有解约的权利（例如，一方严重违约时，另一方有权解除合同），或者约定了业绩考核终止条款（即只有在触发业绩考核终止条款时才能终止或解除合同，反向证明双方均不享有任意解除权），那么前述约定是否能够认为是双方豁免任意解除权适用于酒店管理合同呢？这个问题在实践中有非常大的争议。

而在更为晚近的酒店管理合同中，一些酒管公司由于在海外已经吃到酒店管理合同被认定为委托合同后合同遭到业主任意解除的大亏，因此往往在酒管公司出具的酒店管理合同范本中明确诸如酒店管理合同的性质不是委托合同、酒店管理合同不适用法律规定的委托合同双方的任意解除权等。并且这些酒管公司往往奉这类合同条款为绝对不可动摇的合同底线，认为只要有合同这类约定，就能保其不吃所谓"委托合同任意解除权"的亏。但这种想法过于理论和理想化，缺乏与争议解决的实操经验的结合。在仲裁或诉讼中，我们判断一个合同的性质，绝不会仅仅以合同某一条款的约定来下结论，仲裁庭或合议庭一定会以实质重于形式的原则，根据酒店管理合同各个条款所反映出的法律性质来综合判断该合同的性质，而绝不会仅仅因为合同多了一两句话，且这些表述是酒管公司出具的模板文字，而使酒店管理合同的性质发生实质性变化。

另外，如果酒店管理合同中明确约定《合同法》或《民法典》所赋予委托合同的任意解除权不适用于本合同，那么这种约定是否有效？一种观点认为，酒店管理合同属于民事领域合同，在不触及合同无效条款规定的情况下，应该允许合同当事人的意思自治，因此认为合同双方有权通过合同约定来豁免法律规定的委托合同任意解除权的适用。而另一种观点则认为，《合同法》或《民法典》所赋予委托合同的任意解除权的原因是，委托合同是一种强烈依赖于委托人和受托人之间信任的合同，如果这种信任不存在了，则委托合同的基础便不复存在，因此应当赋予委托人或受托人在这种信任不存在时均有解除委托合同的权利。因此认为委托合同的任意解除权是一种强行性权利，不能为酒店管理合同的约定所豁免。在通常的情况下，我本人更倾向于第二种观点。

在探讨完委托合同任意解除权是否可以通过合同约定而免除后，我们需要关注的另一个问题是，委托合同被行使任意解除权后，行使终止权的一方所应承担的法律责任。在这一问题上，《民法典》与《合同法》的规定已经有了本质的不同。根据《合同法》第四百一十条："……因解除合同给对方造成损失的，除不可归责于该当事人的事由以外，应当赔偿损失。"那么，如何理解赔偿损失的范围？根据《合同法》第一百一十三条第一款："当事人一方不履行合同义务或者履行合同义务不符合约定，给对方造成损失的，损失赔偿额应当相当于因违约所造成的损失，包括合同履行后可以获得的利益，但不得超过违反合同一方订立合同时预见到或者应当预见到的因违反合同可能造成的损失。"因此简单地说，赔偿范围既包括直接损失，也包括可得利益，但可得利益不应超过违约方的可预见范围。根据最高人民法院公报案例"上海盘起贸易有限公司与盘起工业（大连）有限公司委托合同纠纷案"〔（2005）民二终字第143号〕，最高人民法院认为，由于《合同法》赋予了委托合同双方任意解除权，因此合同双方在订立合同时均应预见到该合同将会被"随时"解除，相应的也就不存在在该合同被解除后的预期利益问题，其结论是解除委托合同一方只需赔偿对方在合同解除前已经发生的实际损失。当然，在盘起案后，对于委托合同解除的赔偿范围是否仅应局限于实际损失的问题，业界也进行过很多讨论，一些人士认为如此认定过于僵化，使签订委托合同的双方均无法对履约抱有充分的信心，不利于委托合同双方利益的保护。但在《合同法》时代，最高院一直未再出台新的司法意见对其在盘起案中所表述的观点进行调整。

但《民法典》的规定对这一问题有了重大变化。《民法典》第九百三十三条规定："……因解除合同造成对方损失的，除不可归责于该当事人的事由外，无偿委托合同的解除方应当赔偿因解除时间不当造成的直接损失，有偿委托合同的解除方应当赔偿对方的直接损失和合同履行后可以获得的利益。"前述条文已经明确规定，委托合同的解除方，应该赔偿守约方合同履行后可以获得的利益。因此，我们从上述比较中可以发现，我国法律对于行使委托合同任意解除权所带来的法律责任的规定已经发生了重大变化，《合同法》时代，委托合同解除方通常仅需赔偿对方直接损失，而无须赔偿可得利益。而进入《民法典》时代后，委托合同解除方已经有责任向守约方赔偿合同的可得利益。

但即便在这种情况下，委托合同被解除后守约方的可得利益，仍然应该符合"可预见"原则。根据《民法典》第五百八十四条："当事人一方不履行合同义务或者履行合同义务不符合约定，造成对方损失的，损失赔偿额应当相当于因违约所造成的损失，包括合同履行后可以获得的利益；但是，不得超过违约一方订立合同时预见到或者应当预见到的因违约可能造成的损失。"因此即便《民法典》规定了委托合同的违约方应向守约方赔偿可得利益，但守约方可得利益的范围仍然需要论证，如果这种可得利益范围已经超出了违约方"订立合同时预见到或应当预见到的"违约损失，则超出的部分仍然属于超出可预见范围的部分而不应得到支持。

我相信，如业主与酒管公司因委托合同任意解除权的行使而进行仲裁，如何论证和确定守约方损失的"可预见"范围，必然成为此类酒店仲裁案件中绕不开的核心庭审焦点。我最后希望强调，对于合同的定性需要结合具体合同文字的约定及项目背景来综合认定，上述分析并不构成我本人对酒店管理合同性质的一般性法律意见。

（二）值得借鉴的美国经验：酒店管理合同因被视为委托合同而可任意解除

美国是酒店行业的成熟市场，目前很多排名前列的国际酒店管理公司或发端于美国，或在美国上市，或者在美国有非常成熟的酒店业务模式，很多酒店行业的创新商业模式是在美国创立并发展到全世界的。同时美国也是法治建设发展健全的社会，在酒店领域的司法案例已经积累了大量成熟经验，因此美国酒店行业所出现的案例对我国理解行业发展、建立更为成熟的酒店法律制度都有非常重要的参考意义。

为此，我研究了美国酒店行业案例，并选取了其中较有代表性的案例进行了分析。由于酒店领域争议解决方式多通过仲裁完成，仲裁的一项基本性质就是案件保密，因此外界很难知晓和找到酒店领域的仲裁裁决文件。然而，在酒店争议双方提请仲裁的同时，双方很可能希望获得禁制令（Injunctive Relief，可比照我国的诉前 / 诉中保全申请来理解，但又不完全相同）来保护本方的权利：业主方诉求通常是希望法院下达禁制令，要求酒管公司立即离开酒店，将酒店交还业主。而酒管公司的禁制令请求内容则恰恰相反，通常是要求法院下达禁制令，确保酒管公司可以继续驻留和管理酒店，而不被业主驱逐，以防如果仲裁裁决双方继续履行酒店管理合同时，酒管公司因已离开酒店而无法再恢复酒店管理权。但仲裁机构本身并没有对仲裁案件主体直接发布禁制令的权力，需要案件当事人诉诸美国法院，因此我们从美国法院判决中对于涉及酒店行业争议的禁制令的判例，可以一窥美国司法领域对于酒店行业争议，特别是对于酒店管理合同法律性质的意见。

美国是一个实行普通法（Common Law，国内也被称为英美法）制度的国家，判例法是普通法制度中非常重要的法律渊源（法律渊源通俗的解释就是什么事项被认为是"法"），后案判决往往要遵循在先案例的判决方式。普通法对于禁制令的适用与我国法律体系下的保全措施虽有类似之处，但差异也非常明显。在我国，通常申请人（一般是案件原告）只要初步证明与被申请人（一般是案件被告）存在法律争议，并且提供担保措施（确保在保全适用错误时可向被申请人进行赔偿），我国法院通常都会裁定同意申请人的保全要求，我国的法院保全程序的裁定文书一般不会对案件实体问题发表任何意见。而在普通法体系下，禁制令被认为是一种特别的救济方式（Extraordinary Remedy），普通法下的美国体系与英国体系又有所不同。在美国体系下，申请人为获得禁制令必须证明：①其向被申请人主张的请求权有法律依据并可能获支持；②如无禁制令将使其蒙受不可挽回的损害（Irreparable Harm）；③申请人受到的潜在损害超过被申请人因禁制令而受到的潜在损害；④对社会公共利益无不良影响。只有达到前述四点要求，美国法院才有可能为申请人颁布禁制令。因此在普通法司法领域内，禁制令的申请比在我国司法领域内申请保全要困难得多。基于颁布禁制令的法律要求，在美国法院审查是否出具禁制令的案件中，同样会对案件进行实体性审查，这就使本来全部笼罩在仲裁保密性原则之下的神秘的酒店管理合同争议案件显露出了冰山一角。

委托代理法（Principal-agent Law）属于美国的"州法"，即各州享有立法权，联邦并未对此进行统一立法。但总体来说，各州对于委托代理关系的法律规定差异不大：由于委托代理关系基于双方的高度信任，因此在委托事项未完成前，委托人有权随时解除委托合同，这是委托人在委托合同项下的固有权力（Power）。委托人的随时解除权仅在两种情况下受限：受托人在委托关系中"附带利益（Coupled with Interest）"或受托人获得的授权是"被保证的权力"（Power Given as Security）。在这里特别要说明，美国每一州均有一定的州立法权，因此不同州法律可能对酒店管理合同的性质认定有所不同。也正是因为这个原因，此前曾有很多酒店管理公司会在美国马里兰州设立法律主体，并与业主签订酒店管理合同。原因在于根据签约时的马里兰州法律，合同双方可以通过约定的方式豁免法律规定的委托合同中双方任意解除权的适用，因此当酒店管理合同适用马里兰州法律并且明确约定酒店管理合同双方均不能任意解除时，该约定将超越法律赋予委托合同一方的任意解除权，也即酒店管理合同将不再能被任意解除。相比更为支持酒管公司一方的马里兰州而言，纽约州、佛罗里达州等主要地区的法律规定则对双方而言更为平等。

在美国法院审理酒店管理合同禁制令案件的过程中，酒店管理合同属于委托合同性质已不是一个争议问题，在相关案件中，双方的争议焦点主要集中在两个方面：酒管公司在酒店管理合同中是否可被视为附带利益而不得被任意解除？酒店管理合同是否适用特别履行（Specific Performance），即通过禁制令要求双方继续履行酒店管理合同？如果酒管公司在酒店管理合同中并不附带利益，或者酒店管理合同是一份不能（不应）被特别履行的合同，那么法院就不可下达使酒管公司继续驻留及管理酒店的禁制令。在一些更近期的案例中，美国一些法院着重论证了酒店管理合同具备个人服务合同的性质，但即便将酒店管理合同认定为个人服务合同，依然并不限制酒店管理合同一方（特别是业主方）对于酒店管理合同的随时解除权。我们通过如下几个典型的美国法院案例，来对美国法律针对酒店管理合同的性质进行探讨。

1. Woolley vs. Embassy 案 [①]

该案明确了酒店管理合同争议中委托法律关系的适用、委托人是否有权解除合同、酒店管理合同是否为个人服务合同，以及酒店管理公司是否可以申请禁制令以制止业主解除合同并保持酒管公司继续驻留和管理酒店等关键性问题。

该案中，虽然酒店管理合同明确约定双方为委托代理关系，但酒管公司主张，代理关系的核心在于委托人对于受托人有把控权。而酒店管理合同中业主将酒店的运营全权交给酒管公司管理，这动摇了代理关系中受托人应受控于委托人的特点，因此双方关

---

① Woolley v. Embassy Suites, Inc., 227 Cal.App.3d 1520（1991），278 Cal Rptr. 719.

系不属于代理关系。同时，酒管公司认为酒店管理合同中明确约定了何种情况下一方可解除合同，以及解除合同的程序，因此业主解除合同的行为违法。

法院则基于酒店管理合同的明确约定及业主在酒店管理合同项下享有的对酒店经营的批准权而驳回了酒管公司的辩驳。法院进一步说理，只要业主控制的权利存在，不论业主是否真正行使了这一权利，业主对酒管公司的把控均存在，因此业主与酒管公司间构成委托代理关系。

该案中法庭认为，在酒店管理合同中任何尝试限制业主终止酒管公司管理权的努力均无效，原因是业主作为委托关系的委托人，具有绝对的解除委托合同的权力，即便该合同被定性为"不可撤销"时也不例外。因此普通法中对于委托代理制度的规定取代了酒店管理合同约定的合同不可撤销或解除的条款。当然，业主有权力解除委托合同，并不妨碍根据合同约定，由于业主违约解除合同而需要向酒管公司承担违约责任。

根据美国法律，只有在代理关系中存在"代理附带利益"（Agency Coupled with Interest），代理合同才不能被任意解除。法院认为，为了行使代理附带利益，代理人在委托代理中必须享有"特定的、现时的及共存的（Specific，Present and Coexisting）"受益权。只有在为了保护受托人在酒店中的权益或担保业主向酒管公司履约，且这种行为应独立于代理关系本身（即酒店）时，才能被视为在代理关系中附带利益。管理费、管理酒店所获得的名声及酒店品牌伴随酒店经营而成长所给酒管公司带来的利益，均不被视为代理关系中附带利益。酒管公司在酒店管理合同中如何证明其享有附带利益，成为 Woolley 案后每一个案件中双方争论的焦点。但法院似乎并未对如何认定附带利益做出正面表述，只是在后续案件中不断提出，酒管公司所认为的各种利益均不被视为委托代理关系下的附带利益。

法院认为酒管公司无权向法院申请禁制令以禁止业主解除酒店管理合同并使酒管公司继续管理酒店。原因在于，酒店管理需要专业知识和专业判断，需在业主和酒管公司间建立足够信任，因此酒店管理合同也属于个人服务合同，具有合同签订方的人身专属性。正是因为这种关系，如果一旦有一方提出解除酒店管理合同，证明双方间这种信任丧失了，在此时不应再由法院判断双方间关系是否应被解除，因此法院不应向业主发出禁制令以禁止业主终止酒店管理合同。

关于个人服务合同的性质对酒店管理合同的影响，我们将在后案中做进一步论述。

2. Pacific Landmark vs. Marriott 案 [①]

该案中，法庭同样认为，由于酒管公司不享有委托合同中的"附带利益"，因此不能阻止业主根据委托关系的法律规定终止合同。委托人解除委托合同的权力是法定权力，独立并区别于解除委托关系的合同约定权利。因此即便委托人无解除委托代理关系的合同权利，法律仍赋予委托人在不存在代理附带利益的情况下解除委托的权力。

该案中，法庭进一步剖析了如何理解代理关系中附带利益，附带利益必须同时具备四个因素：时间、标的、相同人及资源。法庭认为，如果酒管公司在业主公司中持有股权的公司只要与酒管公司的酒店管理合同签订主体不是一家公司，即便两家公司为关联甚至母子关系，依然不能视为酒管公司在酒管合同项下存在

---

① Pacific Landmark Hotel, Ltd. v. Marriott Hotels, Inc., 19 Cal.App.4th 615（1993），23 Cal.Rptr.2d 555.

代理并附带利益，因为在此情况下并未侵害任何第三方利益，因此酒管公司不能主动适用"刺破公司面纱"的理论将不同公司法人人格进行混同，进而主张其在酒店管理合同中附带利益。

同时，法庭也对在酒店管理合同中明确剥夺了业主方根据代理关系解除合同权利时，业主能否依旧解除酒店管理合同进行了讨论。法庭认为虽然根据酒店管理合同的约定，业主丧失了解除酒店管理合同的权利（Right），但法律赋予业主解除酒店管理合同的权力（Power）并不能被剥夺，因此业主仍然有权解除酒店管理合同，只是需要就违反酒店管理合同中约定的对豁免解除酒店管理合同权利的行为是否应承担赔偿责任进行探讨。

权利与权力的差别，我们在法学理论著作中经常进行讨论，如果用简单直观语言说明二者的区别，权利可以被理解为一种"影响自己"的法律能力，而权力则可以被理解为一种"影响他人"的法律能力。在民事法律关系中，我们更多讨论的是权利，而在公法领域则会讨论权利与权力的边界，以及如何行使和约束权力。权利与权力的交织和碰撞，为酒店管理合同性质的讨论赋予了更深一层的理论意义。

3. Government Fund vs. Hyatt 案 [①]

在该案中，由于酒管公司担心业主的实际财务能力无法支撑酒店经营，因此在谈判酒店管理合同时获得了一系列优惠的合同权利，包括优惠的管理费分成比例；将酒管公司少收取的一部分管理费作为酒管公司对酒店的资本性投入；30 年的超长管理年限；在酒店经营欠佳时业主无权终止合同；酒店管理合同中还明确了除非合同约定，否则双方不得终止合同。同时，酒管公司还从业

[①] Government Guarantee Fund of the Republic of Finland v. Hyatt Corporation，95 F.3rd 291（1996），35 V.I. 483.

主的主要债权人银行获得了不干扰协议，该银行向酒管公司承诺，即便在银行行使抵押权拍卖酒店造成酒店易主时，仍然不会影响酒店管理合同的履行，酒管公司可以继续管理酒店。酒管公司通过前述一系列的合同设计，希望在酒店管理合同中体现出其是在代理关系中"附带利益"的。

但酒管公司不希望发生的事情终究发生了，由于经营失败，该酒店原业主的债权人银行拍卖了酒店资产。新业主入驻酒店后，立即选择了终止与酒管公司的酒店管理合同。为此，酒管公司向法院提出了禁制令申请，希望援引酒管公司在该酒店的酒店管理合同中享有"附带利益"而可以继续履行和经营酒店，要求法庭为此向新业主出具禁制令。

为了避免与 Woolley 案及 Pacific Landmark 案中酒管公司相同的命运，酒管公司在本案中提出了新的观点。酒管公司认为其在本项目中拥有的"不仅仅是对房产的物理管理，其管理权延展到运营复杂和综合的业务"，其代理权"不限于对酒店的房产及人员的管理，还包括运营酒店的整体业务"，属于在实质上创设了新业务，因此依据判例，酒管公司作为代理人进行了实质性（或资本性）投入，并承担对受托业务的重要管理责任，因此酒管公司主张这种委托代理关系不可撤销。

此外，酒管公司还尝试将本案案情与上述两案进行区分。酒管公司主张，在 Woolley 案中，由于酒管公司与业主分别签订了酒店管理合同和商标许可合同，因此难言酒管公司管理酒店的权利是为了保护酒管公司的知识产权而不可撤销；而在 Pacific Landmark 案中，酒管公司所持有股权与管理酒店的法律主体不同，导致酒管公司无法主张酒店管理合同是伴随利益的。

但本案法庭与 Woolley 案及 Pacific Landmark 案持有同样的观

点，认为酒管公司在本案中的辩驳不成立，认为以资本性投入形式在酒店日常运营中获得一定的权利（甚至股权）并不足以在委托关系中形成酒管公司的"附带利益"，酒管公司在本案中并不属于创造了新业务。法庭对于该案中酒店管理合同赋予酒管公司的各项优惠权利是否构成酒管公司的"附带利益"进行了特别的解释，认为酒管公司主张的所谓"资本性投入"（即酒管公司"减免"业主的一部分管理费）仅仅是酒管公司管理酒店所获得的伴随收益，而酒管公司并未真正承受酒店投资的风险，因此不能被视为在酒店管理合同中"附带利益"。法庭特别指出："如果授予权力的目的仅仅是为了权力出让方的利益，那么权力的出让方可以撤销授予的权力。如果代理人的利益仅仅来源于其履行了代理事项而获得的报酬，则这种授权并非'被保证的权力'，可以被撤销。"

酒管公司还提出，不干扰协议的内容反映出各方认为酒店管理合同应视为不可解除的。法院则认为，不干扰协议属于从属协议，只能用来判定新业主解除酒店管理合同是否违约，但不应影响酒店管理合同的性质认定。

本案法庭沿袭了 Woolley 案及 Pacific Landmark 案的结论，认为该酒管公司未能证明其代理伴随利益，因此即便酒店管理合同有相反约定，业主拥有解除酒店管理合同的权力，只是业主需要承担违反酒店管理合同相应约定的法律责任。因此法庭驳回了酒管公司申请继续驻留和经营酒店的禁制令的申请。

4. Woodley vs. Sheraton 案 [①]

该案承接了 Woolley 案、Pacific Landmark 案及 Government

---

① 2660 Woodley Road Joint Venture v. ITT Sheraton Corp.

Fund 案的观点。该案中酒管公司提出，其获得的授权是"被保证的权力"，因此代理权不可被撤销，原因在于酒管公司所获授权是为了保证业主公司部分股东的利益（业主公司由三家股东构成，股东在业主公司中的权利不尽相同）。

该案法庭引用了 Government Fund 案中法庭判定授权是否是"被保证的权力"的判定办法，即酒管公司是否对独立于所授予权力的代理标的有利益，或者酒管公司的利益是在行使所授予权力之时或之后产生的。前者应被视为代理伴随利益或授权"被保证的权力"，后者代理关系则可被撤销。基于上述判定规则，法庭认为在本案中酒管公司所获授权并非"被保证的权力"，业主有权撤销对酒管公司的授权。

5. Fairmont vs. Turnberry 案 [①]

该案较之前述案件的情况更为复杂。在该案中，酒管公司在酒店资产中牵涉了更多的权益。实际上该项目酒店的前业主不愿意与新业主直接交易，因此要求酒管公司作为桥梁，前业主将酒店先卖给酒管公司，其后酒管公司再将酒店卖给新业主。在该交易中，酒管公司使用 FHR TB LLC 的母公司作为酒店买卖的"桥梁"公司，为确保其自身利益，FHR TB LLC 与业主签订了长期的酒店管理合同，并同时签订了战略联盟协议，在酒店未来开发中保留了诸多利益，并要求保留新业主出售酒店时的优先购买权等优先权。

在酒管公司将酒店出售给新业主后，新业主在未提前通知酒管公司的情况下，强行进场接管了酒店，并将酒管公司的管理团队逐出酒店。因此酒管公司向法院申请禁制令，要求在仲裁裁决

---

① FHR TB LLC v. TB Isle Resort，L.P.，865 F. Supp. 2d. 1172（S.D.F.L. 2011）.

结果做出前，其仍然有权驻留并管理酒店。

酒管公司申请禁制令的主要理由还是其在酒店管理合同中形成了"附带利益"的委托关系，依据包括：①酒店管理合同中明确约定酒管公司是"附带利益"的委托关系；②酒店管理合同文字约定了酒管公司享有平静的管理酒店并使用酒店设施的权利；③酒管公司对酒店有优先购买权，这使得委托关系不可撤销；④酒管公司与"桥梁"公司签订了酒店管理合同，"桥梁"公司当时拥有酒店的产权；⑤其与新业主的战略合作协议中赋予酒管公司在酒店项目未来发展时的权益，比如业主在酒店土地上的任何新开发项目均需要酒管公司的许可，且酒管公司有权管理新开发项目；⑥酒管公司有权投资酒店项目；⑦酒店管理合同的签订是酒管公司将酒店出售给新业主的前提条件等。

沿袭 Woolley 案及 Landmark 案的观点，法院认为酒管公司提出的上述理由均不构成委托关系中的"附带利益"，驳回了酒管公司的禁制令申请。法院持有的主要观点在于，酒管公司提出的所谓"附带利益"实际上都不是"既得权利（Vested Right）"。区别于可能性权利或选择权，既得权利不能是"可能"发生的权利，而是必然发生的权利。比如优先购买权就仅仅是一项"可能"发生的权利，只有在新业主出售酒店时才会存在该权利，而目前并不存在该项权利。同时，基于公司法人相互独立性的原则，酒管公司的关联公司在酒店中持有的任何利益都不被视为是其自身持有的利益。

此外，酒管公司还主张酒店管理合同应参考适用与租赁合同相关的法律，但法庭指出酒店管理合同本身已载明该合同并非租赁合同，更何况酒店管理合同的法律性质与租赁合同相去甚远，因此不应适用租赁合同相关法律。这一点其实对我国的酒店行业也有参考价值，因为个别业主和酒管公司会将酒店管理合同关系误解为租赁性质，或借用租赁合同的相关法律规定来解释酒店管理合同，因此认为酒管公司对酒店管理合同续约、酒店出售等具有优先权，而这种观点显然是错误的。

6. 酒店管理合同是否是个人服务合同

在上述案件之后的 Marriott International Inc. vs. Eden Roc 案（简称"Eden Roc 案"）及 RC/PB vs. Ritz-Carlton 案（简称"RC/PB 案"）中，主审法院对酒店管理合同的性质做出了进一步认定。

Eden Roc 案适用纽约州法律，而 RC/PB 案适用佛罗里达州法律。在这两桩案件中，法院均认定由于酒店管理合同中业主的大量权利被赋予酒管公司，在此情况下业主对酒管公司已经缺乏控制，因此这种关系已经超越了代理关系，而被进一步认为是个人服务合同，这种个人服务合同的性质更类似于"主人"与"仆人"之间的关系，由于个人服务合同往往伴随了很多的专业性服务，因此第三方通常难以衡量其履约状况。我国法律中尚没有与美国法律中个人服务合同直接对应的法律术语。这种个人服务合同在美国法律项下有更为深远的含义，根据美国宪法第十三修正案（简称"第十三修正案"），奴隶制或强制劳役是被严格禁止的。因此如果酒店管理合同被视为个人服务合同，则很有可能落入第十三修正案的视野，而被要求禁止强制履行，这将意味着酒管公司将更加无权要求业主必须履行酒店管理合同，但业主却可任意解除之。

在 Eden Roc 案中，酒管公司主张由于酒店管理合同是复杂的交易合同，其中包含大量除酒店管理外的其他要素（我国国内很多酒管公司都强调此点，因此主张酒店管理合同并非委托合同），且业主方和酒管公司均是成熟的商业主体，因此摆脱了个人服务合同的性质。而在 RC/PB 案中，酒管公司强调个人服务合同基于其严格的人身属性而不能转让，但酒店管理合同中都约定了酒管公司可以转让合同的条款。同时酒管公司还强调，酒店管理合同中的业绩考核条款使业主对于酒管公司管理酒店的成效有了可以测量的维度，据此酒店管理合同也不属于个人服务合同。

但两案中法庭的主要观点均为：由于酒管公司基于酒店管理合同而从业主处获得了广泛性的权利，使酒管公司拥有了大量的自由裁量权，使得酒店管理合同具备个人服务合同的性质，因此酒管公司无权向法院申请禁制令以通过法律形式维持酒店管理合同的效力，继续驻留和管理酒店。但相反的，业主方基于上述缘由，有权向法院申请禁制令以使酒管公司终止酒店管理并离开酒店。

这两个案例也体现出美国法院对于酒店管理合同审判的新动向，由于一些酒管公司出于此前酒店管理合同被视为委托合同，且酒管公司无法证明其履约"附带利益"，遭遇业主行使的合同任意解除权的沉重打击。因此个别酒管公司会在酒店管理合同的约定文字上进行"创新"，类似于约定酒店管理合同并非委托合同，酒管公司不是业主的受托人，酒管公司不向业主承担受托 / 信义义务（Fiduciary Duty）等。信义义务是普通法项下委托关系中受托人应承担的基本义务，其内容主要包括忠诚于委托人、如实披露、将委托人利益置于本人（即受托人）利益之上、不与委托事项做自我交易，且不与委托事项从事竞争性业务等。这些酒管公司期望通过类似约定减轻其酒店管理公司被任意解除的风险，并减轻受托义务。在一些美国低层级一审法院的判决中，确实有法官接受了酒管公司这一说辞，认为既然业主和酒管公司都是成熟的商业主体，都聘请了律师进行谈判，因此酒店管理合同中约定的合同性质就是双方的法律认知。但二审法院通常都会纠正一审法院的观点，在一些判决中，二审法官会巧妙地回避合同约定是否改变酒店管理合同法律性质的问题，而着重论述由于酒店管理合同同时符合个人服务合同的性质，而个人服务合同不适用强制履行，因此业主同样具有任意解除权，这样依然实现了业主对酒店管理合同任意解除的最终目的。

因此从美国法院既往诸多判例来看，不论将酒店管理合同认定为委托合同，还是认定为个人服务合同，业主对于酒店管理合同拥有任意解除权的观点基本保持了下来。可以预见，个别酒管公司未来可能会对酒店管理合同的修辞方式做进一步"探索"，如要求在合同中必须写明酒店管理合同"既不是委托合同，也不是个人服务合同"，酒管公司不承担受托 / 信义义务等。这种约定方式势必会影响业主在酒店管理合同项下的权益，但我国司法实践如何认定，将有待于进一步观察。

7. 美国法律对于酒店管理合同性质的小结

只有在酒店管理合同中被证明"附带利益"才能免于被一方（这里主要指业主方）任意解除。但基于相关案件判决，上述案件的法庭认为以下利益都不构成酒管公司在酒店管理合同中委托合同项下的"附带利益"：

（1）由酒管公司关联方持有酒店的股权或其他权益，原因是酒管公司的关联方与酒管公司是不同法律主体，不应被混同看待。

（2）酒管公司对酒店的某些投入，比如钥匙款、以管理费打折形式对酒店变相的改造投入等，因为酒店管理合同通常都会明确约定，酒管公司与业主不构成合伙关系。

（3）酒管公司经营该酒店所能获得的声誉、管理费等利益等，因为这些收益都是酒管公司经营该酒店后所伴随产生的。

（4）酒管公司对酒店出售时的优先购买权，因为这一优先购买权既未发生，也因酒管公司不一定会选择该权利而导致该权利不具确定性。

在美国的相关案例中，法庭除了认为酒店管理合同属于委托合同，对酒店管理合同是否属于个人服务合同也做了进一步探索。如果酒店管理合同被视为个人服务合同，则根据第十三修正案将更不能被一方（主要指酒管公司方）要求强制履行。但不论美国法庭认定酒店管理合同属于委托合同还是个人服务合同，支持业主方对合同有随时解除权这一观点始终未变。

虽然法庭对业主方可以随时解除酒店管理合同的权力表达了支持的态度，但业主可能仍需就违反酒店管理合同约定而解除合同的行为向酒管公司承担相关责任，而承担责任的方式将由业主与酒管公司间的仲裁裁决决定。

二、区域发展限制

从业主视角出发，不论是特许经营模式还是委托管理模式，与酒管公司合作的重要原因是酒管公司拥有颇具商业价值的酒店品牌，从某种程度上来说，酒店品牌即酒管公司。酒管公司轻资产扩展的速度远比业主重资产投资建设酒店的速度要快。正因为如此，为了确保本酒店的市场竞争环境，避免酒管公司盲目扩张品牌导致与本酒店发生直接竞争，业主可以考虑要求酒店品牌的区域发展限制条款。

品牌区域发展限制条款不仅常见于酒店项目，也表现在其他商业领域，如品牌购物中心，其逻辑同酒店行业商业逻辑。建议在包括酒店在内的商业领域中，如果合作方式是类似委托管理或特许经营之类的，管理公司仅仅轻资产输出品牌以赚取管理费，对项目不做重资产投资（或不做实质性重资产投资），而业主要承担项目的投资风险及实际经营盈亏时，都应该考虑对品牌方提出品牌发展限制条款，以抑制管理公司过快发展品牌而"跑马圈地"式地增大竞争，确保其可以将更多精力放在本项目经营上或为本项目留足商业发展空间。如果合作方式是租赁、承包等，由经营方承担主要经营责任，业主方不承担经营风险而是获得相对固定的收益时，也可根据经营方品牌自身情况、市场竞争状况及业主为经营方提供的优惠力度等，考虑合理的品牌区域发展限制条款。

归根结底，品牌区域发展限制条款是为了确保业主所合作的品牌在一定范围内的"独一无二"性。

（一）区域发展限制的品牌保护范围

酒管公司在创设的早期阶段，为了避免其旗下酒店之间出现过度竞争，通常酒管公司会在区分定位的基础上创设和发展酒店品牌，比如将不同酒店品牌分别定位于奢华、五星级+、五星、准五星、四星（对应 STR 评级是奢华、超高端、高端、中端偏上及中端）等，从而将其产品（也即酒店品牌）进行区分定位，以适应和开拓不同的市场人群。

基于上述行业背景，区域发展限制的品牌保护范围通常是与本酒店品牌同一品牌的酒店，传统上限制品牌的范围一般不会扩展到酒管公司的其他品牌甚至扩展到酒管公司全系。其根本逻辑在于，品牌区域发展限制的底层逻辑是避免酒管公司内部所管理酒店之间的竞争影响本酒店业绩，而酒管公司的酒店品牌定位于不同市场，由于面向客群不同，通常不会发生直接竞争，有时甚至还可能存在协同效应，类似于用不同档次的酒店将整个市场中不同成本耐受能力的宾客都"吃下"的情况。因此，传统意义上，酒店合同中的该条款，对区域发展的限制范围仅局限于同一品牌。

但随着酒店行业波诡云谲的并购浪潮，为了保持头部地位和产品线的多样性，以应对市场的变化和同行的调整，很多酒管公司在近年来掀起了同行兼并浪潮，如万豪收购喜达屋，洲际收购六善、丽晶，雅高收购费尔蒙，凯悦收购阿丽拉等，还有大量酒管公司借助当下酒店发展的浪潮不断创立新酒店品牌。头部国际酒管集团的收购行为体现了马太效应，使其强者恒强，进一步扩展了其行业领导地位。很多头部酒管集团都手握十数个甚至数十个酒店品牌，在全球快速开拓其酒店业务。由于项目和管理费收入更多，头部酒管集团的成本得以进一步降低，从而进一步提升了其市场竞争力。因此我们在一些国内新一线或二线活力城市中可以看到，新开发建设的高端酒店，绝大多数被头部酒管公司拿下，这彰显了酒店集团并购潮给酒管公司带来的规模红利。

但酒管公司掌握大量品牌也造成了其旗下酒店品牌同质化严重，经常出现酒管公司旗下多个品牌都定位于同一档次市场，甚至出现针对同一酒店项目，酒管公司不同发展团队分别接触业主，并给业主提供酒管公司旗下不同档次定位品牌合作方案的尴尬情况。这一情况在酒管公司旗下仅有几个不同定位品牌的时代是难以想象的。

对于拥有多个同档次品牌的酒管公司而言，虽然酒店品牌名称不同，酒管公司也会尽力宣传其品牌间的不同定位，但对一般的酒店宾客而言，很可能无法体会品牌之间的差异。而同档定位酒店在同一城市接近地段的价格很可能也是比肩的，这就会形成同质品牌酒店间的竞争。而另外，从酒管公司内部角度而言，面向不同品牌酒店提供的销售、财务、人事、忠诚会员、IT、宣传等各方面服务的相似甚至相同的现象，符合普遍适用性原则和非歧视原则，通常而言并不会对定位市场相同但品牌不同的酒店提供差异化非常大的集团性支持服务。很可能出现的情况是，虽然酒店品牌不同，但从酒管公司得到的各种支持是差不多的，都在使用同一套酒管公司提供的集团性服务。

在这种情况下，与本酒店定位相当的酒管公司旗下其他同档次酒店品牌是否也会影响本酒店业绩？这个问题十分值得注意和观察。实际上这一问题在欧美发达酒店业市场中已经爆发过案例，案例中业主与头部国际酒管公司就此进行了尖锐交锋。在实践中，酒管公司握有众多同档次品牌到底是否对区域发展限制条款产生影响？针对我提出的上述问题，案例中已有充分讨论，但由于该案结果十分挑战目前我国通行的对于酒店品牌区域发展限制的惯例，为避免过多争论，我在此不再做深入讨论。

从更为长远的发展眼光来看，如果这种情况出现在某一酒店所处市场，则我认为区域发展限制条款中对于酒店品牌保护的范围应做合理的扩大，以反映出区域发展限制条款设计之初的商业本意，而不应因循守旧地仍然坚持旧制，酒店行业的所谓"行业惯例"也应随着酒店行业的市场发展而不断变化，从而使这个传统行业更好地拥抱未来。

（二）对业主的风险：管理公司索赔？

区域发展限制条款是酒店合同比较少的对酒管公司的单方约束机制，对业主而言是非常有利的约定。但在我处理的很多酒店争议中会存在一种情况，就是业主最终无力建设酒店，无法按照酒店合同的约定使酒店依照约定的期限开业，从而造成业主违约。当然，在一些开业后的酒店项目中，业主因种种原因要求主动解除酒店合同的，也适用这一问题。

在这种情况下，提示业主注意，酒管公司提出解除酒店合同并索赔时，同时有可能会向业主提出在酒店合同履行期由于酒管公司受到品牌发展限制的约束，导致其该酒店周边其他商业机会的丧失，进而以此向业主索赔。

当然，如果酒管公司主张该等赔偿，也需要承担较高的证明义务，以证明其主张的"损失"与业主违约未能开业酒店的行为存在因果关系，这包括酒管公司需要证明其在区域发展限制的区域内确实会有其他合作项目的存在，由于本项目而使酒管公司放弃其他项目的签约；还需证明新项目不会像本项目一样半路搁浅，而是会如期开业；索赔区间也应仅局限于新项目的"开业"日期至酒店合同被解除之日。虽然存在酒管公司索赔的理论性可能，但在诉讼仲裁的实践中，由于酒店项目建设本身就存在高度不确定性，受限于政策、资金、商业安排等诸多因素，并且在酒管公司签订本酒店项目后，由于酒店合同中的区域发展限制条款，酒管公司通常都不会再考虑被限制范围内的其他潜在项目，因此证明潜在项目是否存在本身就非常困难，诉讼仲裁中讲究"谁主张，谁举证"，因此赋予酒管公司的证明责任将更多，证明难度自然不小。

总体来说，酒管公司虽然存在针对此点索赔的可能性，但将上述证明责任的每一段因果链条予以夯实是比较困难的，对酒管公司而言颇具挑战。

（三）区域发展限制条款两大要素：时间与空间

区域发展限制条款由限制时间和限制空间两个重要因素构成。

1. 限制时间

限制时间是指酒管公司在多长时间的期限内受到该区域发展限制条款的限制。限制时间条款通常分为全合同期间限制及部分合同期间限制。由于区域发展限制条款直接影响了酒管公司新发展同品牌酒店的商业机会，因此酒管公司会坚持在酒店合同中仅在一段时期对其进行限制。如果酒管公司坚持此主张，由于区域发展限制条款的最主要目的是保护酒店开业初期的成长阶段，这一阶段酒店相对弱小，还未在市场上铸就牢固的品牌形象和市场地位，更加需要区域发展限制的保护，因此建议业主至少应坚持将区域发展限制条款保护期持续至酒店进入成熟经营期为止。

此外，提示业主注意酒店合同针对限制时间的措辞方式，一部分酒店合同会约定区域发展限制至酒店开业后【　】年，而另一部分酒店合同则会约定至酒店合同签订后【　】年，当然后者约定的年限通常会长于前者。由于在签订合同后，酒店通常还需经过漫长的设计建设期，其间存在大量不确定性，工期进程往往是不可控的，因此上述两种条款比较起来，区域发展限制以酒店开业日作为计算方式将酒店建设期的不确定性排除，对业主似乎更加有利；而从酒店合同签订开始起算则对酒管公司而言将有更加明晰的预期，其可以合理预期在哪年以后其又可以重获在该酒店所处区域开发同品牌其他酒店的商业机会。最后，可能有细心的读者会注意，如果以酒店开业作为品牌发展限制的起算期，会不会造成自酒店合同签订至酒店开业期间的品牌发展限制"真空"？我认为，理论上有这种真空的可能，但考虑到商业实践，这种真空会影响品牌发展限制条款目的达成的可能性很小，并且也可以通过调整酒店合同条款措辞的方式予以避免的。

2. 限制空间

限制空间条款是指酒管公司在多大面积范围内受到该品牌区域发展限制。限制空间的主要目标应是将该酒店未来主要生意来源区域划入限制范围，以保护本酒店业务。

行业中常见的划定限制空间的方式有两种，一种是以酒店正门为圆心，以某一半径的同心圆划定限制空间；第二种方式则是以几条道路连成封闭空间作为限制空间。相比而言，以同心圆划定限制空间的方式更为简单直接，但也容易产生问题，由于有时候同心圆的边缘会落在一些重要道路上，对于限制区域是否会限制道路两侧，双方会产生争议。而以封闭道路形式划定的区域更加准确，并且通常而言本酒店的主要生意来源并非均匀分布在酒店周边，而是以来源于某一方向为主，因此以封闭道路方式划定，可以将该酒店更为关注的生意区域划入，而将不重要的区域适当排除，从而使区域发展限制条款对本酒店的保护作用最大。

3. 同时限制时间与空间

正如上文讨论，酒管公司青睐于以轻资产模式拓展业务，由于无须对项目进行投资（或仅需少量投资），其可以快速大量拓展其品牌酒店项目。而区域发展限制条款是对酒管公司的主要限制，因此酒管公司通常对于该条款的限制范围会十分谨慎，而其受限范围是限制时间与限制空间叠加的结果，因此通常而言限制时间与限制空间呈现此消彼长的关系，如果限制时间更长，通常酒管公司可能要求更小的限制空间，而如果业主要求更大的限制空间范围，则酒管公司有可能要求将限制时间跨度缩短。在一些重要项目中，双方经过多次博弈，也可能根据酒店经营不同年限对限制空间范围进行调整，酒店经营的前几年限制空间范围更大，而之后的年度则限制空间范围被缩小。

建议业主根据该酒店项目所处市场情况，比如项目周边的发展程度、本地区未来发展规划、竞争酒店出现的可能性及位置等，对该问题进行综合判断。

三、我是在和酒管公司签约吗

在业主和酒管公司正式谈判酒店合同时，往往会发现一个问题，明明业主是在和 A 酒店集团进行谈判，而酒管公司的法律主体却是 B 公司，有时 B 公司的名称中有 A 集团的名称，但同时也经常见到 B 公司的名称与 A 集团好像并无关联。很多业主会有个疑问，究竟我是不是在和 A 集团签约呢？这个问题不但可能使业主产生疑惑，更重要的是，如果一些酒店项目业主采取招投标形式确定酒管公司，则这种情况还有可能影响酒店合同的招标采购程序，甚至可能发生因酒店公司主体不能对应而造成的"废标"。

上述情况在酒店行业中实际并不罕见，一些国际品牌酒管公司会使用多层投资结构，最终落地其在国内的酒店项目签订主体。一些酒管公司还会将提供技术协助服务的法律主体、提供集团性服务的法律主体及提供商标许可的主体再进行细分，形成多个我国境内外法律主体与同一家业主公司同时签约的情况。那么，业主如何分辨与自己签约的公司是"李逵"而非"李鬼"呢？

首先，大型酒管公司基本是上市主体，因此与业主签约的公司应是酒管公司上市主体的全资或控股子公司；而对于中小规模酒管公司而言，这类酒管公司的核心价值通常是其创始人本身，因此签约主体应是酒管公司创始人直接或间接控制的公司。其次，酒管公司的最核心商业价值是其酒店品牌的商标权，因此酒管公司的签约主体应持有商标权，或者作为商标被授权人有权在国内分许可业主使用酒店商标。这两点是在签订酒店合同过程中，业主向酒管公司进行尽职调查的重点关注内容。

但在实际工作中，业主对酒管公司进行上述两项尽职调查均有难度。首先对于酒管公司签约主体与其上市公司或创始人的持股关系问题，虽然我国国内已经有很透明完善的工商登记系统，随时可以进行查询，但一旦涉及境外持股关系就将面临很多困难。很多国际品牌酒管公司喜欢通过香港地区的主体与业主签约，或者在香港地区架设一层控股结构后间接持有内地公司，针对香港地区的公司，还可以通过在香港特别行政区公司注册处官网（https：//www.cr.gov.hk/sc/home/index.htm）以付费查询的方式获知其包括股东信息、董事名录在内的公司注册信息。但如果公司注册于一些著名的国际离岸地（如英属维尔京群岛、开曼群岛等），则可能很难通过公开渠道查询到有效信息。

对于酒管公司签约主体是否持有酒店商标权，或者虽然并非商标持有主体但却得到商标持有公司许可后可在国内分许可业主使用酒店商标的问题，业主希望通过公开渠道查询到有效信息可能也面临一定困难。由于酒店品牌的商标权是酒管公司的核心资产，对其极富价值，国内已经有过酒店争议案例，业主与酒管公司仲裁并胜诉后，基于仲裁裁决查封酒管公司的商标权，严重影响了酒管公司在华发展业务。酒管公司为了避免这种巨大风险，往往会设计一套投资结构，在与业主签订酒店合同时会尽力保护其持有商标权的公司，同时酒管公司一般不会用其持有酒店商标的公司直接与业主签约，避免"引火上身"。更为常见的是，持有商标权的酒管公司会将其商标权许可给一家其全资持有的公司，再由这家公司作为许可主体，将酒店品牌分许可给业主。酒管公司使用这种股权／商标许可结构安排，能够确保酒管公司与业主仲裁败诉后，业主也不能直接查封和执行酒店品牌商标权，无法直接撼动酒管公司核心利益。但在我国国内的商标登记系统中，难以查到商标许可信息，因此业主无法通过公开渠道确认签约公司是否确实有权许可业主使用酒店品牌。

实践中，我通常建议的方式是要求酒管公司对其股权结构做一书面说明，由其介绍其各个签约主体与其上市主体间的全部持股关系。同时要求许可业主使用酒店品牌的酒管公司法律主体提供其有权分许可业主使用酒店品牌的证明文件，包括酒店品牌的商标注册证书以及由商标注册证书项下商标权持有人许可其使用和分许可酒店品牌的证明文件。同时通过酒管公司提供的股权结构图，业主也可以看到持有酒店商标权的公司及分许可业主商标权的公司是否在酒管公司的控股架构内。国际品牌酒管公司多是上市公司，业主还可以再参考其上市母公司年报中披露的控股结构进行对照。前述这些问题都确定了，业主一般也就能确认，到底签约的合作方是不是"真李逵"了。

同时，业主还需注意在一个酒店项目需要和酒管公司多个法律主体签订多份合同时，可能在产生争议时所潜藏的风险。由于酒管公司与业主签约的几个法律主体相互之间可能不存在直接的参控股关系，因此无法简单得出其相互之间是关联公司或一致行动人的法律意见。进一步讲，从法律表象上，有可能被看作业主公司与不同主体（而非与同一酒管集团）就酒店项目分别签订了分属不同领域事项的多份合同，不同主体及不同合同间除了涉及同一标的即酒店，并无其他法律联系。

这种观点对业主而言是危险的，因为实际上即便酒管公司通过多个法律主体与业主签约，双方的商业目的就是业主聘任酒管公司、由酒管公司许可业主使用品牌、提供技术协助并最终管理酒店，不能将几份合同割裂看待。几份合同关系一旦被割裂，对业主的风险则在于：从酒管公司视角出发，酒店项目最容易出现问题的是酒店运营阶段，酒店日常运营千头万绪，无人敢确保酒店日常管理中不出现任何问题，而这是酒管公司在酒店项目中最大的风险点。除去酒店管理合同，在商标许可、集团性服务等事项上，酒管公司通常都不会出现严重违约：维持商标权属对于酒管公司而言是易如反掌的，只需每隔十年及时续期商标权；只要酒管公司继续酒店经营，也必然需要继续维持和运营其为业主提供的集团性服务，由于是酒管公司集团层面向业主提供的服务，也很少会出现违约风险。

基于上述背景，如果酒店合同被分为几份不同名称的合同进行签订，相互之间法律关系也被割裂看待，则酒店管理合同对酒管公司而言可能风险最高，而商标许可合同、集团服务合同甚至技术协助合同对酒管公司而言的风险相对都较低，但酒管公司向业主收费的大盘子会按照一定比例分摊在几份合同之中，这就出现了在一些合同中酒管公司履约风险高，但该合同收费在总费用盘子中占比并不高的现象，而在其他合同中酒管公司履约风险低、收费占比却相对较高。这种收费与风险不平衡的情况发展到极端，不排除出现在履约风险高的主体面临法律风险时，由于其仅仅收取了一部分管理费，因此影响业主针对该主体取得胜诉仲裁裁决后，该酒管公司法律主体的最终偿债能力；而履约风险低的法律主体可以安稳地收取管理费，即便拥有很高的偿债能力，但业主却很难向其索赔。

在我处理的仲裁案件中，已经有不止一个案件中的仲裁庭关注过这一问题。因此，在酒管公司通过不同法律主体与业主签约时，酒店合同中应明确这几个不同的法律主体是关联公司，共同代表酒管公司的利益，几份合同共同构成实现酒店合同最终商业目的的有机组成部分，通过约定来明确酒管公司几个法律主体及几份酒店合同之间的相互关系。如果业主能够从酒管公司得到其对于与业主签约的各法律主体的持股关系说明，也将进一步证明这些主体的法律关联关系。

同时，也正是由于几份酒店合同共同构成了有机整体，如果其中一份合同终止或解除，则必然影响其他合同的正常履行，因此在数份合同之间应设立交叉终止机制，即如果其中一份合同被终止或解除，则其他几份合同应自动终止或解除。当然这里需要注意的是，酒店合同中的技术协助合同往往是几份合同中最先被实际履行的，并通常在酒店开业后即到期终止，技术协助合同的这种正常终止不应造成其他几份合同的终止。

此外，考虑到酒管公司不同主体间履约的风险及收益存在不平衡的情况，还应考虑交叉违约机制，或要求其承担连带责任。所谓交叉违约是指，一方在一份合同下的违约，同时视为其在另一份合同下的违约。其目的是在酒管公司某一主体违约时（最常见的就是酒店管理主体由于酒店经营管理不善而产生的违约），业主不但可追究该违约主体的法律责任，同时为防止该主体偿债能力有限，也可主张酒管公司的其他几个合同主体同样承担法律责任。酒管公司的多个签约主体相互间承担连带责任也可以有效地解决这一风险。

四、重视违约金风险

合同中设置违约金的目的通常是合同签约方以设置违约金条款为手段确保合同履行，使一方出现违约时，其对应承担的违约责任有明确的预期，从而倒逼减少违约发生的概率。

（一）单方违约金约定并不妨碍追责，只是影响追责的难易程度

酒店合同中有时也会有违约金的约定。但对于品牌知名度较高的酒管公司而言，酒店合同中的违约金条款可能被设置为单方违约金条款，即只约定在业主违约时违约金如何设置，但没有也不同意设置对等的酒管公司违约金条款，这种情况反映出在谈判和签订酒店合同时双方的商业地位。

即便是单方违约金的约定，也并不是说酒管公司在违约时，

不需要向业主承担违约责任。在这种情况下，酒管公司违约时，业主仍然可以按照我国法律的相关规定，向酒管公司主张责任。根据《民法典》第五百八十四条，违约方赔偿的范围既包括直接损失，也包括可得利益，但不应超过违约方签订合同时可以预见到的范围。

合同中约定违约金条款与不约定违约金条款在诉讼/仲裁案件的实操中会有所区别。在未约定违约金条款时，虽然理论上守约方依然可以举证其损失并向对方主张，但实践中守约方既需要证明损失的具体内容、金额，还需要证明这些损失与对方违约存在因果关系，是对方违约行为所造成的，这些都为守约方主张赔偿损失增加了一定难度。而在合同明确约定违约金或违约金计算方式的情况下，守约方可以更为便利地向违约方主张违约责任。

当然，我们不能把合同约定的违约金金额作为业主向酒管公司赔偿的上限。酒店合同中通常都会约定，在违约金不足以弥补酒管公司全部损失的情况下，酒管公司依然可以依据法律规定继续向业主索赔违约金未能弥补的损失，这种约定方式也是符合我国法律规定的。

（二）约定违约金的调整

酒店合同项下的违约金一般分为两类，一类是酒店开业前违约金，通常是由于业主未能按期确保酒店的建设和开业而造成实质性违约时，酒管公司可以向业主主张的违约金。酒店开业前违约金通常约定为一个确定金额。另一类是酒店开业后违约金，通常是约定在酒店开业后如果业主违约解除合同时，应向酒管公司支付的违约金。酒店开业后违约金可能是一个确定金额，也可能是一个计算公式，按照酒管公司此前收到的管理费规模来计算违约金金额，通过这种方式计算出的最高违约金金额可能是酒店合同全部剩余期限的预期费用。在个别项目中，有的酒管公司要求收取双倍剩余期限预期费用的条款。

业主违约解除需要赔偿酒管公司全部剩余期限预期费用，听起来是十分令人咋舌的，如果一份酒店合同的期限是 20 年，酒管公司经营 3 年后业主违约解除合同，需赔偿酒管公司剩余 17 年的管理费，这种约定合理吗？这听起来显然是有问题的，给业主带来过于沉重的违约责任负担，难道业主违约解除合同后，酒管公司就可以在完全不付出劳动的情况下，无偿获得未来的全部收益？这种情况既不符合商业伦理，恐怕也很难符合我国法律的规定。

《民法典》第五百八十五条第二款规定："约定的违约金低于造成的损失的，人民法院或者仲裁机构可以根据当事人的请求予以增加；约定的违约金过分高于造成的损失的，人民法院或者仲裁机构可以根据当事人的请求予以适当减少。"最高人民法院的司法解释所把握的过分高于损失的标准，一般是按照守约方损失的 130% 为限，超过这一限制的则可以"适当"减少。因此，守约方举证其所受损失的金额，以及如何理解适当减少的幅度，都是庭审中的焦点问题，特别是相比直接损失而言，守约方尚未实际产生的可获得利益的范围及如何认定，必然是双方争议的核心。

因此简单来说，在酒店合同只能约定单方违约金时，业主仍然可以依据法律规定追究酒管公司责任；即便酒店合同约定了违约金，并不是说酒管公司可以"躺在违约金条款上睡大觉"，在发生仲裁时仍有责任举证其损失，否则将面临约定违约金被调减的风险。

（三）出售终止条款

一些业主在谈判酒店合同时，可能会关注酒店合同将对于酒店资产转让的影响，因此希望与酒管公司探讨出售终止

（Termination on Sale）条款，即在合同中明确约定当业主希望出售酒店时，对于酒管公司的"买断费"。

根据我的经验，类似条款在国内酒店合同中并不常见，是否有必要在谈判时争取这一条款，确实也应做进一步讨论。业主争取这一条款的根本目的是当酒店拟出售时，如果潜在买受人不希望与酒管公司继续合作并要求原业主解除酒店合同后再进行交易，尽量降低解除酒店合同给业主带来的成本，因此买断费的金额高低是该条款价值很重要的衡量指标。如果买断费是酒店合同所有剩余期限的预期费用，或者是一个其他高到不合理的金额，则这类条款就失去了实际意义。这种情况下，业主与其去承担那个很高的约定终止费，倒不如不要约定出售终止条款，而是根据法律规定或合同约定的合同解除条款，承担违约责任。理由如上文所述，约定违约金的上限通常也只是酒店合同剩余期限的预期费用，而根据法律规定，酒管公司不大可能全额拿到这一约定违约金，因此在不约定高额买断费出售终止条款时反而可能使业主在终止酒店合同时承担更低的费用。

但同时考虑到未来我国酒店市场必然出现更多酒店资产大宗交易，为给业主届时处置酒店资产保有更多灵活性，建议业主可考虑与酒管公司洽谈买断费合理的出售终止条款。该买断费应在双方考虑各项商业因素后均能接受的范围内，但以酒店合同剩余期限预期管理费作为买断费的出售终止条款毫无意义。

（四）是否设立酒店分公司

不少酒管公司都会要求业主在业主公司中下设酒店分公司，并由酒店总经理作为酒店分公司的负责人（从法律上讲，由于分公司并非独立法人，因此其代表人称为"负责人"而非"法定代表人"）。一些酒管公司会在酒店管理合同的约定中提出这一问题，还有一些酒管公司虽然在酒店管理合同中并未明确约定，但在酒店开业前依然会要求业主公司为酒店专门注册分公司。

从法律规定出发，没有任何法律法规要求酒店经营以注册分公司为前提，那么为何还要单独注册酒店分公司？酒管公司可能对此会给业主提供不同的理由以支持其合理性，但我认为酒管公司这一要求背后最主要的用意在于为酒店经营创造相对独立性，以分公司的法律形式相对独立于业主总公司本身。

从法律上讲，分公司并非独立法人，不能独立承担法律责任，分公司的所有债权债务及法律责任最终都将由总公司予以承担。因此酒店分公司的法律责任最终仍然将归属于业主总公司（从法律意义上讲，分公司所对应的法律概念是总公司）。

如果酒管公司坚持要求持有公章，设立酒店分公司对业主而言可能有一定好处，业主只需将分公司公章（而非业主公司的总公司公章）交给酒管公司，这避免了因公章交给酒管公司而给业主公司其他产业运营所造成的影响及法律风险。同时，通常酒店资产都是在业主总公司名下，因此仅凭分公司公章无法签订涉及酒店资产的任何转让、抵押、融资等合同。另外根据法律规定，分公司对外签订保证合同需要得到总公司的许可，因此即便在极端情况下酒店私下对外签订了保证合同，该合同一般也会被认定为无效合同，不会使业主总公司承受对外担保责任。

此外，业主需要注意设立分公司的税务影响：分公司的设立通常不会影响企业所得税的计征，分公司的所得通常最终汇算到总公司，并以总公司作为企业所得税的核算主体进行核算。但分公司与总公司通常是不同的增值税核算主体，因此对于设立酒店分公司是否会对业主公司的增值税核算问题产生影响，建议业主进行事先评估测算。

五、双方转让要求及业主融资限制

在酒店合同中，一般都会有双方转让条款的约定，双方会约定在何种情况下，合同一方可以将合同项下权利义务转让给他人。同时针对业主而言，除了考虑转让合同权利义务的情况，通常还需要考虑业主转让酒店资产，以及利用酒店资产融资的合同限制。

（一）合同转让

合同转让一般是指，业主方或酒管公司方约定，在何种条件下，该方有权将其酒店合同项下的权利义务全部转让给他人。合同转让通常应该将该方的合同权利义务一并转让，而非将该方的权利义务再做拆分后分别转给不同的主体所保留。

1. 酒管公司的合同转让权

大型酒管公司及上市酒管公司通常都会在酒店合同中保留酒管公司转让合同的权利，而且对于一些酒管公司而言，这一要求可能属于其商业底线诉求。原因在于，酒管公司通常属于轻资产运营公司，不对酒店项目进行投资，因此酒管公司的主要资产就不能用其所持有的不动产或动产价值来衡量。对于轻资产公司，一般来说其管理费现金流收入将成为评估其公司价值的主要参考依据，而管理费的多少体现于酒管公司手中握有多少项目的酒店合同，因此酒管公司所签订的酒店合同数量、其管理酒店的数量所带来的管理费现金流，是影响其估值的重要因素。为了保持其在资本市场的融资能力，以及保留并购其他公司或被其他公司并购的可能性，这类酒管公司通常会要求保有对其签订的酒店合同进行"重整"（即合同转让）的权利，以服从其公司结构调整。从这个角度来讲，因为事关酒管公司的核心商业利益，这类酒管公司很可能会将在酒店合同中保有合同转让权利作为其商业底线。

面对这类酒管公司时，业主的谈判关注点应从拒绝酒管公司的合同转让权，转移到如何能确保酒管公司行使合同转让权时能够尽量减少对酒店及业主利益的影响。同意了酒管公司的合同转让权，业主同时要求本方的合同转让权也就更加顺理成章了。

考虑到上述情况，建议业主关注，首先应区分酒管公司是在其关联方之间转让合同，还是向非关联方转让。一般而言，国际品牌酒管公司使用了境外多层投资结构，有可能因为各国政策变化及经济情况变化对其投资架构进行调整，相应的会要求调整其酒店合同项下的合同主体。常见的情况比如国际品牌酒管公司早先会使用我国香港地区的公司与业主签订酒店合同，但随着我国开放力度不断加大及使用香港地区的公司在内地经营需要单独办理审批登记影响酒管公司开展业务的效率，因此不少酒管公司都将其主体调整为我国内地注册的公司。酒管公司这类变化对酒店经营的影响并不大，通常酒管公司实际负责酒店管理的管理人员都不会发生变化。但业主应考虑，由于酒管公司法律实体由香港实体（或境外实体）变更为内地实体，对业主在支付费用、代扣代缴税费、外汇等情况的影响。但总体而言，酒管公司使用境内主体作为酒店合同履约主体应是业主公司更为熟悉和适应的。

另一种情况则是酒管公司因为相互收购并购而发生的合同转让。近年来境内外酒店巨头的收购转让屡见不鲜，不少知名酒管集团因为被更头部酒管集团并购而退出了历史舞台，业主应关注酒管公司发生此类并购时可能对酒店经营及业主的影响。不同酒管集团的合并不是简单的名称合并或公司股权合并，而是涉及了人员整合、管理条线整合、财务系统整合、IT系统整合、企业文化整合，业主应关注，在酒管公司进行集团整合时，不应影响酒店的正常经营，也不应给业主造成负担，或应将这种整合所带来的负面影响降至最低。

2. 业主的合同转让权及酒店资产转让权

如酒管公司一样，业主同样应考虑争取获得酒店合同的转让权。一般来说，会将业主转让区分为向业主集团关联公司转让和向业主集团外第三方转让两种情况。对业主而言，最常见的是业主集团内部间的重组，比如业主集团由于规模发展，将酒店资产集中于资产控股平台下，从而进行的酒店合同转让。此外，随着我国商业房地产投资渐趋成熟，我已经观察到市场上越来越多的私募股权基金将酒店资产作为投资目标，随着我国REITs制度的不断成熟，相信未来也会出现针对酒店作为底层资产的REITs上市。因此业主应关注在酒店合同项下转让酒店权利的限制。

酒管公司通常希望将持有酒店资产的公司视为业主公司，并与该公司签订酒店合同，因此业主转让酒店资产一般意味着需将酒店合同一并转让，反之亦然。

针对业主集团内部转让通常不应有过于严苛的要求，但如果业主向集团外第三人转让，则酒管公司可能会对新受让人提出某些要求，包括财务能力要求、主营业务要求等。因为酒管公司通常要求作为酒店业主的公司有良好的财务能力，足以健康运营酒店，同时业主不应是该酒管公司的同业竞争对手，酒管公司不愿见到自己管理的酒店业主是另一家以酒店管理作为主业的酒管公司。此外，国际品牌酒管公司还会要求新受让酒店资产的公司不应是受限人士，笔者将在下文中介绍何为"受限人士"。

再者，一些酒管公司会在酒店合同中要求对于酒店资产的优先购买权，但大可不必在酒店合同中约定这一权利，并且这一约定可能反而会影响业主利益。一方面，我国法律对于酒店合同并无明确规定的法定优先权，因此是否给予酒管公司优先购买权纯粹基于双方商业谈判。另一方面，酒管公司要求优先购买权的机制通常是，业主有意向出售酒店时，需要把出售的主要商业条款以书面形式通知酒管公司，并需要给予酒管公司较长的内部研究反馈时间。很多重要交易的时间属性很强，商业机会稍纵即逝，酒管公司对优先购买权要求保有的研究反馈时间过长，很可能足以影响交易的完成。但如果业主抛开酒管公司的优先购买权而直接与酒店资产买受人交易，虽然大概率不会影响酒店收购合同的效力，但难保使业主承担某种违约责任。为了避免这种情况发生，建议业主要求删除酒管公司对酒店资产的优先购买权。考虑到大多数酒管公司的经营策略是轻资产输出管理，一般不会收购重资产，因此业主的这一诉求也具备现实可行性。

（二）酒店抵押融资

持有型商业房地产都被视为重资产，而酒店属于投资密度极高的商业房地产项目，因此属于重资产中的重资产。由于我国目前的商业房地产市场中酒店资产的流动性极低，鲜有成功的酒店交易对外披露，因此对业主而言，酒店所提供的抵押融资作用更为重要。但业主将酒店资产进行抵押，就存在当业主不能偿还贷款时，酒店资产被抵押权人（如银行、信托公司等）拍卖的风险，酒店产权人易主将影响酒管公司管理酒店的权利。因此，酒店合同中也会对业主使用酒店融资做出一定制度安排。

1.《不干扰协议》

一些酒管公司会要求业主在利用酒店抵押融资时，与抵押权人签订《不干扰协议》。所谓《不干扰协议》，其核心内容是，当业主无力偿债造成抵押权人要行使抵押权拍卖酒店资产时，抵押权人应确保竞得酒店的买受人应承担继续履行酒店合同的义务，不应因为酒店资产由于行使抵押权而被拍卖从而干扰酒管公司对酒店的正常经营。

在我国，对于绝大多数业主而言，银行等金融机构属于强势方，业主在从银行获得贷款时，极难同时要求银行签订《不干扰协议》。由于业主使用酒店资产抵押融资是大概率事件，无法取得《不干扰协议》也是大概率事件，因此业主需要关注酒店合同中如何约定业主取得《不干扰协议》的责任。尽量在酒店合同中删除业主承担获得《不干扰协议》的责任。如果酒管公司坚持要求在合同中体现，则业主最多承担对取得《不干扰协议》做出合理尝试努力的责任，但不承担以必须获得《不干扰协议》的签订作为目标这类义务。

另外提示业主注意，如果酒店合同中仅约定"业主应尽最大努力使《不干扰协议》得以签订"这类条款，是否足以豁免业主取得《不干扰协议》的责任？根据我的案件经验，答案是不确定的，在部分案件中，法院仍然认为即便有前述约定，相关方未能获得协议签订时仍应承担违约责任。因此建议在酒店合同中一定要把该条款写全，不但写明业主应尝试获取《不干扰协议》，更要明确业主未能获取该协议的签订不应视为业主违约。

2. 融资的限制：抵押率和流动率

为了降低出现业主无力偿债的可能性，有时酒管公司还会在酒店合同中对业主融资的抵押率和业主公司现金流的流动率做出进一步限制。

融资抵押率限制是指，业主以酒店作为抵押物进行融资时，其融资额不应超过酒店评估价值的百分比。这类约定对于业主公司其实并不鲜见，商业银行对房地产项目进行贷款时，都会对抵押率进行约定，银行给业主的贷款不得超过约定的抵押率。在业主谈判此类条款时应注意抵押率的计算公式：通常而言，抵押率的分母是比较明确的，即酒店的评估价值，但需要关注分子是如何约定的。在一些酒店合同中，酒管公司提供的文字是业主公司的贷款余额，这种约定会有很大问题。因为通常而言，业主公司开发的项目不光是酒店本身，可能还包括项目其他住宅、商业等，酒店仅仅是业主开发项目的很小一部分，业主公司总体融资规模会远大于对酒店进行的融资。因此如果将分子约定为业主公司融资余额，显然是错误的。合理的分子应是业主以酒店作为资产进行抵押融资所获得的贷款余额，也就是以酒店自身所获得的融资与酒店自身价值的对比，这才符合融资抵押率的基本逻辑。

另一项对业主融资的限制是对业主公司现金流的流动率限制。现金流流动率通常有两种计算方式，一种是以酒店资产自身为计算单位，计算酒店全年的利润与业主为酒店当年应支付的所有贷款本息之和的比例。另一种计算方式则是以业主公司全年的利润与业主公司全年应偿还所有贷款本息之和的比例。我的观点是，在实操过程中，如何界定流动率的分子和分母实际上并不是容易做到的，不但在如何统计和计算方面会产生争议，而且计算这两个指标也需要考虑更多财务因素，因此通过流动率的方式来对业主贷款做限制并不实用。

六、酒店保险

现代保险业源于大航海时期随着海上贸易兴起而出现的商业化的海上航运保险安排，并随着工业革命日渐兴盛，成为欧美国家系统化分散风险的一种较为成熟的制度安排。由于较为完备的法律体系和长期的私有产权关系，财产险行业在发达国家，尤其是北美地区非常兴盛。而财产、责任风险较为集聚的酒管公司一贯对于保险安排极为重视。与遵守法律法规的不可商榷性不同，由于保险是一项由保险公司售卖的商品，因此保险所覆盖的内容、赔偿的机制、保险的具体安排及缴费方式等都是可以与保险公司谈判的。所以，保险板块可能与业主为酒店购买的实际产品存在出入，建议业主在购买酒店保险前咨询专门的保险经纪机构或洽商保险公司。

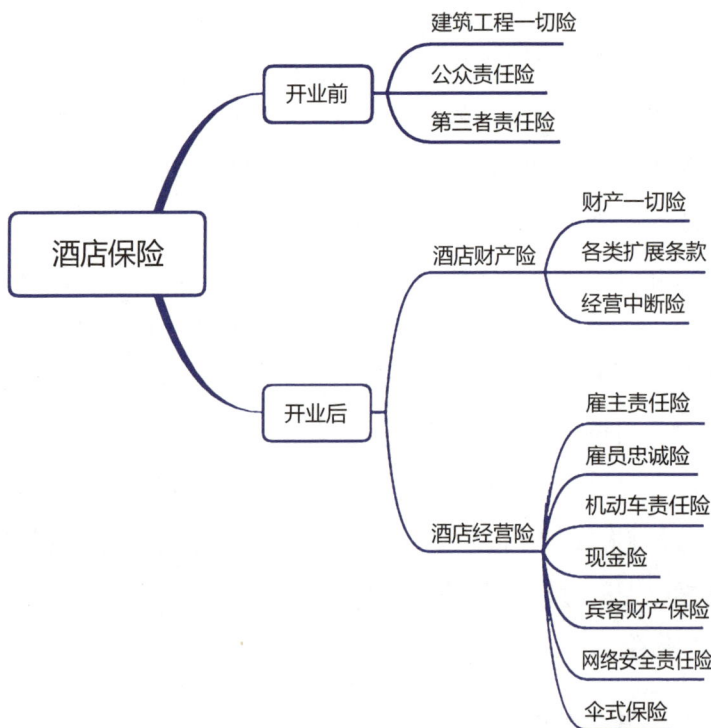

```
                                        ┌─ 建筑工程一切险
                              ┌─ 开业前 ─┼─ 公众责任险
                              │         └─ 第三者责任险
                              │
                              │                    ┌─ 财产一切险
                              │         ┌ 酒店财产险 ┼─ 各类扩展条款
                   酒店保险 ───┤         │          └─ 经营中断险
                              │         │
                              │         │          ┌─ 雇主责任险
                              └─ 开业后 ─┤          ├─ 雇员忠诚险
                                        │          ├─ 机动车责任险
                                        └ 酒店经营险 ┼─ 现金险
                                                   ├─ 宾客财产保险
                                                   ├─ 网络安全责任险
                                                   └─ 伞式保险
```

酒店保险

由于保险的专业术语纷繁，且不同保险公司的具体命名指代不尽相同。这里所介绍的内容旨在帮助读者更好地理解，进而掌握酒店保险涵盖的相关险种。但需注意，从严格法律意义而言，保单购买人需仔细阅读保单原文，以了解相应保险的具体内容。根据各大酒管公司酒店合同中对保险条款的整理，通常酒店需要投保下述险种：

（1）建筑工程一切险：该保险承保在酒店建设过程中，因自然灾害及意外事故而造成的损失，以及因意外事故而造成的第三者的损失。该保险的保险范围可涵盖部分技术风险和人为风险。

（2）公众责任险：该保险承保酒店的公众责任，是责任保险中涵盖范围最广的险种。所谓公众责任是指根据我国法律，一些公共场合（如酒店、学校、医院等）的经营者对在其内部活动的人员承担一定安全责任，当人员在其内部出现危险时，除了致害人有责任赔偿，该等公共场合的经营者亦有责任赔偿。

（3）第三者责任险：该保险承保酒店在经营过程中给第三者造成损失时所应承担的责任。

（4）财产一切险：该保险承保酒店由于自然灾害和意外事故而导致的，除保险合同约定免责条款外的一切损失。在财产一切险基础上，酒管公司可能还会要求各类保险扩展条款，业主往往也会根据实际情况购买所需的扩展条款，如地震、机器损坏、洪水、玻璃破碎、盗抢、恐怖活动、放弃代位求偿等扩展条款，网络安全责任险有时也被视为财产一切险的扩展条款。

（5）经营中断险：又称利润损失险。该保险也是财产一切险的附加险，不能单独购买，承保范围是酒店因灾害事件而停业后一段时期内的利润损失。

（6）雇主责任险：该保险承保酒店员工因公致伤残时，酒店应向员工赔偿的责任。

（7）雇员忠诚险：该保险承保酒店员工不法行为而给酒店造成的损失。

（8）机动车责任险：该保险通常指机动车第三者责任险及汽车损失险等。

（9）现金险：该保险承保存放于酒店及运送途中因自然灾害、意外事故及被盗窃抢救时所造成的损失。

（10）宾客财产保险：该保险承保宾客在酒店时财物的损失，如宾客在酒店客房保险柜中保存财物被盗的损失。

（11）网络安全责任险：该保险承保由于网络安全事故或数据被黑客攻击等原因而泄露时给酒店及给第三者所造成的损失。

（12）伞式保险：有时也被认为是一种再保险，是指把超过一定赔偿金额以上的保险责任范围再归入另一个保单中，从而对极端情况进行承保。只有损失额超过伞式保险约定的理赔下限，才符合伞式保险的理赔标准。

需要注意的是，投保保险是非常专业的工作，保单中一两句话的免责条款，甚至对某一个词语释意的不同，都可能导致酒店无法获得理赔。举例来说，汶川大地震发生后，地震是否属于一些险种的承保范围引发关注。如果业主购买涵盖地震风险的财产一切险，通常需要缴纳更高的保费。此外，酒店行业对营业中断险津津乐道，应特别关注营业中断险保单的赔偿范围，以确定该保险是否能起到如投保时所期待的效力。例如，新冠疫情是否构成营业中断险的理赔事项？某酒店项目的营业中断险保单，其附加传染病条款中明确约定："由于在保险合同载明的营业处所内被证实有任何人患法定传染病，政府主管部门要求该营业处所被封闭或隔离"。因此，根据该约定，只有发生在本酒店内的传染病所导致的本酒店停业才能获得赔偿，而由于酒店周边出现疫情而导致酒店被封控或酒店所处地区被封控不属于该保单的承保范围，因此也就不能得到营业中断险的赔偿。

国际品牌酒管公司对于酒店所应购买保险的范围大致接近，且其对保险条款的态度也较为接近——基本都认为保险条款属于几乎不可谈判的底线条款，要求业主必须接受。并且在酒店开业前，很多酒管公司还会复核业主购买保险的情况，作为酒店开业的必备前提条件之一。

针对购买保险所涉及费用的成本属性问题，在开业前业主所购买的所有保险均属于业主成本。酒店开业后涉及酒店财产部分的保险通常属于业主成本，而属于酒店经营部分的保险则通常属于酒店经营成本，可以作为计算酒店经营利润时的扣减项。实践中部分酒管公司认为该部分成本也属于业主成本。

一些酒管公司在酒店合同中会要求业主在投保时将酒管公司同时列为被保险人。酒管公司要求被列为被保险人可能为其带来一些益处，比如在出险理赔时，酒管公司有可能基于被保险人的身份和保险条款的约定，有不通过业主而直接申请理赔的权利。同时，在业主购买保险公司放弃代位求偿权扩展条款的情况下，保险公司将无权再就保险责任向酒管公司提出代位求偿权主张。这里的代位求偿权是指保险公司在向被保险人理赔后，有向侵害被保险人权益的侵权人直接索赔的权利。酒管公司被列为附加被保险人将使保险公司在理赔后无法再向酒管公司追偿（如酒管公司被认为存在侵权可能性时），从而降低酒管公司经营酒店的风险。

七、酒店损毁、被征收及征用

酒店损毁、被征收及征用通常来说是小概率事件，但严谨的酒店合同依然会将这些条款作为合同组成部分，从而保证合同完整性及一旦发生该等小概率事件时双方有约可依。

正因为是小概率事件，因此较前面论及的酒店经营方面、法律方面等其他条款的重要性而言，酒店损害条款及被征收及征用条款的现实意义相对低一些，因此在酒店合同谈判实战中，不建议双方就该等条款投入过多时间。为帮助读者了解该等条款的机制，我将做一简要概述，并提示一些需要关注的问题。

（一）酒店损毁

该条款通常指酒店在遭遇自然灾害或意外事故后，酒店自身遭受损失时双方的处理方式。酒店常遇到的自然灾害包括地震（处于地震带酒店）、洪水（处于河流沿岸酒店）、飓风及火山喷发（处于海边及度假区酒店），而最常见的意外事故则是火灾和水灾/跑水事故。

在酒店遭遇损毁事件时，合同的约定通常是业主仍有责任将酒店修复以供正常经营，一些酒店合同还会将损毁事件按照一定标准（如损毁评估金额或酒店重置成本）区分为重大损毁事件及非重大损毁事件。针对重大损毁事件，则赋予双方一定情况下解除合同的权利。对于酒管公司而言，如果业主未在一定期限内重建完成酒店，则酒管公司有权认为业主违约而选择解除酒店合同，并追究业主违约责任。对于业主而言，如业主不愿修复酒店，则在支付酒管公司一定补偿金的情况下，可以解除酒店合同。

在酒店遭遇重大损毁事件时，业主是受损最大的，此时解除酒店合同还需给酒管公司支付补偿，这种机制看似非常不合理，但考虑到业主为酒店投保了财产一切险并附加了经营中断险等保险，因此可以将这种机制理解为是业主与酒管公司双方在酒店遭遇重大损毁事件时，对于所获得的保险金如何分配的约定，保险金分配应考虑的合理方式是，保险金中酒店营业中断险针对酒店利润损失的部分，可视为被保险期间酒店的营业收入/经营利润，结合酒店合同项下的费率，计算出应属于酒管公司的部分。如果业主未获得该部分保险赔偿，则不应再自掏腰包给予酒管公司补偿。

在因损毁事件导致酒店严重损坏，业主无意修复酒店从而导致酒店合同被解除的情况下，有些酒管公司可能会要求酒店合同的恢复权，即如果未来业主重建，则酒管公司仍然应作为酒店的管理方，继续履行酒店合同项下尚未履行完毕的期限。针对这类约定，其很可能缺乏现实可操作性，由于是小概率中的小概率事件，不再做赘述分析。单就该条款约定本身而言，如果业主接受该条款，应在业主计划将建筑物依然重建为酒店、并且依然拟委托酒管公司经营管理的情况下才可适用，且应该对酒管公司的恢复权的期限做一限制。例如，在酒店损毁事件发生后三年内，酒管公司有恢复权，超过该期限，酒管公司不应再享有恢复权。届时即便业主重建酒店后拟再委托第三方经营，原酒管公司也应再通过正常竞标程序来参与业主对于酒管公司的选聘，而不再享有约定的优先权利。

（二）征收和征用

酒店合同中对于酒店面临征收和征用这类特殊情况时双方如何处理酒店合同关系可能也会有所约定。我国是社会主义法治社会，根据法律规定，不存在某人或某机构有权征收酒店财产的情况，因此不再讨论酒店合同对于酒店被征收时处理方式的相关条款。但酒店被征用是很现实的问题，特别是新冠疫情出现后，政府机关征用一些酒店作为隔离酒店的现象，已经非常常见。由于疫情期间酒店通常难有满意的客源生意，因此成为隔离酒店反而帮助了一些酒店继续维持经营。由于酒店被征用后，政府机关会给酒店进行补贴，而酒管公司此时依然在发挥管理职责，因此如无其他相反情况，则应视为酒店合同仍在继续履行，酒管公司可按酒店合同约定获得报酬。

八、国际品牌酒管公司的禁忌：受限人士及海外反腐败法

本部分将讨论美国单边经济制裁措施对国际品牌酒店合同谈判和履行的影响。

在国际品牌酒管公司的酒店合同中，受其美欧母国有关法律的要求，国际品牌酒管公司通常会订入有关"受制裁人士"的标准化条款，要求与之进行商业交易的主体（酒店业主）不能是被任何政府或合法当局制裁的主体（或其关联方），并且要求业主不得将其在酒店、地块或协议项下的任何权益向受制裁人士设置担保物权，不得将上述权益直接或间接地转让给受制裁人士。这些条款对于中国业主来说较为陌生，直接套用外国法律的强制性规定会带来一些不适感，但酒管公司在谈判中又十分坚持不得修改，因此对于这些条款，各方在过往的酒店合同谈判过程中一般不会给予太多的关注。

但近年来，随着美国、英国、欧盟、联合国等频繁地对一些国家、实体和个人实施经济制裁，已经有越来越多的经济主体成为受制裁人士。其中，美国是实施经济制裁次数最多的主权国家，并且美国实施单边经济制裁的范围不断扩大，给包括国际合作酒店在内的国际商事交易带来了很多不确定的风险。接下来将聚焦于美国的单边经济制裁措施，厘清其相关范围，分析其潜在影响，并为国内酒店业主在国际品牌酒店合同的谈判及履行方面提供相关的应对建议。

（一）美国经济制裁的背景和框架

为实现美国的外交政策和国家安全目标，经济制裁一直是美国政府的一项重要手段。自 1977 年以来，《国际紧急经济权力法》（*International Emergency Economic Powers Act*）和《国家紧急状

态法》（*National Emergencies Act*）成为美国实施单边经济制裁的主要权力来源。根据这两部立法，当美国总统认为某一事件对美国的国家安全、外交政策或经济造成"非同寻常"的威胁时，可根据授权，咨询国会意见，经过必要步骤后采取对目标方的相应制裁措施。因此，实践中常见的是，美国总统与行政部门分别为经济制裁的决策者与执行者——总统通过签署行政命令（Executive Order）决定开始实施对外经济制裁措施，而包括财政部、商务部在内的行政部门则根据总统的行政命令及相关立法，在其职能范围内制定详细的部门规章，以确保对外制裁措施的顺利执行。[1]

目前，美国实施的各种制裁项目（Sanction Programs）既包括广泛的、以地域为导向的全面的制裁项目（如对古巴、伊朗、朝鲜等国家实行的制裁），又包括侧重于打击特定个人、实体和船舶的有针对性的制裁项目（如对恐怖分子、毒贩等实行的制裁）。值得注意的是，不同的制裁项目涉及的禁令可能有所不同，并且在全面制裁项目中，也可能包含对特定个人、实体和船舶的具体制裁内容。[2]

为方便美国人在交易活动中识别受制裁人士并遵守制裁禁令，美国的行政部门会将受制裁的特定个人、实体和船舶以清单的形式列出，如美国商务部工业和安全局（Bureau of Industry and Security，以下简称"BIS"）负责管理和执行的实体清单（Entity List），以及美国财政部海外资产控制办公室（The Office of Foreign Assets Control of the US Department of the Treasury，以下简称"OFAC"）

---

[1] 参见孟刚，王晔琼.美国一级制裁的理论基础与制度实践［J］.中财法律评论，2020（1）：18.

[2] 参见美国财政部官网"制裁项目和国家信息（Sanctions Programs and Country Information）"，https：//home.treasury.gov/policy-issues/financial-sanctions/sanctions-programs-and-country-information/where-is-ofacs-country-list-what-countries-do-i-need-to-worry-about-in-terms-of-us-sanctions。

负责管理和执行的"特别指定国民和人员封锁清单"（Specially Designated Nationals and Blocked Persons List，以下简称"SDN清单"）、"部门制裁识别清单"（Sectoral Sanctions Identifications List）、"非SDN中国军事工业综合体公司清单"（Non-SDN Chinese Military-Industrial Complex Companies List）等。[①]

值得注意的是，不同的制裁清单所适用的制裁措施会有所区别。举例来说，实体清单涉及的制裁措施为出口限制，即在获得BIS的许可前，禁止美国各出口商帮助清单中的实体获取受《美国出口管理条例》管辖的任何物项；而OFAC的各项清单的制裁措施包括进口管制、交易禁止、财产封锁等。虽然实体清单涉及的类目广泛，包括有形商品、软件和技术（信息），但由于酒店合同很少涉及实体清单所管辖的物项，因此国际品牌酒店合同的谈判和履行受到实体清单影响的可能性较小；与之相比，更有可能对国际品牌酒店合同产生影响的是由OFAC管理和执行的SDN清单。

（二）SDN清单及所涉制裁措施

SDN清单主要针对的是恐怖主义、毒品交易、武器扩散、人权践踏、种族灭绝和国际有组织犯罪等方面的行为，清单包括由特定国家拥有或控制的企业或个人，以及为特定国家行事或代表其行事的企业或个人。此外，该清单还包括不代表特定国家的恐怖分子及毒枭等。清单中的这些企业或个人被统一称作"特别指定国民"。截至2022年4月21日，SDN清单共包含了大约

---

① 目前OFAC将其管理的除SDN清单外的其他清单汇总为一套"综合制裁名单"（Consolidated Sanctions List），也称为"非SDN清单"（Non-SDN Lists）。"非SDN清单"制裁的适用条件以及适用措施与"SDN清单"存在区别，但这些清单中的个人、实体和船舶也可能存在重合的情形。OFAC管理和执行的各清单详情可通过美国财政部官网进行查询：https://home.treasury.gov/policy-issues/office-of-foreign-assets-control-sanctions-programs-and-information。

10000 个受制裁的个人、实体和船舶，其中包括了 359 个中国个人、群体或组织（包含港澳台地区）。①

对于被纳入清单的"特别指定国民"而言，他们在美国境内的财产及财产利益会遭到封锁冻结，同时他们将被禁止与美国人②开展任何的交易，禁止参与在美国境内的交易或存在美国连接因素的交易。③此外，如果一个实体的 50% 或以上的财产和财产利益由 SDN 拥有，那么上述制裁措施将同样适用于该实体，无论该实体本身是否被列入了 SDN 清单。④

除了"特别指定国民"及其关联实体会受到制裁措施影响，美国政府同样要求美国人以及存在美国连接因素的非美国人遵守相关制裁措施，禁止他们与"特别指定国民"进行任何的交易（也被称为"一级制裁"，Primary Sanction）。并且，如果非美国人与 SDN 清单中的特定个人或实体开展大规模交易，即使相关交易不存在任何的美国连接因素，美国政府仍可对该非美国人额外施加制裁（也被称为"次级制裁"，Secondary Sanction）。例如，美国商务部于 2019 年 5 月 15 日将华为列入其"实体清单"，限制对华为的产品出口，其理由就是华为向伊朗提供被禁止的金融服

① 美国各制裁清单的受制裁人士信息可通过以下官网查询：https：//www.trade.gov/data-visualization/csl-search。

② 这里的"美国人"包括：①在美国注册成立的实体；②美国公民和已经获得永久居留资格的居民（无论其实际居住地）；③美国境内的公民、实体，无论其国籍。

③ 存在美国连接因素的交易包括涉及"美国人"、美国金融系统或是原产于美国的货物、服务或技术的交易。涉及"美国人"的情况是指，第三国个人、实体在未获许可的情况下利用或通过任何"美国人""批准、赞助、促成或保证"那些"美国人"本身被禁止的交易。涉及美国金融系统的情况是指，美国银行与第三国中间机构进行与制裁目标方有关的"掉头交易"。涉及原产于美国的货物、服务或技术的情况是指，第三国个人、实体将出口于美国的货物、服务或技术转出口至目标方。参见任清.美国的经济制裁：一级制裁及合规要点［EB/OL］.http：//opinion.caixin.com/2018-12-14/101359144.html.

④ Revised Guidance on Entities Owned by Persons Whose Property and Interest in Property are Blocked，https：//home.treasury.gov/system/files/126/licensing_guidance.pdf.

务，违反了美国对伊朗的相关制裁规则。这种次级制裁措施能够变相地迫使相关非美国实体在受制裁国家的市场和美国市场及供应链服务中做出选择。

（三）违反美国制裁措施的后果

一般而言，违反一级制裁可能导致受到民事罚款或刑事处罚。就民事处罚而言，不同的制裁项目所适用的处罚额度会有所区别，并且违反制裁的严重程度、自我披露情况也都会对最终的金额判定产生影响。OFAC 每年都会对民事处罚的额度进行调整，截至 2022 年 4 月 21 日，OFAC 对违反制裁禁令的个人和实体适用的基础处罚额度如下所示：

基础处罚额度表

	轻微违反制裁	严重违反制裁
主动自我披露	每次违法行为处以交易金额一半的罚款，并且罚款数额不得高于 165474 美元或相关适用法律规定的最大处罚额度[1]的一半（取较低值为处罚上限）	每次违法行为处以相关适用法律规定的最大处罚额度的一半
非主动自我披露	每次违法行为处以交易金额所对应档次的罚款，[2]并且罚款数额不得高于 330947 美元或相关适用法律规定的最大处罚额度的一半（取较低值为处罚上限）	每次违法行为处以相关适用法律规定的最大处罚额度

如果被处罚者还涉嫌故意违反、教唆他人违反制裁禁令等，OFAC 会将其移送有关机构进行调查和起诉。[3]通常情况下，违反

---

[1] Section V.B.2.a of Appendix A to OFAC's Economic Sanctions Enforcement Guidelines at 31 C.F.R Part 501，https：//www.ecfr.gov/current/title-31/subtitle-B/chapter-V/part-501/appendix-Appendix%20A%20to%20Part%20501.

[2] 相关适用法律规定的最大处罚额度目前可通过以下官网查询：https：//www.paulweiss.com/media/3979073/iclg_sanctions2020.pdf.

[3] 交易金额对应档次的罚款数额目前可通过以下官网查询：https：//www.ecfr.gov/current/title-31/subtitle-B/chapter-V/part-501/appendix-Appendix%20A%20to%20Part%20501.

美国制裁禁令的最高刑事罚款为 100 万美元或 20 年监禁，或二者并罚；但某些与毒品有关的违反制裁行为可能会导致最高 500 万美元的刑事罚款或 30 年监禁。[①]

此外，就违反次级制裁的个人和实体而言，由于美国政府对此类行为没有管辖权，因此无法实施罚款或监禁等直接处罚。但 OFAC 会将违反次级制裁的非美国人加入 SDN 清单，并对其处以美国金融系统和美国市场的准入限制，甚至是禁令。[②] 如 2012 年针对某国内银行，OFAC 即因其违反美国对伊朗制裁规定为由，将其列入 SDN 清单，并对其切断了纽约清算所银行同业支付系统（Clearing House Interbank Payment System）的使用权限，使其无法进行跨境美元结算服务。

（四）美国制裁措施对国际品牌酒店合同谈判及履行的影响和应对建议

对于来自美国的酒管公司或存在美国连接因素的酒管公司而言，若其违反美国的单边经济制裁，会受到严重的直接处罚；即便针对不存在任何美国连接因素的酒管公司，其违反美国单边经济制裁的行为也可能导致自身被加入 SDN 清单，并且遭到美国金融系统和美国市场的准入限制或禁令。

由于国际品牌酒管公司在该方面承受的法律风险较大，因此他们在酒店合同谈判中往往对与受制裁人士相关的条款内容十分坚持。具体而言，在国际品牌酒店合同中，酒店业主通常会被要求保证自己及相关方均非受制裁人士，不得将其在合同项下的权益向受制裁人士转让或设置担保物权，以及不得将其在酒店和地

---

① Roberto J. Gonzalez et al. SANCTIONS 2020［EB/OL］. https：//www.paulweiss.com/media/3979073/iclg_sanctions2020.pdf.

② 同④。

块中的权益直接或间接地转让给受制裁人士等。如果酒店业主违反上述承诺，则会被视为违反酒店合同的约定，酒管公司有权终止合同并要求业主承担违约责任。由于这类条款订入合同恐难避免，因此对于国内的酒店业主而言，可从以下几个方面进行应对。

首先，在酒店合同订立之前，如果酒店业主对于将来的融资以及资产处置等已经有了一定的计划和安排，则可提前对今后的融资、资产处置等活动相对方的背景进行预先的筛查和评估，避免在酒店合同签订以后出现合规方面的问题。需要注意的是，即便相对方目前不是受制裁人士，其多数所有权也并非由受制裁人士所拥有，但如果其他受制裁人士可能通过多数所有权以外的方式控制该实体，那么这些实体很可能会是 OFAC 未来指定或执法行动的对象。[①] 因此，对交易相对方的受制裁情况的审查，不应仅局限于交易相对方本身，还应同样考察对其拥有多数权益或实际控制权的关联个人和实体等。关于业主及其控股主体是否为受制裁主体，也是酒管公司在签订酒店合同前针对业主公司进行尽职调查的主要内容，其目的也是规避可能被认定为与受限制人士进行交易的风险。

其次，在酒店合同签订之后，酒店业主应确保企业自身以及自己的关联公司等在合同期限内不会成为相关制裁清单下的受制裁人士，尽量避免与制裁清单上的受制裁人士开展交易。尤其是在涉及与酒店项目相关的融资、资产转让等事宜时，更应注意了解相对方的背景信息，筛查相对方及其关联公司是否存在受制裁的情况，提前评估相关风险。但值得注意的是，与美国制裁清单中的受制裁人士开展交易并非完全被禁止。如果中国的酒店业

---

① Revised Guidance on Entities Owned by Persons Whose Property and Interests in Property are Blocked，https：//home.treasury.gov/system/files/126/licensing_guidance.pdf.

主不可避免地需要与美国制裁清单中的受制裁人士开展存在美国连接因素的交易，或与存在次级制裁风险的受制裁人士开展交易，可首先根据相关禁令文件核查该交易是否属于一般许可证（General License）允许的范畴：如果属于这一范畴，那么该交易并不会使酒店业主陷入被制裁的风险；如果不属于，酒店业主可尝试向 OFAC 申请特别许可证（Specific License），如果成功获得特别许可证，那么上述交易也不会使酒店业主陷入被制裁的风险。[①]

最后，在酒店合同签订之后，即便酒店业主或其关联公司不幸被列入了合同条款所涉的制裁清单，此种情形也并非完全不可补救，因为被列入制裁清单的主体仍有机会向 OFAC 提交书面的移除申请（Petition for Removal）。值得注意的是，移除申请应详细说明为何应将该受制裁人士除名。[②] 因此，对于被列入制裁清单的酒店业主，首先要做的就是审查 OFAC 指定其为受制裁人士时所指出问题，并尝试在移除申请中解决这些问题。具体而言，被列入制裁清单的酒店业主需要有效地陈述和论证自己已经改变了先前的行为并且将不再从事被禁止的活动，或是证明自己在承担制裁责任后已经脱离了任何可能受到制裁的组织。如果受制裁的酒店业主能够提供证据表明 OFAC 在将其列入制裁清单时判断错误，也可以在移除申请中做出解释。申请提交后，OFAC 会对其进行审查，并通常要求申请人回答许多问题，以获取更全面的信息。OFAC 审查移除申请的过程可能需要数月甚至数年，具体情况常取

---

① 参见美国财政部官网"OFAC 许可证申请（OFAC License Application Page）"，https://home.treasury.gov/policy-issues/financial-sanctions/ofac-license-application-page。

② 参见美国财政部官网"申请从 OFAC 的清单中移除（Filing a Petition for Removal from an OFAC List）"，https://home.treasury.gov/policy-issues/financial-sanctions/specially-designated-nationals-list-sdn-list/filing-a-petition-for-removal-from-an-ofac-list。

决于案件的复杂程度及申请者的配合程度。因此，建议酒店业主在提交移除申请后，积极回应 OFAC 的各项问题和要求，以避免因不及时或不充分的回答延长整个审查流程。

第 七 章

以案说法讨论争议解决机制

根据我个人的从业经验，很多企业在签订合作合同时，通常对于争议解决条款重视不足，毕竟争议是小概率事件，如果合同顺利履约，根本不会走到打官司的地步。但从我十余年从事酒店行业法律服务的经验来看，由于酒店合同是长期合同，业主通常对酒店业务模式不熟悉，而酒管公司通常是合同的出具方和强势方，一旦酒店后期发生争议，业主才会发现，根据酒店合同约定业主监控酒管公司的手段有限，却需要承担酒店最终的经营盈亏，因此酒店合同履行过程中发生争议的概率并不低于其他行业。相应的，对于酒店合同一旦发生争议时的争议解决方式，应提前关注和了解。

一、酒店行业的典型争议类型

业主和酒管公司是涉及酒店管理合同履行和酒店运营的两方角色，结合我的执业经验来看，酒店行业的典型争议依据主体可以划分为两大类，一类是业主方主张酒管公司管理不善导致的争议，另一类是酒管公司主张业主方违约（主要体现为拖欠管理费）引发的争议。

业主方主张酒管公司管理不善导致的争议。酒店业主最为在意的是酒店的业绩盈亏，业绩不佳是引发纠纷的内在动因，酒店管理不善的行为则是外在表现。在真实案例中，业主往往对酒店连年业绩不佳早已不满，酒店管理不善，特别是一起严重的酒店管理事故可能成为业主提出解除合同的最后导火索，一旦业主提出解除合同，不仅双方面临着复杂的账目结算和十数年甚至数十年的预期利益的落空，而且前期已经发生的品牌费用、设计费用、指导费用、建设费用、保证金等也可能陷入争议。针对业主这一诉求，酒管公司通常都会提出的抗辩是：从外在环境来讲，酒店所处市场情况整体不够理想，业主提出的经营目标脱离酒店市场现实；从酒店自身来讲，由于业主不断"干涉"管理，或者不能提供充足的资金，导致酒店经营情况不佳。

酒管公司向业主提出法律行动，多半是由于业主长期拖欠酒管公司管理费，与业主发起的案件有所不同的是，酒管公司并不一定在案件中同时提出解除酒店合同的请求，可能只要求业主支付欠款。但中国是个人情社会，打官司是大事，谁都不愿发生，而一旦酒管公司状告业主，很多业主都会非常恼怒，这会造成双方未来较难再合作下去。在这类案件中，拖欠管理费往往都有原因，常见的原因就是业主认为酒店业绩不佳或酒管公司管理水平有限，也就是回到了上一段中业主对酒管公司最有可能不满的地方。在酒管公司向业主发起的这类案件中，我遇到过两类业主，一类业主并未咨询任何专业人士意见，直接举手投降，即便对酒管公司的管理存在不满，也只能乖乖将拖欠的管理费连本带利奉上，弄不好还要补贴酒管公司支出的律师费。而另一类有经验的业主，往往会借此机会向酒管公司提出反请求，举证酒管公司各种管理失当的违约行为，从而向酒管公司求偿。

在出现这类争议时，从合同角度来讲，要求双方关注不同合同之间的关系安排、合同细节的磋商和往来文件的留存等环节；从酒店营运角度来讲，双方需要通过举证的方式证明本方立场，抗辩对方主张。当然，还要求协助代理争议事项的律师具有较强的专业性和丰富的处理经验，从而组织和指导本方客户搜集证据、建立明确的法律观点。

二、最常见的约定争议解决方式——仲裁

（一）仲裁，而非诉讼，是酒店领域主流争议解决方式

对于国内企业来说，更为熟悉的争议解决机制是诉讼，按照我国法律规定，在双方无特殊约定的前提下，诉讼是双方解决民事争议的最终方式。绝大多数酒店合同约定的争议解决方式是仲裁，国际品牌酒管公司几乎清一色地坚持仲裁的争议解决方式，而国内酒管公司选择以仲裁来解决双方争议的比例也越来越大。选择仲裁作为争议解决方式几乎成为酒管公司的合同底线条款之一，不容改变。很多初次接触酒店合同的业主都会要求适用诉讼，但经过几番努力后都以失败而告终。

根据我国《民事诉讼法》及《仲裁法》的规定，民事诉讼与仲裁是两种并行的当事人解决民事争议的方式，如果当事人选择以仲裁方式解决争议，则仲裁所做出的裁决内容将产生法律效力，对仲裁裁决双方当事人均产生约束力，如生效民事诉讼判决对双方所产生的法律约束力一样，当事人将可以根据生效的仲裁裁决书向法院及相关机构申请强制执行。

酒管公司多选择通过仲裁解决争议,中国国际经济贸易仲裁委员会、深圳国际仲裁院等都是经常被选定的仲裁机构。而很多国际品牌酒店管理公司更是倾向于选择国际仲裁,所谓国际仲裁,是指当事人一方是中国境外机构,且当事双方共同选择中国大陆以外(包括香港特别行政区、澳门特别行政区及台湾地区)的仲裁机构解决争议。酒店合同中经常被当事人选取的国际仲裁机构包括我国香港国际仲裁中心(Hong Kong International Arbitration Centre,HKIAC)及新加坡国际仲裁中心(Singapore International Arbitration Centre,SIAC)。从公开渠道查询结果来看,通过法院诉讼程序解决业主与酒管公司之间酒店争议的案例较为罕见,而涉及国际品牌酒管公司的案件则少之又少,除非由于酒管公司的失误而未将仲裁条款纳入酒店合同中,但我确实处理过这种极其罕见的情况。

究其原因,从前述两类常见的纠纷可以看出,酒店管理合同从法律关系上可能涉及委托代理、技术咨询与服务、知识产权许可等不同性质事项的交叉,从实操层面可能涉及酒店筹备期的品牌风格设计、建设工程施工,运营中的经理及管理团队的指派与具体工作行为,乃至运营出现障碍时的处置;特许经营合同虽然较酒店管理合同而言减少了酒店管理事项,但其他合同内容仍然颇具酒店专业性。此类纠纷呈现出的个案差异性、复杂性及对酒店品牌、声誉维护的重视性等特点,与仲裁程序的独立性、专业性和保密性有着天然的契合。因此仲裁所具有的上述特点以及来自商业服务、知识产权、建筑工程等酒店管理中涉及的不同专业领域的仲裁员的差异优势组合,相较于诉讼程序而言,可以为酒店合同的争议解决及酒店业主和酒管公司等主体之间的利益平衡与合作共赢发挥作用。另外,很多酒管公司本着"家丑不宜外扬"

的观点，也更倾向于选择更具保密性的仲裁方式。

尽管酒店行业的特点和仲裁程序的优势使得业主方与酒管公司约定仲裁作为争议解决的终极方式成为常态，但酒店行业争议仲裁也因酒店专业知识和仲裁程序的双重专业性可能造成仲裁当事方因缺乏相关专业经验而在程序中遇到不利。具体到我国的酒店项目上，尤其对于国内酒店业主而言，除了仲裁一裁终局所带来的效率性较高和救济性不足这一双刃剑特点，更应注意国际仲裁程序与国内仲裁程序的诸多不同，下文详述。

当然，对于仲裁是否确实比诉讼更具效率性的问题，通过大量仲裁及诉讼案件经验的总结，实际上很难直接得出仲裁的一裁终局必然比诉讼的二审终审更有效的结论。随着我国司法改革的深入，民事诉讼的审理期限制度越来越被严格掌控，民事诉讼的裁判周期也越来越短，一些二审案件甚至可以在一个月内下发判决，可见我国人民法院系统工作效率的迅速提升。

另外，近年来最高人民法院屡次下发各类规定，要求下级法院遵从既往判例，从而为诉讼当事人提供更为稳定的诉讼结果预期，因此未来的高段位民事诉讼必然是双方律师赛跑案例检索能力的比拼，最高人民法院主办的裁判文书网为案例检索工作提供了必要的资料支撑。而由于仲裁的保密性，导致仲裁裁决书无法被外界检索和研究，这也就导致针对一项存在争议的法律问题，当事人无法从公开渠道获知该仲裁机构和仲裁庭的态度，只能更为依赖于承办律师的专业经验，当事人无法通过自身力量对结果进行预判。

（二）仲裁条款有必要约定前置协商期吗

很多仲裁条款中会有类似于双方发生争议后应进行协商，30日内仍未通过协商解决争议的，任意一方有权向仲裁机构提出仲裁这类仲裁前置协商的安排。这种约定的原本用意是当事人在签订合同时希望未来即便双方发生争议，也能争取协商解决问题，尽量不要诉诸仲裁解决争议，因此增加了仲裁前置协商期作为双方的减压阀。

这一想法的理想是美好的，但现实却是骨感的。在争议案件中，双方往往积怨已深，在提起仲裁前双方关系可能已经破裂到无法挽回的程度。仅仅依靠一个仲裁前置协商程序，对于弥合双方矛盾起不到任何帮助。但这一约定可能在一定程度上为仲裁被申请人一方质疑仲裁协议效力留下了一丝空间，被申请人可能会以双方未履行仲裁协议约定的前置协商程序为由，认为其不符合仲裁协议约定的提交仲裁的条件时，进而质疑仲裁委员会的管辖权。在实践中遇到此类问题，较为专业的仲裁委员会往往会在立案时书面告知仲裁申请人，提示其检查仲裁时是否已满足仲裁协议约定的这一前置条件。

因此，针对有类似前置约定的仲裁条款，为了确保仲裁协议的十足效力，建议申请人提前函告相对方，并明确援引仲裁协议所约定的前置协商期，协商期满后再提出仲裁。当然，如果由于时间压力无法提前 30 天通知对方协商期后再提起仲裁（如仲裁申请方针对对方向法院申请了仲裁前财产保全），主流观点倾向认为，申请人一方向仲裁委员会提出仲裁申请，仲裁委员会将申请人的仲裁申请转交对方这一行为，本身也可以视为一种申请人向对方主张和协商的动作，通常而言，仲裁裁决难以在 30 天内做出，因此也并不影响仲裁前置协商程序的实现。最后，从司法判例角度观察，近年来我国法院系统越来越倾向于支持仲裁的效力，因此仲裁被申请人基于前述理由而提出的确认仲裁协议效力之诉和撤销仲裁裁决之诉基本都会被法院司法审查所驳回。

但不论如何，对于仲裁前置协商这种没有太多实践意义的约定方式，建议在协商仲裁协议时就删除，避免可能带来的负面影响。

（三）仲裁条款有必要约定仲裁员的条件吗

在一些仲裁条款中会对仲裁员所应具备的条件进行约定，比如有些仲裁条款会明确约定仲裁不适用仅由一名仲裁员组成的独任仲裁庭，而是需要由三位仲裁员组成仲裁庭。还有一些酒店合同中对仲裁员本身资质进行要求，常见的包括仲裁员应具备一定的酒店从业年限、具备某种专业背景、具备中英文双语工作的语言能力等。有些可能还会对首席仲裁员的国籍进行要求，比如首席仲裁员国籍不应为双方公司的注册国，如业主是中国公司、酒管公司是美国公司，首席仲裁员既不能是中国国籍，也不能是美国国籍，需要来自第三国／地区。更有甚者，有些还会进一步约定，首席仲裁员如果此前持有双方其中一国的国籍，后续变更了国籍，也不符合资格。

酒店合同争议不应适用独任仲裁庭的约定。独任仲裁庭固然有效率更高、成本更低等优势，但独任仲裁庭也丧失了仲裁制度赋予仲裁当事人的一项最为重要的程序性权利，即指定本方仲裁员的权利。三名仲裁员组成仲裁庭的一大特点就是，三名仲裁员将根据对方法律意见进行合议，仲裁员之间在审理案件过程中会产生一定博弈和制衡，从而确保仲裁裁决的公正客观性。而独任仲裁庭则完全基于仲裁员本身对案件的理解，有时候会出现自由裁量权的行使超出当事人预期的情况，为案件审理结果增添了不确定性。对于重要的仲裁案件，应选取三名仲裁员组成的仲裁庭进行审理。

对于是否应在仲裁条款中增加仲裁员资质的问题，我的回答是并无必要。虽然理论上仲裁制度体现的是"专家断案",但如果对于仲裁员的资质过分苛求,则可能导致在该仲裁委员会的仲裁员名录中难以找到很多符合条件的仲裁员候选人,这就相当于出具仲裁条款的一方将可选仲裁员名单划定在一个很小的范围内。出具仲裁条款的一方必然了解该仲裁委员会的仲裁员名录中哪些仲裁员符合这些约定条件,因此这种约定将可能更有利于该仲裁条款的出具方。

三、如何确定国际商事仲裁的适用法律

因酒店行业纠纷引起的国际商事仲裁案件中通常会涉及多国和(或)地区法律的适用,这不仅是因为国内酒店业主和国际品牌酒管公司之间的争议本身包含跨国因素,更是国际商事仲裁这种争议解决方式自身的特点所致,这里将主要从实体法和程序法等几个方面加以阐述。

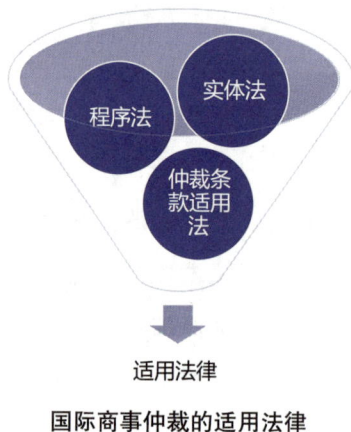

国际商事仲裁的适用法律

(一)仲裁适用的实体法律

实体法律是指具体规定权利义务的法律,如民法、商法、公司法、证券法等。与之相对的是程序法,是指使实体权利得以规

范实施的法律，如民事诉讼法、刑事诉讼法、行政诉讼法等。

在酒店行业纠纷争议的解决过程中，酒店业主往往最关注争议的实体法律适用即准据法问题，亦即仲裁庭根据什么法律对争议所涉实体问题做出裁决。合同准据法的确定主要有两大情形，一种是当事人对准据法做出了选择，即约定了法律适用；另一种是未约定适用法律的情况。

根据我国《涉外民事关系法律适用法》第三条："当事人依照法律规定可以明示选择涉外民事关系适用的法律。"也就是说，针对涉外民事关系（通俗地说即合同一方为外方）的当事人，合同当事人可以通过约定的方式选择合同所适用的实体法律。在未选择合同适用法律的情况下，根据《涉外民事关系法律适用法》及相关法律的规定，除去法律明确规定的情况，最密切联系原则是确定适用法律的一般原则。中国酒店项目的酒店管理合同谈判及签订实践中，业主和酒管公司通常会约定争议适用的实体法律为中国法，这与中国酒店业主的预期和基本利益相符合，应予坚持。

针对这一问题特别需要注意，由于我国的特殊历史环境造就了极富特色的"一国两制"制度，我国香港特别行政区、澳门特别行政区及台湾地区适用的法律制度与我国大陆（内地）不尽相同。特别的，香港沿袭了英联邦国家所适用的普通法（Common Law，又称为英美法或判例法）制度，与我国内地法律体系更是有显著差别。因此在合同准据法选择中，选择适用我国法律一般是指选择中国内地（大陆）的实体法律，排除对香港、澳门及台湾地区实体法律的适用。

（二）仲裁适用的程序法律

与当事人可以自主选择和约定合同所适用的实体法律不同，根据《涉外民事关系法律适用法》第九条："涉外民事关系适用的外国法律，不包括该国的法律适用法。"也就是说，合同所适用的程序法是不可约定适用法律的，国际商事仲裁中的程序法应适用仲裁地法律，这一原则在世界主要国家均予以遵循。其中的逻辑是，当事方若选定某地为仲裁地，则该地的法律成为与该仲裁程序具有最密切联系的法律；当事人选择某地作为仲裁地本身，也意味着其愿意接受该地的仲裁法律的约束。因当事人通常会选择中立的第三国作为仲裁地，所以仲裁适用的程序法可能与争议适用的实体法律不一样。

此处的仲裁地（Seat of Arbitration）是一个在国际仲裁中极其重要的法律概念，而非单纯的地理概念。约定仲裁地最重要的意义即意味着选择了仲裁适用的程序法律，同时为这份仲裁裁决书标上了"国籍"。当事方如约定选择了某地如香港地区作为仲裁地，并不意味着仲裁开庭等各个物理程序必须在香港地区开展，而是意味着仲裁程序需要遵守香港地区的仲裁程序规定；在仲裁过程中，当事人可以向香港地区相关法院申请其在仲裁庭的管辖权、仲裁员的选任和免除、临时措施和证据搜集等方面提供司法协助或者司法监督；当事人若想申请撤销该裁决，也需要到香港地区法院申请；如当事人在内地申请执行该仲裁裁决，仲裁裁决将因为仲裁地在香港地区而被视为一份"域外"裁判文书，将根据内地与香港间相关司法协助进行安排和执行。适用香港地区普通法规则作为仲裁程序法与内地仲裁制度的重要差异，我将在下文详述。

需要提示的是，除了约定仲裁地，部分酒店管理合同中还会对开庭地做出约定。实际上，开庭地与仲裁地不是同一个概念，开庭地可以与仲裁地不一样，各仲裁规则也对此多有规定。例如，香港国际仲裁中心（HKIAC）机构仲裁规则第 14.2 条规定，"除非当事人另有约定，仲裁庭可在仲裁地之外的其认为适当的任何地点进行仲裁庭内部讨论，听取证人证言、专家证言或当事人意见，或检查货物、其他财产或文件，而仲裁应依然在任何意义上被视为在仲裁地进行"。但开庭地在何处远没有仲裁地对仲裁的影响大，开庭地只会影响开庭、证人交叉盘问等进行的物理地点，并不影响仲裁所适用的程序法律，也不影响仲裁的"国籍"认定。随着新冠疫情对国际交往的影响，越来越多的开庭选择在线上进行，因此开庭地的重要性将越来越低。

因此，正是因为仲裁地意义重大，所以酒店管理合同中通常会对其在仲裁协议中做出约定。实践中，国际酒管公司往往倾向于选择其注册地国或中国（大陆／内地地区）以外的国家或地区作为仲裁地，如我国香港国际仲裁中心（HKIAC）、新加坡国际仲裁中心（SIAC），而中国酒店业主自然更倾向于选择在中国大陆（内地）仲裁机构如中国国际经济仲裁委员会（CIETAC）进行仲裁。仲裁地在我国大陆（内地）范围内，则不论仲裁地在北京还是上海，均不会产生实质性的适用程序性法律的区别。如果酒店合同的仲裁协议中未约定仲裁地，则一般将根据选定仲裁机构的仲裁规则来确定仲裁地。

（三）确认涉外仲裁协议效力适用的法律

除前述约定争议适用的实体法律和仲裁适用的程序法律两方面之外，酒店合同的仲裁条款上还可能暗存着确认涉外仲裁协议效力的问题。实践上，由于目前国际品牌酒店管理公司的合同文本较为成熟，鲜见当事方提起确认涉外仲裁协议效力诉讼并获得成功的案例，故这里仅对我国相关法律规定进行简单的介绍。

《最高人民法院关于适用〈中华人民共和国仲裁法〉若干问题的解释》第十六条规定："对涉外仲裁协议的效力审查，适用当事人约定的法律；当事人没有约定适用的法律但约定了仲裁地的，适用仲裁地法律；没有约定适用的法律也没有约定仲裁地或者仲裁地约定不明的，适用法院地法律。"对其简单总结，对于仲裁协议效力的审查，有约定适用法的遵从约定，没有约定的遵从约定仲裁地法律，都未约定的则遵从法院地法律进行审查。

双方在合同中约定的适用某国法律是否代表应适用该国法律审查仲裁协议效力？答案是否定的。我国 2018 年 1 月 1 日起施行的《最高人民法院关于审理仲裁司法审查案件若干问题的规定》对这一问题做了明确规定：（1）"当事人协议选择'确认涉外仲裁协议效力'适用的法律，应当作出明确的意思表示，仅约定合同适用的法律，不能作为'确认合同中仲裁条款效力'适用的法律"；（2）"确定'确认涉外仲裁协议效力'适用的法律时，当事人没有选择适用的法律，适用仲裁机构所在地的法律与适用仲裁地的法律将对仲裁协议的效力作出不同认定的，人民法院应当适用确认仲裁协议有效的法律"；（3）"如果仲裁协议未约定仲裁机构和仲裁地，可根据仲裁协议约定适用的仲裁规则确定仲裁机构或者仲裁地"。也就是说，仲裁协议适用法律可以是与双方合同选择适用的实体法律及根据仲裁地确定的程序法律不同的法律，当双方对仲裁协议适用法律有明确约定时，以双方约定确定仲裁协议的适用法律，并根据该等法律来确定仲裁协议的法律效力。

上述分析对于普通读者来说可能有些晦涩，举一个简单的案例：假设酒店合同中约定适用内地法律，争议解决机构选择香港国际仲裁中心，仲裁地约定在香港地区，仲裁协议适用法为内地法律，则一旦业主与酒管公司发生争议，双方应将争议提交香港国际仲裁中心解决，案件的程序性法律应适用香港地区法律（即普通法），实体性法律适用内地法律。如当事人拟向相关司法机关提出仲裁协议无效或撤销仲裁裁决的司法审查要求，应向香港地区相关法院提出，而香港地区法院（假设香港地区法律相关规定与内地规定一致）应依据内地法律相关规定对于仲裁协议有效与否及是否应予撤裁进行审查。

四、普通法仲裁程序中的文件披露制度和证人制度

基于我本人十多年的行业经验，除了个别初次进入我国市场的酒管公司，绝大多数酒管公司可以同意酒店合同适用我国大陆法律。结合上文内容，酒店合同所适用的实体法将为我国大陆法律，但如果双方选择了大陆以外的仲裁机构，或者选择了大陆以外的仲裁地，则仲裁的程序法律将适用境外法。如果选择香港、新加坡等适用普通法系的仲裁机构，在这种情况下，该仲裁将根据普通法下的仲裁程序进行。

虽然普通法与我国法律的根本目的是一致的，本质上都是维护社会的公平正义、定分止争，但普通法对于实现这一根本目的的路径与我国法律制度相比有很多的不同，对于一些问题的处理方式甚至完全相左。普通法诉讼／仲裁程序与我国所施行的程序就有非常显著的区别。如果简单僵化地用对我国法律的理解套用普通法，甚至在普通法仲裁中仍然使用我国国内法院诉讼的套路，将有可能出现严重错误，最终很可能导致败诉。由于仲裁一裁终局，除非仲裁中有明显的程序性瑕疵，否则败诉方后续很难再扳回仲裁结果。

鉴于两种法律体系的重大差异，这里将对普通法仲裁程序中两项重要制度，即文件披露制度和证人制度做一简单介绍，以帮助读者略撇普通法仲裁程序的不同之处。

（一）文件披露制度

1. 一般规定

我国诉讼/仲裁程序的特点是"纠问制"，法官在整个程序中占主导地位，除双方律师提出的观点和证据，法官也会主动审查案件情况，甚至依职权进行调查。而普通法系诉讼/仲裁程序的显著特点则为"对抗制"，由双方律师主导案件进展，仲裁庭或法官通常处于较为被动的位置，主要依靠双方律师提出的观点和证据来了解案件，一般不主动采取案件调查等行动。

我国：纠问制审判制度	普通法系：对抗制审判制度
• 法官组织审判进程 • 庭审由法官主导	• 对抗双方推进审判进程 • 庭审中法官趋于被动

我国与普通法系诉讼/仲裁程序的差异

普通法制度下，一方当事人须披露一切关键证据来证明案件的事实并以此举证自己的观点，而仲裁庭将适用证据规则，以确定该证据的关联性和可接受性。仲裁庭在认定事实和证据时处于次要地位，本身无须进一步去识别或获取额外证据。通常来说，普通法制度下披露与争议问题相关或可能相关的文件的义务十分广泛，特别是包括披露不利于披露方利益的文件。因此普通法诉讼/仲裁体系中，对抗的双方有责任揭示与案件相关的全部证据。如果以打牌做比喻，普通法仲裁类似于"打明牌"，而我国的情况则更类似于双方"打暗牌"，双方均无责任主动披露对己方不利的证据。

即便要求披露己方全部证据，但从成本和效率方面考虑，国际仲裁实践中通常只要求披露该方所占有且用以证明案情的文件。

文件披露制度受适用的仲裁地法律、当事人达成协议所选择适用的法律以及仲裁庭下达的指令的管辖。这些约定通常会指引一些仲裁机构的规则或准则，其中规定了将采取的行动或给予仲裁庭就争议问题发出指令的自由裁量权。

具体到酒店争议国际仲裁中，如果中国业主和国际酒店管理公司约定选择在普通法系国家 / 地区（如我国香港国际仲裁中心 HKIAC、新加坡国际仲裁中心 SIAC 等），且适用普通法时，双方遵循前述文件披露原则自不必说。但当中国业主选择 HKIAC 或 SIAC 等机构在海外仲裁，同时适用我国大陆法律时，由于证据披露属于程序性（而非实体性）法律规定，仲裁所涉程序性问题应遵循仲裁地（我国香港或新加坡等）法律或双方商定的其他规则（如《国际律师协会关于国际商事仲裁证据采用规则》，即《IBA 规则》）等。在此情况下，即便适用我国大陆法律作为实体法，中国企业很可能仍然需要按照普通法要求全面披露包括于己不利的文件。由于境外普通法律师的执业准则中，要求其督促其客户按普通法证据披露要求披露相应文件，因此中国企业就上述问题直接咨询普通法律师，获得的答复往往是应做最全面的披露（不论证据是否对本方不利），但由于法律制度的不同，我国大陆律师并不需要承担境外普通法律师所需承担的相关法律要求，因此建议中国企业在必要时应提前咨询中国大陆律师以获得更为合规务实的法律建议。

2. 善用"特权"，保护本方文件免于披露

实践中由于对国际仲裁制度的陌生，少有中国企业意识到，在可能涉及仲裁事项前，应按照普通法要求进行国际仲裁事项的内部准备，否则将很可能导致在应对国际仲裁时被迫披露那些于己不利的证据，而这最终很可能成为败诉的主要诱因。因此，中

国企业有必要事先了解和掌握普通法项下当事方对于文件披露的责任，针对敏感事项，有必要严格遵从"特权"规定行事，从而保护特定文件免于在国际仲裁中被迫向对方披露。

根据国际仲裁规则，通常如下四类可被视为受特权保护，可以不必向对方披露的信息：法律专业特权；"不受损害"前提下做出的沟通特权；反对自证其罪的特权；公共利益豁免特权。其中，"法律专业特权"和"'不受损害'前提下做出的沟通特权"是最常见的两种特权类型。

国际仲裁中受特权保护的信息

法律专业特权又进一步区分为"诉讼特权"和"法律咨询特权"。

诉讼特权保护的是在诉讼（或仲裁）过程中或预期会产生争议时，一方当事人或其律师与第三方的沟通，通常而言，这些沟通主要是为了搜集证据或准备诉讼/仲裁而进行的。

法律咨询特权则用于保护当事人与律师之间、由于当事人为获专业法律意见而进行的保密通信。普通法国家对于如何界定法律咨询特权存在很多讨论和不同理解，但 2020 年 2 月英国上诉法院在 Civil Aviation Authority v R Jet2.com Ltd［2020］EWCA Civ 35 案中裁定，法律咨询特权的请求方须证明相关文件或通信是以获得法律咨询为"主要目的"而产生或发送的。因此，虽然在审查法律咨询特权时必须确定当事人和律师之间进行通信的相关法律背景，以及特定通信是否系他们之间连续通信的一部分，但特权的请求方还必须证明，该通信或文件的"主要目的"是获得或提供法律咨询。

"不受损害"前提下做出的沟通特权是指对立双方在仲裁和解谈判过程中相互之间的沟通文件是"不受损害"的，并可免于披露。"不受损害"规则的产生是为了防止当事人因为担心其谈判期间的通信在随后的法律程序中产生于己不利的效果。例如，在和解过程中承认承担的某种责任或对某种利益做出的让步被当作在和解失败后对己方不利的证据等，从而不再进行友好协商情况的发生。该特权只适用于有争议需要解决的情况。

文件中对"不受损害"一词的使用与否不能决定文件的性质。法院或仲裁庭会考虑所有相关情况以确定是否有特权产生，但如果文件被标注为"不受损害"，可初步认定该通信是为了谈判解决办法而发出的信函。这也就是在诉讼／仲裁的和解谈判程序中，普通法律师通常都会建议委托人在此类通信中明确标注"不受损害"（Without Prejudice）的原因。

3. 普通法仲裁证据制度与我国相关制度的异同

我国法律对于诉讼／仲裁双方分配的举证原则是"谁主张，谁举证"，当事人并无全面向对方当事人披露全部文件的义务，更没有向对方披露于己不利文件的义务。因此通常而言，我国律师在接受当事人委托办理案件后的一项重要前期准备工作，就是帮助当事人整理案件相关文件，根据相关法律的规定确定哪些文件更有利于支持本方的观点，以作为本方证据提交法庭／仲裁庭。

根据我国民事诉讼证据规则的规定，一方当事人有权请求法院责令对方当事人提供特定书证。但这一要求受限于很多前提条件，如申请一方当事人需证明书证存在且明确，对于证明案件必要且重要，并且为对方所控制。除非满足特定情况下当事人应直接承担提交该等书证的义务，否则法院有权判定该方当事人是否应提交该等书证。对于应提交书证而不提交的一方，法院有权就此做出不利于该方的认定。同时据我了解，目前我国仲裁机构中指定证据规则的尚不算多，且证据规则多仅具参考意义，或只有在双方均同意时方可适用，还未有对仲裁双方具备实质约束效力的规定。

特别的，针对普通法项下的"不受损害"前提下的特权，这点往往是我国企业及法律从业者不易理解的。根据我国法律规定，当事双方虽有权在相互沟通文件中注明诸如"本函内容不得在诉讼／仲裁中披露或援引"等，但并不能当然地起到在诉讼／仲裁中排除作为证据的效力。这类文件通常在双方商议违约解决方式及和解条件中经常被应用。换句话说，一方当事人在其发给对方的文件中注明上述内容，对方当事人仍然可以将该文件作为证据提交，而法庭／仲裁庭有权判定是否采纳该等证据。实务中，这类文件往往反映出一方当事人面对争议事项的真实心态，而这又有可能影响读到这份文件的法庭／仲裁庭对案件的自由心证。因此，在我国法律框架下，仍然建议当事人谨慎地向对方发送涉及解决争议的和解方案的书面文件，以免在后续诉讼／仲裁中成为于己不利的证据（或即便不被采纳，也成为影响法庭／仲裁庭自由心证的文件）。

小结一下，针对证据披露规则中尤其对于于己不利的证据而言，普通法以全面披露为原则，以受特权保护而不披露为例外；而我国法律是以无义务披露为原则，以满足特定条件应披露为例外。正是因为不同法系对证据披露的责任规定不同，我国诉讼／仲裁中经常出现庭上的"突然袭击"，即一方当庭提交大量证据、意见以造成对方措手不及，无法进行有效抗辩，这些行为在普通法诉讼／仲裁程序中都是严格禁止的，如果把我国国内诉讼／仲裁中经常采取的"策略"安放到国际仲裁中，将使我国企业吃大亏。

由于普通法赋予了当事人沉重的文件披露责任，普通法（即境外）律师亦承担督促当事人全面履行文件披露责任的义务。鉴于普通法律师的这一责任，建议中国企业在涉及普通法争议案件时，应在普通法律师介入之时或更早地提前咨询持有我国律师牌照的内部或外部法律顾问，提早对案件进行分析并对涉案文件及证据进行全面梳理准备，我国律师与普通法律师共同配合，从而实现最大化保护企业合法权益的目标。

（二）事实证人和专家证人制度

我国的司法传统是，相对于证人证言，更注重书证的证明效力，因此在我国国内的诉讼仲裁案件中，书证出现的频次远远高于证人证言出现的频次。而在国际仲裁中，特别是依照普通法组织的仲裁程序中，证人则起到非常重要的作用。

国际仲裁中，证人类型包括事实证人和专家证人。在国际仲裁中使用专家证人撰写的专家报告作为证据的现象十分普遍。专家证人与事实证人最大的区别是，事实证人必须直接接触案争事项，其仅可提出其了解的事实，不可基于事实做出进一步推理或假设。而专家证人则并不要求接触过案争事项，并且专家证人可以基于其专业，根据其了解到的情况做出合理的推理、判断。

在我国国内的诉讼仲裁中，法庭／仲裁庭往往关注由一个个证据组成的证据链所还原的案件事实，而基于普通法程序的国际仲裁中，更常见的是由事实证人作证来还原整个案件事实。由于普通法程序中没有质证程序，因此在普通法庭审过程中，需要双方律师对于事实证人进行交叉盘问，仲裁庭则根据交叉盘问的情况对案件事实进行判断。

仲裁庭通常因具备专业知识而被当事人选中，任命一个或多个专家就特定问题提供证词可以澄清和增进仲裁庭的理解，并有助于其决策。基于普通法"对抗制"的庭审组织特点，为了提高本方意见的可信度，在一些专业性较强的案件中，针对专业问题，一方当事人会聘请专家证人，以专家证人之口，增强本方观点的权威性和说服力。

我国司法体系下可以进行司法鉴定，但司法鉴定的概念与普通法项下的专家证据存在差别，最显著的区别是，我国法律体系下，司法鉴定需要在进入诉讼／仲裁环节后，经过法定程序才能开启，而普通法项下的专家证据属于一方提交的证据，单方有权准备和提交，并接受对方的交叉盘问。我国司法鉴定的专家与普通法项下法庭或仲裁庭委任的专家证人也有所不同。

与普通法专家证人制度更为接近的，可能是单方委托的鉴定。在我国，代理律师也经常对一些较为浅显的专业性问题发表意见，而对于专业性较强的问题，当事人可能会聘请专家发表专业意见、进行鉴定。但对于仲裁单方是否有权将案争事项委托专家鉴定，在我国司法领域存在争议。通常的观点是，单方有权委托专家鉴定，但这种鉴定与诉讼程序中进行的司法鉴定仍有差别，差别主要体现在法律效力及证明力上。

此外，关于聘用专家的必要性，除了提供支持主张的证据，任命专家可以带来更广泛的好处，可以充当重要的顾问，帮助本方组织和理解基本的事实证据。专家可以协助分析对手的主张，并确定案件中的争议焦点；在评估合适的和解方案上也可以提供极大帮助。专家有时在程序的早期阶段就被任命协助提出诉求，并不一定需要提供专家报告。这些专家通常被称为"影子专家"，因为在仲裁中其他当事人通常不知道其存在。这些专家的作用在于能够帮助避免提出毫无根据的主张。然而，任命专家可能会非常昂贵，特别是在案件尚未解决且需要全面庭审的情况下，当事方也应避免自动认为各方当事人必须任命专家作证的观念。

因此，参与国际仲裁案件的中国企业应注意，除了为我们所熟悉的注重提交书面证据，在国际仲裁中特别需要关注对于证人的使用：本方亲历案情人士作为事实证人，将更有利于本方还原事实真相；而本方提供权威人士作为本方专家证人，将对本方对法律适用的认定（在仲裁地与适用法律不同的情况下，法律专家将帮助本方对适用法律规定应由哪方承担责任提供有力支持）、法律责任的判断（比如在很多侵权案件中，判断行为与损害间的因果关系是案件关键，相关领域科学家将有助于科学的因果关系的确定），以及损害金额的量化都有非常重要的意义。

这里分享三个有代表性的案例。通过这些案件的争议内容，引领读者更直观地了解酒店项目可能爆发的争议点，并了解在业主和酒管公司的不同视角下，如何更好地处理案件。出于仲裁案件保密性考虑，我对于案件信息进行了脱敏处理。由于个案具体情况不同，我在如下案件中对具体问题所持的观点并不能认为是对相应问题的法律意见，读者仍应根据面临问题的具体情况，聘请专业律师做出准确判断。我在相关案件中代表一方提出的律师代理意见，并不影响我在撰写本书过程中对于业主与酒管公司间法律权益平衡的中立性。

五、案例一：代表业主的一桩国内仲裁

（一）基本情况

案涉酒店坐落于我国一线城市的准核心地段。业主于 2009 年与一家国际品牌酒管公司 A 集团签订了 B 品牌酒店管理合同及技术协助合同。该酒店于 2013 年开业，大约 400 间客房，定位为国际品牌城市型高端商务酒店（按 STR 分类，如对应国内，则与五星级酒店档次相似）。

由于业主对酒店业绩不满意，且酒店管理出现过几次重大事故，因此业主从 2016 年起停付部分管理费。A 集团多次与业主协商未果，遂于 2019 年向某国内知名仲裁委员会提出仲裁申请。

该案中，A 集团的主要仲裁请求依据是合同相关约定要求业主支付全部欠付管理费，并附加利息。A 集团在仲裁申请书中同时认为业主通过业主代表对 A 集团的酒店管理进行了干扰，影响了其经营酒店的权利。

接受业主委托后，综合案件情况，为了平衡 A 集团提出的仲裁申请，我建议业主向 A 集团提出仲裁反请求。提出反请求的依据是合同约定的 A 集团应使该酒店经营达到某种约定水平，而实际上并未达到该水平，业主向 A 集团主张以约定水准与实际经营情况间业绩差额作为业主受到的损失。

（二）业主主要抗辩理由

该案中，法律依据主要是，针对 A 集团主张的拖欠管理费事项，是由于 A 集团未妥善履行酒店管理职责，未向业主提供酒店管理合同约定的服务，因此业主根据同时履行抗辩权，有权拒付

管理费。同时，由于酒管公司未能提供约定的管理服务，导致业主损失严重，因此业主有权向酒管公司索赔。围绕前述合同依据和法律依据，结合酒店较低的经营水平，我代表业主组织了一系列抗辩。

1. 业主公司连年亏损

很多开发酒店的业主公司都同时开发其他项目，但该案业主恰恰是为开发经营该酒店而设立的项目公司，且与通常开发酒店的商业逻辑，即为了低价拿地或为了促进业主同时开发酒店周边住宅销售的商业逻辑不同，该项目酒店周边无任何其他住宅或商业配套，业主公司本身拿地的成本并不低。因此在酒店开业后，该业主公司的盈亏状况恰恰能反映出开发酒店项目的投入产出情况。

该项目中，业主拿地成本约 5 亿元，建设工程成本（其中又细分为土建工程成本、机电设备安装工程成本、内部精装工程成本、幕墙工程成本及室外景观工程成本等）不完全统计的成本超过 4 亿元，聘请各类建筑设计顾问的成本超过 2000 万元，库存及运营设备采购预算（SOE 预算）2200 万元，开业前预算（POB 预算）约 4000 万元。因此业主开发该酒店的总体成本超过 10 亿元。业主开发该酒店项目使用了一定比例的贷款，需要承担相应财务成本。

酒店开业并进入稳定经营年份后，每年可以实现数千万元的经营利润（以酒店业统一会计制度口径计算），但纯粹以酒店经营为主营业务的业主公司每年的净利润却是负的数千万元到上亿元。因此酒店已实现的经营利润既不能说明酒店经营业绩良好，更不能体现出业主公司的实际收益，而业主公司连年巨亏的现实恰恰反映出 A 集团在酒店建设阶段所提供的技术协助服务与其酒店管理能力及酒店经营所反映出的实际业绩不匹配，这与 A 集团向业主每年索取的千万级别酒店管理费形成了巨大反差。

从酒店管理合同出发，很难直接将业主的投资损失与酒管公司违约相挂钩，因此我并未强调酒管公司对此直接的违约责任。但对于复杂案件来说，向仲裁庭介绍更为广泛的背景信息，特别是为仲裁庭呈现出本案的基本商业状况，这将有助于仲裁庭更全面客观地理解案件，同时在其行使案件自由裁量权裁判案件中，为我方客户加分。在抗辩过程中，结合我方其他抗辩内容，以争取使仲裁庭对双方法律行为性质产生由量变到质变的变化，以期有利于我方客户利益。

2. 酒店的经营问题

本部分紧紧围绕着酒管公司管理该酒店时所存在的问题及违反法律及合同之处进行论述，以反映酒管公司的违约情形，同时作为支持我方仲裁反请求的依据。

（1）宏观业绩差。

强调酒店业绩差的目的，一方面依然是为了给予仲裁庭对该案争议商业背景的全面客观的理解，另一方面由于酒店具体经营问题很多，诸多经营问题最终导致了酒店业绩差这一客观结果。

①预算经营利润完成率及每房收益对比指标。一方面，我抓取了酒店历年经营的一些关键财务数据的实际完成情况与当年预算规定做对比，即酒店自己比自己，包括酒店的每房收益RevPAR完成率（预算完成率在80%~90%）、经营总收入完成率（预算完成率在65%~80%）及经营利润完成率（预算完成率在50%~70%）。另一方面，通过该酒店历年每房收益RevPAR数据与酒店周边的竞争组别酒店做对比，特别向仲裁庭强调，竞争组别酒店是在酒店管理合同签订时双方确认的酒店，该酒店建成开业后这些约定酒店多已老旧，但即便如此，该酒店的每房收益

RevPAR 指标只有竞争组别酒店的 70% 多。如果用该酒店每月提交的总经理报告中所使用的最新竞争组别酒店做对比，则该酒店业绩更差。

　　为了让仲裁庭对于该酒店业绩有多差有更直观的对比印象，我援引了酒店管理合同中的业绩考核条款。当然需要说明，该份酒店管理合同所约定的业绩考核起始期限过晚，导致业主尚无权引用业绩考核条款解除酒店管理合同，但业绩考核条款本身的逻辑是当酒管公司对酒店经营过差时，给予业主最后退出的渠道。因此业绩考核条款所约定的触发条件通常都会很低，而在该案中的约定方式是当年实际经营利润低于预算阈值且每房收益低于预算阈值的情况同时发生，且持续两个财务年度，才会触发业绩考核终止。可以说是对酒管公司十分有利的条件了，但即便如此，该酒店依然连续多年同时触发了两个业绩考核指标，可见该酒店经营业绩多么差。

　　②酒店经营 KPI 完成率。为了帮助业主搜集更多有利证据，我曾经在酒店住了很长时间，有段时间天天在酒店里里外外转悠。有一天我散步到酒店后场区的员工食堂，在体验酒店员工餐时看到了大幅张贴于食堂墙壁上的 KPI 指标月度完成情况评比表。酒店管理团队在内部给每个部门都设置了 KPI 考核指标，这些指标包括总经营收入、经营利润、入住率、平均房价、每房收益、宾客满意指数、员工离职率、酒店能耗等多个维度，酒店每月都会给各个 KPI 上月完成率进行打分，并在内部采取一些奖惩机制。而我发现在这份评比表上，KPI 完成情况很不理想，达到 100% 的几乎没有，多数都在 70%~80%。评比表上的 KPI 指标是酒店管理层自拟的，业主代表并不了解，若非被我发现，这一事实将很可能被掩盖。但即便针对酒店管理层自拟的 KPI 指标，酒店实际经

营情况也相去甚远，可见该酒店的经营情况糟糕。

（2）管理问题多。

①人事方面。酒店总经理长期缺位，导致酒店经营管理涣散，进而严重影响了酒店经营业绩。酒店员工体系不稳定，离职率极高，即便酒店行业的人才流动本身就较大，但该酒店年度员工离职率已经达到 60%~80%，个别部门甚至出现 200% 以上的员工年度离职率，这些都反映出酒管公司对于酒店人事管理的严重问题。

同时，酒管公司反驳酒店存在的种种管理问题是由于业主代表缺乏专业性并干涉其经营管理造成的。对此，我特别将酒店当时任职的业主代表团队所具备的专业背景作为专题进行了论述。为了更专业地发挥业主代表的作用，配合酒管公司管理运营工作，业主公司聘请了由四人组成的业主代表团队，业主代表团队负责人是 A 集团原负责该地区的运营副总裁，相当于该酒店总经理的直接上司，并曾在该城市另一家 A 集团旗下国际品牌五星级商务酒店担任总经理多年，该人士从 A 集团退休后受聘于业主公司，成为业主代表。业主代表团队的其他几位人士都曾是各大酒店集团拥有至少十几年工作经验的总监级别以上人士，现今转为业主工作，对酒店管理行业非常了解。客观来讲，我接触过诸多业主集团，但拥有如此强大的业主代表团队的业主公司尚属首次遇到，酒管公司指责业主代表团队不专业实在难站住脚，某种程度上甚至可以认为，比起酒管公司当时在酒店的管理团队而言，业主代表团队反而更为专业靠谱。同时，酒管公司并未举证证实业主代表团队有哪些干涉酒店经营的行为，我反而举证证明业主代表团队按照酒店管理合同约定及行业惯例，妥善依约发挥了业主代表的监管职责。

②财务方面。在酒管公司提出仲裁前，业主还曾经委托四大

会计师事务所之一进行过酒店财务合规审计，发现了若干财务管理问题。业主委派的酒店财务副总监亦多次指出酒店财务合规问题，包括由于酒店缺乏每日财务夜审制度，因此导致酒店经常出现少收款项的事故，同时对于酒店长住客管理不善，缺乏保证金机制，导致一位欧洲长住客逃单，使酒店损失了数万元房费。再者，业主大约每半年为酒店资产进行一次盘点，每次盘点都存在大量盘亏情况，总金额达到数百万元。反复、大量、多次的酒店资产严重盘亏表明酒管公司未妥善履行酒店管理的职责，因此，业主将此问题作为仲裁反请求之一向酒管公司提出。

③日常运营方面。由于酒店总经理长期空缺，酒店发生了一系列严重的管理事故，包括酒店销售以酒店名义对酒店宾客进行诈骗，后该销售被判处了数年有期徒刑；以低于成本价的价格将酒店康体设施、泳池等出租，而承租方极不负责，导致酒店面临多桩案件；酒店承揽重要国际赛事的送餐业务，在送餐前夜突然发现酒店无送餐资质，导致无法送餐，遭到赛事举办者诉讼，并且酒店被拉入该举办者的合作黑名单；酒店多次无法通过专业机构进行的卫生监测等。

（3）服务质量糟。

我在酒店"转店"的过程中，还无意间在酒店后场区员工通道的宣传栏中了解到酒店刚刚参加过五星级酒店的星评工作，星评员的评审报告原件就张贴在宣传栏中。星评员在评审报告中提出，该酒店服务普遍存在不主动、不规范、不专业的现象，这与A集团的管理体系、B品牌标准及五星级酒店的服务质量标准存在很大的差距，并列举了大量通过神秘客人查访发现的酒店管理的不足。星评员是酒店行业资深专业人士，其对酒店经营水平的评价具有相当高的专业性和可信程度。

A集团内部有一套对酒店宾客入住体验的回访机制，并根据宾客体验每月对酒店进行打分，作为衡量酒店经营管理水平的重要指标，并按月发送酒店的总经理，以帮助酒店提升管理水平。而根据统计，该酒店的该项评分长期处于红色区域，即不及格状态，且酒店所获分数与及格线存在很大差距。

除了A集团对宾客体验评分的内部管控机制，我还从几家有代表性的OTA（携程、大众点评、TripAdvisor及Booking等）上将该酒店评分与竞争组别中其他几家酒店进行了对比，结果是该酒店在同档次的几家竞争酒店中网评垫底，且存在很大差距。

（三）案件结果

该案在仲裁委进行了首次开庭庭审，我作为业主方主出庭律师出庭，与酒管公司高层法务人员及外聘律师组成的酒管公司代理人团队在庭审期间充分辩论，并阐述了本方观点，仲裁庭针对双方提出仲裁主张的合同基础及法律基础，以及该案中富有酒店特色的相关经营管理问题进行了详细的调查了解。首次庭审后，根据仲裁庭的程序安排，双方提交了包括补充证据、质证意见及两轮庭后代理意见等在内的多份书面意见。该案中，仅书面证据双方就提交了数千页文件，为了阐述案件观点，我前后撰写了近15万字的各类书面意见，可见酒店领域仲裁相当的专业性及复杂性所带来的巨大的法律事务工作量。

由于该案双方提出的仲裁标的金额合计近亿元，标的巨大，且案情复杂，双方对于该案均倾注了大量精力。根据对于首次庭审的理解及庭后双方多轮书面意见的搏杀，酒管公司主动向业主提出了和解请求，经过综合研判，在我的建议下，业主拒绝了酒管公司首次提出的和解请求。在该案即将第二次开庭审理前，酒管公司再次向业主提出了和解请求，并提出了更为真诚的和解方案。经考虑，业主最终同意了酒管公司的和解请求，双方达成了和解协议。

六、案例二：代表酒管公司的一桩国内仲裁

（一）基本情况

案涉酒店坐落于我国一线城市的准核心地段。C 酒管公司与业主签订了 D 酒店品牌管理合同及技术协助合同。该酒店大约 300 间客房，定位为国际品牌城市型中档偏上酒店（按 STR 分类，如对应国内，则与四星级酒店档次相似）。

酒店开业不到一年，业主为了与其他酒管公司合作，便寻找借口向 C 酒管公司发出了解除酒店管理合同的通知。为了维护自身合法权益，C 酒管公司聘请我作为代理，针对业主向仲裁委提出了仲裁申请，仲裁请求内容包括支付欠付的管理费、市场营销费用及技术协助费用，并支付合同约定的违约金。

业主则针对 C 酒管公司提出了仲裁请求，请求 C 酒管公司赔偿因酒管公司违约导致酒店管理合同被终止后酒店带 D 品牌 Logo 物资的损失、酒店更换外立标牌的损失及酒管公司履行技术协助服务不当而给业主造成的损失。

（二）双方主要争议焦点

1. 酒店管理合同是否生效或被无效

该案中，酒店管理合同是否有效成为首要焦点问题。根据我国当时的相关法律规定，作为在香港地区注册的公司，C 酒管公司在内地受托经营酒店时，酒店管理合同应经过商务部门的审批，并应为经营该酒店项目而取得一份以 C 酒管公司为经营主体的营业执照。而在该案中，酒店管理合同并未获得审批，同时 C 酒管公司并未获取营业执照，并且遭到了工商部门的行政处罚。业主主张酒店管理合同因未获审批而未生效，且认为酒店管理合同因

违反由国务院颁布的行政法规《无照经营查处取缔办法》而无效，相应的，业主无须向 C 酒管公司支付欠付的管理费。

针对业主主张的酒店管理合同因未获审批而未生效的问题，我的抗辩意见是，根据合同约定，为酒店管理合同办理审批是业主责任，业主未办理合同审批的行为，是在故意阻却法律规定及合同约定生效条件的实现，业主是过失方。针对业主提出的酒店管理合同因违反《无照经营查处取缔办法》而无效的观点，我的抗辩观点是，《无照经营查处取缔办法》规范的对象是企业的经营资格，而非所签订合同，并且该文件并非《合同法司法解释二》中所规定的"效力性强制性规定"，因此并不导致酒店管理合同无效。另外，合同约定了业主有责任为 C 酒管公司办理营业执照，且 C 酒管公司举证反复多次要求业主办照，但业主始终不作为，并导致 C 酒管公司遭到工商部门处罚，而处罚后业主却马上提出解约，因此不应由 C 酒管公司承担此项责任。

仲裁庭认为，酒店管理合同由于未获得商务部门的审批，因此处于合同成立但未生效的状态，但 C 酒管公司提供了酒店管理服务，而业主也曾经支付过 3 个月的管理费，因此双方均实际履行了酒店管理合同。而《无照经营查处取缔办法》不属于效力性强制性规定，并不影响酒店管理合同的有效性。同时仲裁庭认为，由于合同约定业主应承担酒店管理合同报批及为 C 酒管公司获取营业执照的责任，但根据我国法律规定，C 酒管公司亦应承担申请自身经营酒店的营业执照的责任，因此业主对此应承担绝大部分责任，C 酒管公司则承担较小部分责任。

2. 酒店管理合同是特许合同吗

业主主张，酒店管理合同的性质符合特许经营合同的特征，C 酒管公司应根据《商业特许经营管理条例》的规定取得在国内从事商业特许经营的主体资格。由于 C 酒管公司不具备该主体资格，违反了前述行政法规的规定，因此导致酒店管理合同无效。

我的抗辩观点是，酒店管理合同并非特许经营合同，C 酒管公司并无义务根据《商业特许经营管理条例》取得商业特许经营的主体资格，遑论对该条例的遵照与否是否会导致酒店管理合同无效。

仲裁庭基于酒店管理合同约定及双方实际履行所表现出的合同性质与特许经营合同进行对比后，明确认为酒店管理合同并非特许经营合同。

3. 技术协助合同是酒店管理合同的从合同吗

业主主张，酒店管理合同是主合同，技术协助合同是酒店管理合同的从合同，酒店管理合同作为主合同无效，因此作为从合同的技术协助合同无效。业主提出该观点的主要目的是希望找到理由免于支付所欠付技术协助费，实际上由于 C 酒管公司已提供并完成了技术协助服务，且酒店已开业，业主无其他适当理由拒付技术协助费，因此只能以主从合同关系作为抗辩。

我提出反驳，技术协助合同是对于 C 酒管公司协助业主设计、建设一家符合 D 酒店品牌标准的酒店的合同，其与酒店管理合同的合同目的、内容及服务性质均完全不同，两份合同仅仅是合同签约主体相同，根本谈不上哪份是主合同、哪份是从合同。不论酒店管理合同有效与否，均不影响技术协助合同的效力。仲裁庭支持了 C 酒管公司提出的观点。

4. 业主对酒店管理合同履行的其他抗辩

为了试图给违法违约解除酒店管理合同提供正当性，业主还提出了一系列理由，包括酒店管理合同属于格式合同、业主在不理解合同内容的情况下签约、酒店合同条款显失公平等。业主还提出，认为 C 酒管公司在经营期间有几个月的业绩未达到预算规定的经营利润，因此构成违约。

仲裁庭则认为，酒店管理合同明显不符合法律对于格式合同的规定，业主未举证证明签订酒店管理合同存在重大误解或显失公平的情形，而酒店处于新开业阶段，出现业绩起伏实属正常，个别月份未达到预算规定目标并不属于 C 酒管公司违约。

针对这类主张，我想分享给读者的经验是，业主如要主张酒管公司违约，需要提供更为全面、详尽的证据予以证明，仅仅认为预算未达标而主张酒管公司违约很难站得住脚。另外，根据我国《民法典》第四百九十六条的规定，格式条款（或格式合同）是当事人为了重复使用而预先拟定，并在订立合同时未与对方协商的条款。通过双方在各自律师协助下历经多轮谈判方签订的酒店合同，实在难称格式合同。另外，根据法律规定，重大误解或显失公平所对应的是当事方可主张合同撤销，但主张一方需要提供充分证据予以证明，且撤销期为一年，过期将失效。在本案中，以重大误解或显失公平作为合同违约抗辩理由较难成立。

5. 对仲裁程序问题应倍加关注

在代表酒管公司提出仲裁申请后，业主方并未及时向仲裁委做出书面反馈，迟至首次开庭前不到一个月才提出仲裁反请求申请。由于该申请已超出该仲裁委仲裁规则所规定的仲裁被申请人提出仲裁反请求的日期，在反对意见下，仲裁庭驳回了业主提出的仲裁反请求。因此业主只能通过另外向仲裁委申请新仲裁案的方式，向 C 酒管公司提出仲裁主张。未能将主张作为仲裁反请求提出，不但会延迟案件审理进程，使当事人增加额外法律费用负担，更重要的是，新案仲裁庭组成如与旧案仲裁庭组成不一致，则还有可能影响仲裁庭对案件争议焦点的实质性判断。因此仲裁参与方应严格按照仲裁规则所规定的程序性要求行事，避免丧失如提出仲裁反请求、指定仲裁员等重要的程序性权利的机会。

在该案中，业主通过另案反诉 C 酒管公司的不利后果远不止延长仲裁裁决周期或增加法律费用。在业主提出的仲裁案件中，业主律师缺乏仲裁经验，仅仅援引酒店管理合同的仲裁协议约定，并未援引技术协助合同的仲裁协议作为该案的仲裁管辖权依据。而在案件中，业主却将主要精力放在论证 C 酒管公司未提供妥善的技术协助服务而导致业主损失之上。除了提出建设工程损失存在诸多原因，业主并未证明该等损失是由于 C 酒管公司违约导致的，更重要的，我从仲裁法律的基本原理出发，提出业主仅仅援引了酒店管理合同的仲裁协议作为该案仲裁的管辖权依据，因此该案仅应围绕酒店管理合同争议事项展开，业主提出的技术协助合同项下的损失并非本案应审理的事项，仲裁庭对此无管辖权。根据《仲裁法》的规定，仲裁庭对案件的管辖权来源于启动该仲裁案时合同双方援引的仲裁协议的约定，超范围仲裁将成为当事人撤销仲裁的理由。基于我提出的观点，仲裁庭在未对此做出实体性审理的情况下，直接驳回了业主对于技术协助合同项下损失的相关仲裁请求。

（三）案件结果

基于上述对于该案关键问题的观点，仲裁庭全额支持了 C 酒管公司向业主主张的欠付管理费及技术协助费。针对市场营销费用，仲裁庭认为，由于酒店管理合同约定方式是 C 酒管公司有权在酒店总收入某比例以内基于业主批准的经营预算进行支出，而业主并未批准酒店经营预算，且根据酒店管理合同，仲裁庭认为市场营销费用属于 C 酒管公司应实际开支的费用，C 酒管公司亦有责任证明其开展了相关市场营销活动，因此仲裁庭判定业主按照一个折扣比例支付市场营销费用。关于 C 酒管公司向业主主张的合同约定的违约金，仲裁庭认为由于 C 酒管公司未取得营业执照，自身也应承担一定责任，且酒店开业时间尚短，酒店管理合同解除不能 100% 归责于业主，因此未支持 C 酒管公司违约金的请求。对于业主向 C 酒管公司提出的仲裁"反请求"，除上文已提及的全额驳回技术协助合同项下相关损失，由于仲裁庭认为 C 酒管公司亦应承担部分未取得营业执照的责任，因此判令 C 酒管公司承担业主提出的物资损失及酒店更换外立标牌损失的 10%。

结合该案，我希望与读者分享一点经验，服务类合同存在一个重要特点，即在服务提供方提供完成服务后，在接受服务方未能明确举证服务存在重大违约或瑕疵的情况下，接受服务方很难要求免除或减免大部分服务费。在本案中，即便仲裁庭认为酒店管理合同成立但未生效，但 C 酒管公司仍然向业主提供了酒店管理服务，业主也接受了酒店管理服务，因此业主仍有责任按照酒店管理合同的约定向 C 酒管公司支付管理费作为其提供酒店管理服务的对价。同时业主并未举证证明 C 酒管公司履行技术协助合同存在重大瑕疵，因此业主要求免除技术协助费的要求难以成立。针对市场营销费用，基于酒店管理合同中强调的酒管公司无利润的成本性质，酒管公司应更着重于举证证明已充分进行了市场营销活动，并已支出了相应成本。对于酒店管理合同约定的违约金是否能得到仲裁庭的最终支持，建议读者阅读本书中讨论该问题的专门章节。

七、案例三：代表业主的一桩国际仲裁

（一）基本情况

案涉酒店坐落于我国西部某省会城市的核心地段。业主于 2007 年与一家国际品牌酒管公司 E 集团签订了 F 品牌酒店的系列

管理合同，合同期限为 20 年。该酒店于 2008 年开业，在开业后多年内，双方并无争议。但之后，F 酒店品牌被另一家酒店管理公司 G 集团收购，新的酒管公司 G 集团出于各种目的希望与业主解约，因此主张业主构成多项违约并主张终止合同，随后酒管公司从酒店撤出。之后，G 集团于 2021 年 3 月向国际仲裁中心提起仲裁。

该案中，G 集团的主要仲裁请求是依据合同相关约定要求确认解除酒店合同，要求业主支付欠付的管理费，并赔偿其剩余合同期内全部预期的管理费。

（二）业主面临的程序性问题

该案仲裁地在中国大陆境外，仲裁程序适用普通法程序性规则。由于业主对于国际仲裁程序并不了解，此前也并未聘请了解国际仲裁程序的专业律师，且在临近开庭前才委托我代理本案，因此我在接手本案后发现业主面临着程序上的巨大劣势，具体包括如下方面。

1. 业主并未行使指定仲裁员的权利

在通常的国际仲裁案件普通程序中，仲裁庭应当由三名仲裁员组成，双方当事人各自指定一名仲裁员，同时共同选定或者由仲裁委员会选定首席仲裁员。当事人选定仲裁员的权利是十分重要的，这不仅是仲裁程序正当性的来源，当事人还可以通过选定一名裁判观点与己方立场相近的仲裁员使得己方观点更容易被仲裁庭所接受。

但在本案中，酒管公司指定了一名仲裁员，而业主并未按照仲裁委的要求在期限内指定仲裁员，因此该国际仲裁中心代替业主选定了一名仲裁员，并选定了首席仲裁员。业主由于未能及时指定仲裁员，导致未能行使这一重要的程序性权利，无疑使得业主在本案的审理中处于劣势。

2. 业主未能在答辩状中将全部法律主张和抗辩要点予以体现

在国际仲裁程序的规则中，双方需要在庭审前将己方的全部法律观点在诉状或答辩状中予以固定，除此之外的法律观点是不能带入到庭审中的，以防一方对另一方的"庭上突然袭击"，这就是我在前文中提到的普通法诉讼/仲裁程序是"打明牌"。但是在本案中，业主在答辩状中对法律观点的表述并不全面，大量重要的抗辩并未提出。而在我接手本案时，案件的答辩期限早已届满，案件开庭日也已经非常近，答辩状已经无法修改。如果就这样进入庭审，业主将面临极大的败诉风险。在此情况下，我带领团队在短时间内完成了大量工作，通过对原有答辩状进行细化解释的方式，将大量新的抗辩点解释为对答辩书中观点的细化，纳入庭前提交的最后一份书面文件即庭审大纲中，从而希望能将更多对业主有利的抗辩要点带入庭审。

果然，对方律师对我方的这一操作提出了极大抗议，申请仲裁庭不予采纳我方提交的该份书面文件。我方针对对方提交的申请进行了有力的反驳，最主要的观点是根据普通法原则，如果不允许业主方在现阶段提出观点，将造成庭审程序对业主方极为不公的情况，我方将保留就此申请撤销仲裁裁决的权利。经过双方代理人的多轮文字交锋，最终仲裁庭还是决定接受了我方的该份书面文件，我方有惊无险地将大量有利的抗辩点带入庭审程序中，这使我方在该案中获得了至关重要的法律主动权。

据了解，在普通法程序中，仲裁庭能够在开庭前允许一方变更抗辩要点的可能性微乎其微，因此我们团队在该案中创造了一个不大不小的普通法程序问题的奇迹。但是必须说明的是，我方的这一操作仅仅是在业主前期存在巨大失误的情况下不得不进行的亡羊补牢之举，存在极大的风险。如果最终仲裁庭决定不接受我方提交的该份书面文件，那么接下来的庭审中我方将无法主张该文件中新提出的抗辩点，对业主方极其不利。而如果业主能够尽早按照国际仲裁的规则提交相应的答辩材料，则完全可以避免这一巨大风险。

3. 业主并未向仲裁庭提交事实证人和专家证人

与国内诉讼程序不同，在普通法国家／地区（如我国香港地区、新加坡等）进行的国际仲裁需遵守普通法仲裁的程序性规则，因此非常注重事实证人和专家证人出庭作证，以及双方对证人的交叉盘问。事实证人作证情况及交叉盘问情况是仲裁庭认定案件事实的重要依据，而专家证人在专业问题上发表的意见和交叉盘问情况也会影响仲裁庭对专业问题的认定。

本案中，酒管公司向仲裁庭提供了事实证人和专家证人，但是业主方并未提供本方的事实证人和专家证人，也未要求对对方的专家证人进行交叉盘问。未提供事实证人，导致我方缺少向仲裁庭讲述案件前因后果的重要机会，只能依据酒管公司提供的事实证人意见来还原案情；未提供专家证人也未要求对对方专家证人进行交叉盘问，则使得我方难以向对方专家证人出具的专家意见进行直接回应（国内诉讼／仲裁中常见的由律师回应对方专家意见的做法，在国际仲裁中难以奏效，原因是仲裁庭会认为应由专业的人做专业的事，一方代理律师并非相关领域专家，无权对专家证人的意见提出评论意见），某种程度上甚至可以被理解为本方已经认可了对方专家证人所提出的意见。

在这种情况下，仅能通过已有的书面证据和对对方事实证人的交叉盘问，驳斥对方希望向仲裁庭讲述的故事；同时，尽可能在书面文件和庭审中指出对方专家意见明显不合理之处，从而说服仲裁庭不采信该份专家意见。但我的经验是，在国际仲裁中，事实证人和专家证人往往能够起到比国内案件证人大得多的作用（而在国内更倾向于用合同、电邮、信函、微信聊天记录等书证来还原事实），因此必须重视。

特别需要指出，在我与业主的交流中，业主曾表达过一个想法，即委托一位员工作为代理人，让该名员工以代理人的身份在庭审中向仲裁庭介绍案件事实。这种想法实际上不论在国内还是在国际仲裁中都存在问题，原因在于，代理人并非以证人身份出庭，其对于案件事实情况的描述也无法实现交叉盘问，因此难以被仲裁庭所采信，根本起不到还原事实的作用。

4. 业主没有按照仲裁庭的要求在截止日期前提交全部证据

在国际仲裁程序中，双方应当在仲裁庭确定的截止日期前完成证据交换，一方超过时限提交的证据，需要征得另一方同意，仲裁庭才会接受，这也是为了防止一方对另一方的"证据突袭"。

而在本案中，由于业主对酒店争议解决和国际仲裁程序不了解，因此未能在截止日期前提交数份关键的证据。在此情况下，我们团队通过大量努力，研究仲裁规则的相关条款和仲裁庭的证据交换规定，通过合理方式向仲裁庭争取到了补充提交证据的机会，得以将数份关键证据纳入庭审，这也为之后的庭审工作奠定了重要基础。

（三）双方主要争议焦点

1. 业主是否构成违约

本案中，酒管公司主张业主构成三项违约：第一，业主未按时支付管理费；第二，业主违反酒店管理合同，干预酒管公司的管理；第三，业主未能遵守酒管公司的品牌标准。我方则在答辩和庭审中进行了针对性的抗辩。

（1）业主未支付管理费。

酒管公司在仲裁中主张业主欠付近一年的管理费，因此构成对酒店管理合同的违约。但是我方通过对本案酒店管理合同及相关证据进行梳理，归纳出两项重要的抗辩要点：

①酒店管理合同约定管理费应当由酒管公司自行提取，而非业主支付。本案的酒店管理合同中约定的管理费支付方式为酒管公司自行从其控制的酒店经营账户中支取约定的管理费，而非业主向酒管公司直接付款。因此，酒管公司完全可以在合同约定时间自行提取管理费，其主张要求业主支付管理费，是没有合同依据的。

②业主多次与酒管公司沟通管理费的支付问题，但酒管公司拒绝合作。本案中，业主已将管理费汇入专门用以兑换外汇的账户，但由于外汇管制等不可抗力因素未能及时换汇并付至酒管公司的海外账户。业主就此曾多次与酒管公司进行过沟通，酒管公司对此也完全了解。在此情况下，业主向酒管公司提出了多项可行的解决方案，但是酒管公司不予回应或合作，而是直接主张业主构成违约并要求解除合同。这一事实足以证明业主并不构成管理费支付的违约，结合业主方在庭前补充提交证据所勾勒出的案发时的商业背景情况，主张这是酒管公司希望借助不可抗力情形所导致的付款障碍蓄意解约，是酒管公司为达到其商业目的而采取的违法违约之举，酒管公司才是违约方。

（2）业主干预酒店管理经营。

酒管公司在仲裁中主张业主违约干预酒店的多项经营活动，导致酒管公司无法行使酒店的管理权。但是我方通过对事实和证据的梳理，对酒管公司提出的理由进行了反驳：

①酒管公司声称业主干预总经理任命导致总经理离职。酒管

公司主张业主无理由解雇了酒管公司委派的总经理，并导致酒店总经理职位长期空缺。但是我方通过梳理双方之间的往来函件，向仲裁庭证明该任总经理并非业主解雇，而是自行离职。且在该任总经理离职后，酒管公司并未按照酒店管理合同的约定向酒店派驻新任总经理，导致酒店总经理长期空缺，这并非是业主的违约，而是酒管公司的违约。

②酒管公司主张业主拒绝酒管公司委任的财务总监，同时导致酒店存在严重的财务状况混乱。而实际上，由于该酒店位于西部某省会城市，酒管公司此前委任的多任财务总监均为东部地区人士，就任后很短时间内便离职，酒管公司一直以来无法派出能长期留任酒店、有益于酒店最高利益的人士。此次酒管公司再次向业主提名了一位明显不合适的财务总监人选，业主完全有理由拒绝该名财务总监。在拒绝该财务总监后，酒管公司并未向业主推荐新的、符合酒店利益的财务总监人选。

根据酒店管理合同的约定，酒店的财务管理制度应当由酒管公司负责，如果酒店财务管理的内部控制及制度存在问题，应由酒管公司承担责任，不应由业主承担财务管理责任。

③业主控制酒店公章、账户。酒管公司主张业主控制了酒店公章及银行账户，违反了酒店管理合同的约定。酒管公司特别提交了几份由业主代表盖章的财务支出凭证，以此证明业主干预酒管公司管理酒店财务账户，影响酒店经营。

在目前的酒店管理的实操中，公章和银行账户保管控制权限问题往往是一个焦点问题，因此新签订合同的业主和酒管公司往往都会在酒店管理合同中对双方的权限予以确定，同时在实际操作中可能会保留一定的弹性。

而在本案中，由于酒店管理合同签订的时间比较早，因此未对公章的保管权限进行明确划分，仅约定酒管公司拥有对酒店经营账户的控制权限。因此本案着重论述了中国法下公章的重要性，同时结合酒店管理合同的赋权条款，主张公章保管权并未赋予酒管公司，而应当由业主享有。而对于经营账户的控制权，主张业主并未干涉酒管公司的财务管理，财务单据中加盖业主代表名章的原因是，业主代表是业主公司及酒店的法定代表人及负责人，如不加盖业主代表名章，将使酒店无法对外支付。因此业主代表加盖名章的行为恰恰反映出业主根据酒店管理合同的规定，为酒管公司管理酒店财务提供了必要配合和便利，不能以此反推业主干涉管理。

（3）酒店违反品牌标准。

酒管公司主张业主未能保证酒店符合该品牌的品牌标准，并提交了一份内部的酒店品牌标准评估报告作为酒店不合格的证据。但是经过我们研究，该份评估报告中所反映的酒店问题大多出现在日常经营方面，而非硬件设施方面。一般而言，酒店品牌标准可以分为硬件标准和软件标准。硬件标准一般包括建筑安装、房间要求、设施配备等，而软件标准一般包括日常经营、客户服务、市场营销、维护保养等。通常来讲，业主应当确保酒店硬件条件满足品牌标准，酒管公司则应当负责软件部分即管理水平符合品牌标准。因此，该份评估报告并未提出酒店在硬件上不符合品牌标准的问题，不能说明业主未能保证酒店符合品牌标准；与此相反，多处软件标准不达标恰恰反映出酒管公司对酒店的管理存在严重问题，这恐怕也是由于酒管公司始终未能按照酒店管理合同约定委派总经理、财务总监所导致的。

基于前述抗辩，我方主张，业主并不存在违反酒店管理合同的情形，反而是酒管公司存在大量的违约行为，因此酒管公司无权单方主张解除合同，其解除合同的行为构成违约。

2. 业主是否需要支付酒管公司预期管理费

酒管公司在该仲裁案中除了主张业主欠付管理费，还要求业主支付合同期限内酒管公司可以获得的预期管理费。在酒店争议解决实践中，管理合同解除后，酒管公司是否有权主张预期管理费是一个很有争议的问题。在本案中，酒店管理合同约定了在业主违约终止合同时，应向酒管公司赔偿剩余合同期限预期管理费的净现值，单从这一合同约定来看，如果业主被判定构成违约导致合同解除，则对业主而言非常不利。但我一方面向仲裁庭论证业主并不构成违约，酒店管理合同是酒管公司违约终止的，不应由业主承担预期管理费赔偿责任；另一方面我发现由于该案酒店管理合同的起草不够严密，合同赔偿条款与免责条款存在抵触，因此通过论证预期管理费的法律性质，深入分析并解释了酒店管理合同中的赔偿豁免条款，根据特殊约定优先于一般约定的法律原则，结合《合同法》和《民法典》的相关法律规定，向仲裁庭阐述该等预期管理费的赔偿约定实际上已经被酒店管理合同的免责条款所豁免，即便业主被判定应承担违约责任，酒管公司主张的预期管理费赔偿也不应得到支持。

（四）案件结果

由于该案酒管公司提出的仲裁标的巨大，且案情非常复杂，如酒管公司败诉则不排除后续存在业主提出仲裁请求、继续追索酒管公司责任的可能，因此双方对于该案均倾注了大量精力。业主方聘请我的团队作为代理人，团队中有具备极为丰富的国际仲裁经验的普通法律师参与，以国内顶级"红圈律所"战队出阵；而酒管公司则聘请了全球顶级的老牌英国律所代理，其中国上海、香港地区以及东南亚、欧美等多个国际办公室联动做庭前准备，更是聘请了英国御用大律师（Queen's Counsel，QC）代理出庭，花费的律师费高到令人咋舌的程度。可见双方对本案的重视程度及进行国际仲裁产生的高昂成本。

根据双方对于庭审的理解及庭后多轮书面意见的交锋，酒管公司主动向业主提出了和解请求，经过综合研判，在我的建议下，业主拒绝了酒管公司的要求。在仲裁庭给定的和解期限即将届满前，酒管公司再次向业主提出了新的和解方案，愿意以仲裁案件开启前双方曾接近达成和解的一版方案进行和解，并同意由酒管公司自行承担高昂的英国律所律师费。实际上在案件开启前，业主曾积极与酒管公司探讨和解方案，酒管公司提出的这版方案本是业主希望达成的商业条件，但由于酒管公司提出仲裁申请，当初的和解只能作罢。而经过双方一系列仲裁角力后，最终回到了业主希望达到的商业目的。因此，业主最终同意了酒管公司的和解请求，双方达成了整体和解安排，最终实现案结事了。

（五）本案总结

酒店领域的境外争议解决往往具有酒店专业知识和国际仲裁程序的双重复杂性，同时在酒店管理合同及仲裁协议的谈判和签订阶段，即已为将来可能发生的仲裁程序埋下诸多重要伏笔。中国酒店业主在与国际品牌酒管公司的项目合作中，应注意并谨慎考量仲裁协议内容细节及相应的法律后果，如发生相关争议，特别是中国企业不熟悉的国际仲裁案件时，切勿套用国内"经验"，建议尽快请具备跨境争议解决经验并能与本方实现高效沟通的专业人士提早介入，避免因对仲裁机制的不熟悉而最终造成本方的实体利益受损。

回顾十多年来我代表业主和酒管公司处理酒店行业不同类型的仲裁案件的经验，对酒店争议中代表不同立场进行仲裁的感受深有感触：代表酒管公司一方的感受是，通常而言，酒管公司完成初步举证责任比较简单，通过酒店管理合同证明约定费率条款，再提交酒店经营数据报表及给业主发送的账单／发票，即能完成对于业主拖欠管理费的举证。同时，基于服务类合同的特点，服务提供方只要完成了约定的服务内容，服务接收方就有责任支付服务费用，虽然理论上在服务提供方提供的服务质量不符合约定标准时，服务接收方有权拒付服务费并追究对方违约责任。但在实务中，衡量服务质量的标准往往较"软"，不像产品买卖合同中衡量产品质量的"硬"标准，并且服务通常都具有一定的专业性，服务提供方较之服务接收方拥有更多专业优势，服务接收方欲证明服务提供质量未达约定，需要投入更多专业精力。基于服务合同这些固有特点，通常而言，酒管公司"打"业主似乎更容易，业主"抵抗"酒管公司甚至发起"反击"似乎更难。但这并不能得出业主在面对酒管公司提出的仲裁时毫无机会的结论，由于酒店管理是一个细水长流、日日开张的生意，酒店每天迎来送往无数客人，在服务过程中，就算再高明的管理者也难保绝对不出问题。因此如果业主能调动更为专业的力量，充分搜集酒店各类经营信息，特别是挖掘业主可能并不掌握甚至并不了解的酒店经营管理瑕疵的信息，并将搜集到的证据与酒店合同约定及法律规定进行结合，将每一个管理瑕疵归因到酒管公司的具体管理职责上，将有机会证明酒管公司在履行合同义务时存在瑕疵甚至是违约行为。

通过上述两个我代表业主与酒管公司进行仲裁的案例读者可能发现，这两个案件均未最终裁决，而是在酒管公司的主动提议下，双方进行了和解。而我代表酒管公司的案件中，最终裁决结果对酒管公司较为有利。这其实反映出了一个酒店领域争议的普遍现象，即酒管公司的身段往往更为灵活，由于其对酒店行业争议更有经验，更善于基于业主的抗辩及仲裁庭所表达的观点，判断未来案件的走向。在发现案情对其趋向不利时，会主动向业主伸手言和，以避免更为不可控甚至不利的仲裁裁决结果的发生；而在其判断胜面较大时，则倾向于拒绝和解，等待仲裁裁决。这告诉我们，在酒店案件中，如果业主能够进行充分的准备，以"法律对法律"的方式采取更为积极有效的仲裁抗辩策略，业主完全有机会与酒管公司掰掰手腕，取得更理想的结果。

附 录

专家点评

（按姓氏音序排列）

作者长期专注于酒店行业法律服务，具有深厚的理论功底和丰富的实战经验，尤其在酒店管理及特许经营契约签订及争议的仲裁诉讼方面，书中总结的相关要点、难点及误区，既从本土视角出发，又具有国际视野，值得推荐给酒店投资人与管理者学习借鉴。

曹　俊

中国饭店协会酒店资产管理专业委员会专家

上海股份制与证券研究会副会长、秘书长

全球酒店资产经理人协会中国分会创始理事兼财务长

本书作者通过清晰的商业逻辑关系、专业的酒店运营经验、成熟的法律制度研究、系统的成功案例分析、通俗易懂的语言为读者成功阐述了业主与国际酒店管理委托及特许经营合同的要点，同时剥开问题现象看到本质所在，有效避免新接触酒店行业的业主"踩雷"。此书全面涵盖了酒店从筹开到运营阶段的财务核心问题和运营管控要点，是近年来有助于推动酒店行业规范发展难得一见的好书！

陈　波

中国饭店协会酒店资产管理专业委员会常务副理事长

中海酒店管理公司负责人

王悦律师凭借其丰富的理论与实战经验，从业主开发商视角出发，对酒店管理的商业模式、商业条款、合同要点、谈判原则等进行了全面解析，并辅以仲裁实战案例解读，对提升酒店行业合同管理水平大有裨益。

段建桦

中国贵州茅台酒厂（集团）有限责任公司党委委员、总法律顾问

自 20 世纪 90 年代以后，国外的酒店管理品牌就陆续开始在中国生根发展。酒店管理或是特许经营合同，从最初的英文版本，慢慢演化成中文版本；关键的条款也渐渐从不能谈判到可以商议，单从酒店管理合同的演进就可以窥探中国连锁酒店的发展历程。在信息透明化、互联网普及的今天，很多原本专业术语已经被大众所熟知。但是酒店专业对于酒店管理或是特许合同的内容，历来却讨论得不多，这是酒店专业缺失的一块拼图。

王律师从酒店管理以及法律的专业角度出发，对于目前的相关管理合同的现象及发展有充分的分析及建议，对酒店专业从业人员或是酒店投资方都非常有意义。我非常高兴能够见到有一本这样高水平的书籍，我也很高兴能够把这本书推荐给大家。

郝玉鸿

建筑师、资深酒店人

酒店资产作为需要高度商业化运营的不动产，迫切需要专业化品牌和运营公司的参与，但是作为业主与品牌管理方合作的基础性文件——酒店管理合同及特许经营合同，其中的种种行业性惯例，特别是作为舶来品的国际酒店管理合同更是如此，让不少的酒店投资人和业主望而却步。王悦作为行业的深度参与者，在书中道出了

这种种惯例背后的商业逻辑和实践案例，值得酒店的高级管理者、投资人、业主、资产经理人和行业的研究者静下心来仔细研读。一个有效的游戏规则才是这个行业得以长期健康发展的前提。

柘　辉

中国饭店协会酒店资产管理专业委员会专家

全球酒店资产经理人协会中国分会常务理事

　　随着我国市场化和国际化进程的不断推进，企业面临的法治环境日趋规范，对合同履约和诚信经营的要求越来越高，合同管理已经成为企业发展的必要条件。但目前在国内，专门从事酒店法务工作的律师不多，具有实操指导性的图书就更少了。王悦律师这本专门针对酒店合同管理的实用工具书，可以说是不可多得。

　　我先睹为快，发现这本书还是酒店投资管理的参考书。本人有幸以酒店管理方、酒店投资方等不同身份参与过多个合同的商定与管理。在这个过程中，我发现合同不仅仅是一个法律约束文本，还是商业模式的确立文本和运营管理的制度基础，酒店管理合同和特许经营合同在前期商谈阶段，也往往超越技术性的磋商。在本书中，王悦律师结合仲裁实例对酒店的投资决策程序、基本管理逻辑、主流商业模式也进行了释义，从而让读者一目了然。

　　王悦律师结合自己承办的实际案例，对很多与合同管理有关的法律知识和行业知识融会贯通，相信无论是酒店投资方还是酒店管理方，都可以从本书中受益。

李瑞忠

中国饭店协会副会长

中国饭店协会酒店资产管理专业委员会常务副理事长

绿地酒店旅游集团总经理

最早的国际品牌酒店进入国内，已经是三十多年前的事情了，中国的酒店业也随着改革开放不断成长进步。虽然酒店管理方这一角色越来越得到重视，然而对于很多业主而言，在具体工作中仍然会与酒店管理方不断有矛盾和冲突，进而影响到酒店建设过程的效率和最终成效。问题林林总总，但根源其实都在于双方认知的差异。本书的作者透过复杂的现象，直接抓住问题的本质，从法律的角度为双方的合作共赢建立起公平合理的基础。这才是从更高的维度来帮助各方，来解决问题的本质；在这个框架下，无论是对全书完整的学习，还是对具体问题有针对性地了解，都将有所收获。中国酒店业方兴未艾，本书对行业的健康可持续发展一定会做出应有的贡献。

李　鹰

中国饭店协会设计与工程专业委员会副理事长

HBA / Hirsch Bedner Associates 中国区总裁、董事合伙人

初次与王律师合作是基于某酒店项目的管理合同谈判，他的专业高效、对业务的透彻理解及对我工作的支持深深打动了我，之后我们一直保持专业上的沟通和交流，使我受益颇多。

此次编写《酒店管理及特许经营合同谈判与仲裁实战》一书，王律师集合十余年行业变革的亲身经历，将理论知识与实战案例结合，深入浅出，为酒店从业者提供了不可多得的借鉴。全书以酒店管理合同及特许经营合同为起点，结合酒店运营的关键管控点，详细介绍了委托管理及特许经营模式下业主与酒管公司如何博弈实现共赢，是一本值得重点推荐的好作品。

刘雅莉

华润置地有限公司酒店事业部副总经理

我与王悦律师相识超过十年，王律师一直持续对国际酒店管理合同及特许经营合同进行潜心研究和实践，具有深厚的理论基础和实战经验。我们同为中国饭店协会业主工作委员会（现更名为资产管理委员会）的倡议者，并一直在中国饭店协会的领导下为中国酒店投资人提供专业、客观的支持和服务，包括组织首家中国酒店投资人峰会。王律师始终用其专业功底和实战经验，以及不偏不倚、客观公正的立场发挥着积极作用。感谢王律师将多年经验编写成本书，相信本书能帮助中国酒店投资人更加主动、专业地与国际酒店管理公司进行合作，实乃中国酒店投资人的福音！

潘小科

中国饭店协会酒店资产管理专业委员会副理事长、执行秘书长

北京隐奢逸境酒店管理有限公司创始人

《酒店管理及特许经营合同谈判与仲裁实战》一书，案例丰富，分析精辟，将酒店领域最真实的状况展现给读者。王律师以自身多年丰富的行业诉讼及仲裁经验，结合具体案例，并引入国际同行的先进经验，通过公开方式系统性地分享弥足珍贵的行业经验，为我们打开了一个新的视角。中国酒店业是与国际接轨最早的行业，但是多年来中国酒店行业的业主还是受制于国际酒店集团管理合同模式和强制性条款。我相信，也呼吁中国酒店人、中国酒店的业主能够真正地从法律上、从保护投资者的角度理性地去判断酒店管理真正的合同的行为。

钱 利

中国旅游饭店业协会副会长

中国饭店协会酒店资产管理专业委员会名誉理事长

浙江雷迪森酒店集团党委书记、董事长

　　酒店作为一个极具特色的商业地产项目，资产管理是其商业模式的核心基础，其中"酒店合同谈判与仲裁"又是酒店资产管理的重要组成部分。本书作者王悦律师从事酒店行业十余年，既拥有酒店前期谈判合同的大量经验，也拥有酒店开发、建设、运营及处理争议的丰富经验。相信他的实践和案例分享，可以帮助我们行业从业者更好、更快地提升这方面的专业知识和操盘能力。

孙 坚

中国饭店协会副会长

北京首旅酒店股份有限公司董事总经理

上海如家酒店管理公司总裁

　　《酒店管理及特许经营合同谈判与仲裁实战》一书是中国酒店业主的绝佳学习书籍，本书的专业性、实用性、权威性可以帮助业主与管理方形成合理、透明、专业的沟通，最终达到双赢的共识和合作，非常有助于中国酒店业良性的持续发展！

唐 鸣

中国饭店协会设计与工程专业委员会理事长

中国饭店协会酒店资产管理专业委员会常务副理事长

复星旅游文化集团副总裁

Casa Cook 首席执行官

　　酒店业是中国最早与国际接轨的行业，40多年的发展历程跌宕起伏，与国际品牌的合作更是充满着"爱恨情仇"。然而，行业里却鲜有系统总结梳理中国酒店业生存发展逻辑、规律和标准的著作。

　　王悦律师执笔的《酒店管理及特许经营合同谈判与仲裁实战》

着实令我钦佩和赞叹。多年来，与外方管理公司的谈判策略一直是业主、管理公司、律所各方讳莫如深的话题，我钦佩王悦律师敢于让"阳光下没有新鲜事"的勇气；更赞叹后生可畏，他将深厚的专业功底和广博的国际视野融会贯通于此书之中，旁征博引，娓娓道来。

也特别感谢中国饭店协会酒店资产管理专业委员会为提升中国酒店资产管理能力所付出的努力，"中国饭店协会酒店资产管理丛书"将注定成为中国酒店业发展的又一个里程碑。

王　凛

中国饭店协会酒店资产管理专业委员会副理事长

华侨城国际酒店管理公司执行董事、总经理

深圳华侨城洲际大酒店董事长

中国旅游饭店业协会常务理事

深圳市旅游协会副会长

王悦律师作为中国少有的专注于研究国际酒店集团以管理合同的模式进入中国管理中国酒店的法务专业专家，积极参与了目前中国唯一的酒店投资人协会——中国饭店协会资产管理委员会的工作，并以丰富的实战经验和扎实的理论基础，参与了《住宿业资产管理评价指标体系》国家标准的编制，这是有关中国酒店资产管理的具有里程碑意义的文献，具有历史和现实意义。

本著作深入浅出，有助于酒店资产管理人、从未涉足酒店的资产投资人以及正在管理酒店的管理方代表，从不同视角了解投资方与管理方的合作关系。通过借鉴美国等酒店行业发达国家的合同管理模式，以及介绍中美之间投资方与管理方的合作关系和合同条款差异，让上述人员可以从国际视野及行业深度对此有全面和深入的理解。有助于促进投资方和管理方相互尊重、相互理解，以达到合作共赢的目的。

本书通过展现仲裁实战案例，使得上述理论更具有实用性和现实指导意义。对于刚刚从事酒店投资的投资人和投资管理的资产管理人，甚至对于管理方，堪称一本实用性教材。该书对于其他采用特许经营管理模式的商业业态，同样具有借鉴作用，可以作为参考范本。

夏国跃

中国饭店协会酒店资产管理专业委员会常务副理事长

中国饭店协会设计与工程专业委员会常务副理事长

杭州和玺企业管理有限公司董事长

在过去 40 年中国酒店行业历史中，酒店管理及特许经营合同对于酒店业主和加盟商以及管理公司的从业者来说，既是一个"显学"，也是一个 Black Box。每个人似乎对于合同都有所了解，也有自己的一些认知，但很多时候只限于"知其然"，或被其复杂性和不确定性所困惑。王悦律师的这本著作为从业人士以客观、中立和专业的角度解惑"所以然"，使谈判桌两边的各方可以化解因信息不对称产生的不信任及矛盾，探索双方的共通点，并实现共同利益的最大化，因而对行业长期健康发展具有非常积极的推动作用。

夏 农

华住集团执行副总裁暨高端品牌事业部 CEO

改革开放以后，由于我们国内的酒店业几乎处于空白，因此高星级的品牌酒店在国内，从一开始就在运行上达到了国际标准。

尤其是近 20 年地产业的大力发展，使得国际品牌酒店在国内风起云涌。

但是问题也很突出，首先是因为国内没有能与其相抗衡的品牌，同时国内在引进星级酒店之初，我们和国外的行业差距过大。所以，作为投资方或者业主方与品牌酒店的谈判能力基本上不在一个水准和平等关系上。导致和国外品牌的合作，基本上是外资品牌的单方格式化合同。对品牌方的利益保护得比较完善，投资人和业主基本上处在完全责任方的地位。

这种情况在品牌酒店引入之初还不明显，因为当时酒店数量少，就算是苛刻的合同，最后的经营结果也不会太差，双方都皆大欢喜。随着中国城市开发的逐步深入，大批的品牌酒店建设完毕。酒店经营结果的差异越来越大，更多的业主开始关心对自己利益的保障。同时，国内的品牌方和委托管理方渐渐壮大，使业主在商业模式上有了备选方案，这使得业主与国际酒管集团掰手腕的想法有了商业基础，酒店委托管理谈判的需求应运而生。

但是大多数业主关于酒店这个行业或者是酒店委托管理这些方面应该如何保障自己的权益，实际上是不太清楚的，虽然有谈判的愿望，但是缺乏相应的知识。本书就非常好地解决了这个问题，基于现有的品牌酒店的格式合同的基础和行业内经常可能会出现的分歧或者重点，从各个环节把酒店谈判的要点和差异很详细地列举出来，具有很强的指导意义和可操作性。恭贺此书出版，希望中国的酒店行业能够从这个角度更上一层楼！

许鲁海

中国饭店协会酒店资产管理专业委员会名誉理事长

中国葛洲坝集团文旅发展有限公司董事长

　　这是一部关于国际酒店管理法律规则的好作品，全面阐述了酒店合同管理谈判技巧和实战案例。作者精心的编排与精选的实例，使得本书内涵丰富、发人深省，有利于中国酒店投资开发商在后疫情时代的酒店投资、改造升级等过程中规避风险、减少冲突。对酒店管理从业者培养理性意识和法律规矩意识具有深刻的启迪教育意义。作者用其十余年在酒店领域提供法律服务的亲身经历，引导读者以商业逻辑读懂酒店管理领域的法律规则。本书详述了业主与酒管团队的权力划分和博弈，明晰了可能存在的风险，致力于实现业主与酒管团队的双赢局面，必将助推国内酒店行业的变革，进一步影响我国商业模式发展，乃至对中国文旅业的健康发展做了铺垫。

徐　韬

中国饭店协会酒店资产管理专业委员会常务副理事长

四川九寨鲁能生态旅游投资发展有限公司总经理、党支部副书记

山东省旅游饭店协会副会长

　　全球疫情之下，中国酒店业遭遇了巨大挑战。近两年，酒店的资产交易、品牌更换颇为频繁，同时最早的一批城市酒店亦面临着改造升级……剧烈变动下，《酒店管理及特许经营合同谈判与仲裁实战》一书的出现，可谓适逢其会。不仅为酒店在筹备、管理、合作等方面提供了清晰的商业逻辑、法律依据及实操案例，更打破了行业知识壁垒，有助于拨开酒店开发与管理路上的迷雾，推动我国酒店业稳定发展。

杨邦胜

中国饭店协会设计与工程专业委员会专家

YANG 设计集团创始人

酒店行业永远不缺专家，但却很难找到心平又气和的专业者，王悦律师就是这样温润如玉的专业者，与王律师的沟通总是让人如沐春风。酒店界虽然近几年经历了连续的黑天鹅事件，但从更长时间维度来看，从不缺少资金及项目，然而成功的项目却又寥寥可数。这种现象其实并不难理解，只是大多数的业主虽然目睹了这一结果，却不知道其中原因。王悦律师的这本新作系统性地剖析了酒店合同谈判过程中的细枝末节，同时也对酒店的科学开发流程进行了详尽讲解，酒店的投资者们按图索骥即可了。

俞　廷

亚太远卓项目管理咨询有限公司合伙人、执行总经理

契约精神是国际商务活动合作双方的基石，但基于一些特殊背景，在与国际酒店集团过往的合作，以及约定业主与管理方权责的酒店管理合同谈判中，很多中国业主往往缺乏一定的专业判断，引致基于管理协议及特许经营协议的后续纠纷不断。王悦律师所著的《酒店管理及特许经营合同谈判与仲裁实战》一书，基于他本人多年代表业主方的谈判经验和自己对国内外案例的持续研究，内容涵盖中国业主与国际品牌合同谈判和后续仲裁的大量专业知识、案例分析，对酒店管理合同及特许经营合同各关键条款逐一进行了剖析，能最大限度地避免新酒店业主"踩坑"。通读一遍以后，确实受益匪浅，特此推荐。

臧晓安

中国饭店协会酒店资产管理专业委员会常务副理事长

深圳联合精众商业管理咨询有限公司董事长

希尔顿酒店集团中国区业主协会会长

　　酒店管理合同及酒店特许经营合同的谈判与执行是酒店资产管理领域饱受争议的一个环节。中国酒店行业的发展受益于国际管理公司的先进管理理念，但也有越来越多的中国业主开始质疑国际品牌酒店管理公司的价值。王律师的著作从一个非常客观中立的角度阐述了酒店业主在合同谈判这个环节中面临的挑战和决策的依据，理论架构清晰，实操经验丰富，读来让人受益匪浅，推荐给每一位酒店资产管理从业者乃至商业地产资产管理从业者学习与参考。

张润红

金茂（中国）酒店投资管理有限公司首席财务官

　　一本既具国际视野又接地气的有关酒店管理合同的专业好书。从新手酒店业主到资深同行都能从书中汲取养分，从而赋能甲乙双方签订 Make Sense，Make Money，Make Contribution 的酒店管理合同及特许经营合同，进而赋能中国酒店行业的高效、可持续发展！

周 涛

中国饭店协会酒店资产管理专业委员会专家
仲量联行酒店及旅游地产事业部大中华区董事总经理

　　酒店管理合同及酒店特许经营合同作为业主方与酒店管理公司之间委托管理关系的纲领性文件，贯穿了酒店资产"投、融、建、管、退"的全生命周期。酒店投资者及酒店资产管理人对酒店管理合同及酒店特许经营合同的充分理解，不但能降低投资决策风险，而且在一定程度上保证了投后管理的效能。王悦律师编写的《酒店管理及特许经营合同谈判与仲裁实战》从专业角度系统地解读了酒店管理合同及酒店特许经营合同的要点及难点。我相信，此书不但能切实高效地为中国的酒店投资者、酒店资产管理人、酒店经营者提供专业指导，而且将大大助力中国酒店业的良性发展。

祝 敏

富力集团资产管理中心副总经理兼品牌酒店管理部总经理

项目策划：段向民
责任编辑：张芸艳
责任印制：孙颖慧
封面设计：武爱听

图书在版编目（CIP）数据

酒店管理及特许经营合同谈判与仲裁实战 / 王悦著.
-- 北京 ： 中国旅游出版社，2022.10
（中国饭店协会酒店资产管理丛书 / 陈新华总主编）
ISBN 978-7-5032-7040-6

Ⅰ．①酒… Ⅱ．①王… Ⅲ．①饭店－商业企业管理－
特许经营－经济合同－研究－中国 Ⅳ．①D923.64

中国版本图书馆CIP数据核字(2022)第185255号

书　　　名：酒店管理及特许经营合同谈判与仲裁实战

作　　者：王　悦
出版发行：中国旅游出版社
　　　　　（北京静安东里6号　邮编：100028）
　　　　　http://www.cttp.net.cn　E-mail:cttp@mct.gov.cn
　　　　　营销中心电话：010-57377108，010-57377109
　　　　　读者服务部电话：010-57377151
排　　版：北京旅教文化传播有限公司
经　　销：全国各地新华书店
印　　刷：北京工商事务印刷有限公司
版　　次：2022 年 10 月第 1 版　2022 年 10 月第 1 次印刷
开　　本：720 毫米 ×970 毫米　1/16
印　　张：18.5
字　　数：214 千
定　　价：78.00 元
ISBN　978-7-5032-7040-6